LOS LIBROS DE ENOC: EDICIÓN COMPLETA EN ESPAÑOL

Nueva Traducción de los Tres Libros de Enoc con Anotaciones y Comentarios sobre los Ángeles Caídos, los Gigantes, los Cielos y la Creación

OLIVER IBÁÑEZ

Los Libros de Enoc: Edición Completa en Español

(Nueva Traducción de los Tres Libros de Enoc con Anotaciones y Comentarios sobre los Ángeles Caídos, los Gigantes, los Cielos y la Creación)

ISBN-13: 9798394070846

ÍNDICE

PREFACIO

La búsqueda de la verdad nos lleva muchas veces a ir más allá del canon oficial establecido. En libros sagrados como la Biblia encontramos una serie de referencias a personajes y sucesos impactantes que aparecen explicados en mayor detalle en obras que han sido apartadas (en ocasiones de forma sospechosa) del canon oficial.

Algunas de las historias que aparecen en los Libros de Enoc, como los ángeles caídos, los gigantes o los secretos del cielo, me fascinaron desde el primer momento. Y cuanto más investigaba sobre ello, más interés tenía en volver a leer la Biblia y otros textos sagrados, ya que la información que hay en los Libros de Enoc complementa perfectamente muchas de las historias bíblicas. El contenido de los Libros de Enoc fascinará a hombres y mujeres de todas las épocas y culturas. Es para esos espíritus libres para los que se compusieron originalmente estos textos, según dice el propio Enoc en sus escritos; y es para ellos, en nuestro tiempo, para los que he emprendido esta traducción, con la convicción de que merece un público hoy más que nunca.

Este libro contiene una nueva traducción al español de los tres Libros de Enoc:

- 1 Enoc (El Primer Libro de Enoc o Enoc Etíope)
- 2 Enoc (El Segundo Libro de Enoc, Enoc Eslavo o Los Secretos de Enoc)
- 3 Enoc (El Tercer Libro de Enoc o Enoc Hebreo)

La traducción de estos textos se ha realizado a partir de las mejores traducciones originales disponibles en la actualidad.

En el caso del Primer Libro de Enoc, se ha utilizado como base la reconocida traducción inglesa de 1883 de Richard Laurence, un eclesiástico hebraísta y profesor regio de hebreo; así como la traducción inglesa de 1917 de Robert Henry Charles, un teólogo, erudito bíblico, profesor y traductor de Irlanda del Norte. A parte de estas dos traducciones inglesas se han utilizado también, a modo de complemento, algunas traducciones más modernas como la de Florentino García Martínez de 1993 o la de George W. E. Nickelsburg y James C. VanderKam de 2012. En general, la traducción inglesa de Richard Laurence del Primer Libro de Enoc está mejor construida gramaticalmente y resulta más fácil de entender que la de R. H. Charles, por lo que se ha utilizado más la versión de R. Laurence como base para esta traducción en español. Algunos pasajes de interés tienen notas a pie de página con la traducción alternativa de R. H. Charles o de R. Laurence, dependiendo de cuál se haya usado como base para ese pasaje.

La traducción del Segundo Libro de Enoc se ha hecho utilizando como referencia la traducción inglesa de 1983 de Francis Andersen, un erudito en el campo de estudios bíblicos y hebreos; y la traducción en inglés de Florentina Badalanova Geller, experta en filología eslava que tradujo el texto a partir de la traducción original en búlgaro de Matveij Sokolov de 1899.

La traducción del Tercer Libro de Enoc se ha realizado a partir de la traducción de Hugo Odeberg de 1928. Hugo fue un teólogo y exégeta sueco que fue profesor en la Universidad de Lund. Durante su época fue uno de los principales conocedores de la literatura judía de la antigüedad.

Como nota aclarativa para el lector, en este libro se usan las designaciones *e. c.* ('era común') y *a. e. c.* ('antes de la era común'), que son designaciones equivalentes a las expresiones *d. C.* ('después de Cristo') y *a. C.* ('antes de Cristo').

Adicionalmente, este libro incluye una nueva traducción al español del Libro de los Gigantes, un importante texto descubierto en las Cuevas de Qumrán que está relacionado con los escritos de Enoc. Este libro también contiene amplias notas y comentarios sobre los temas tratados en los textos de Enoc: los Ángeles Caídos, los Gigantes, los Cielos y la Creación del Mundo. Esta información adicional, adquirida tras años de profunda investigación, ayudará al lector en la comprensión de los sucesos relatados en los Libros de Enoc.

A través de mis vídeos en Youtube (+500.000 suscriptores) y Facebook (+1.200.000 seguidores) he tratado el tema de los Libros de Enoc durante años, acumulando más de 20 millones de visitas en Facebook y más de 5 millones en Youtube. Resulta evidente, pues, el interés que despierta este tema entre la comunidad hispanohablante. A raíz de esto, muchos seguidores me preguntan a menudo por la mejor traducción o versión de los Libros de Enoc en español. Nunca he podido responderles de una manera satisfactoria, ya que, hasta ahora, no existía una buena traducción al español de estos textos. La mayoría de traducciones que uno puede encontrar online están llenas de errores y párrafos sin sentido, y su lectura resulta confusa. Por eso decidí emprender la labor de traducir estos textos tan importantes al español de la forma más profesional y clara posible; para que todo el mundo hispanohablante pueda acceder a la edición completa y definitiva de los Libros de Enoc.

INTRODUCCIÓN

Algunas historias bíblicas son realmente sorprendentes y dejan al lector con ganas de saber más. Por ejemplo: ¿Quiénes son exactamente los «Hijos de Dios» que tuvieron relaciones con mujeres humanas? (Génesis 6:2). ¿Quiénes son los «gigantes» o «Nefilim» de gran altura que surgieron de esa unión entre los Hijos de Dios y las mujeres humanas, y que luego aparecen en diferentes versículos? (Génesis 6:4). ¿A dónde fue el patriarca Enoc cuando «caminó con Dios y desapareció, porque se le llevó Dios»? (Génesis 5:24). Estas y otras cuestiones interesantes aparecen explicadas detalladamente en los textos «secundarios» o apócrifos que fueron apartados del canon oficial. Estos textos secretos aportan un contexto nuevo para entender muchos sucesos históricos y bíblicos que hasta ahora no tenían una explicación completa.

Entre los textos apócrifos destaca especialmente el Libro de Enoc, también conocido como «1 Enoc», «Libro Etíope de Enoc» o «El Primer Libro de Enoc». Esta obra explica las visiones que tuvo el patriarca Enoc cuando, según el Génesis bíblico, «se lo llevó Dios» y habla sobre la historia de los Vigilantes, los Gigantes y los fenómenos celestiales.

Pero existen otros dos libros atribuidos a Enoc: el Segundo Libro de Enoc, conocido también como «2 Enoc», «Enoc Eslavo» o «Libro de los Secretos de Enoc»; y el Tercer Libro de Enoc, también llamado «3 Enoc» o el «Libro Hebreo de Enoc».

La fecha en la que se escribieron realmente los diferentes libros de Enoc es un misterio. Parece haber dos opiniones al respecto: una que sostiene que fue el propio Enoc quien escribió originalmente estas obras (excepto 3 Enoc, ya que el propio texto atribuye su autoría a Rabbi Ishmael) y otra corriente que afirma que estos libros fueron escritos por diversas personas en una época posterior. Podría ser también una combinación de ambas cosas: primero Enoc escribió los textos originales y posteriormente fueron traducidos, cambiados o interpretados a lo largo de la historia.

El Primer Libro de Enoc se compone de varias obras o libros que, según los expertos, fueron escritos en diferentes periodos históricos: desde el año 200 a. e. c. en el caso del Libro Astronómico, hasta la mitad del primer siglo e. c. en el caso del Libro de las Parábolas.

Los libros que conforman el Primer Libro de Enoc son:

1. El Libro de los Vigilantes
2. El Libro de las Parábolas
3. El Libro Astronómico o Libro de las Luminarias
4. El Libro de los Sueños o el Libro de las Visiones
5. La Epístola de Enoc o el Libro de las Advertencias y Bendiciones de Enoc
6. Fragmentos del Libro de Noé y otros textos

Respecto al Segundo Libro de Enoc, se cree que fue compuesto pocos años después de la destrucción del Segundo Templo, a finales del primer siglo a. e. c. La obra llegó a nosotros en una traducción eslava que se ha conservado a lo largo de los años. El libro trata sobre lo que vio Enoc en los diversos cielos (algunas versiones hablan de siete y otras de diez cielos). De nuevo aparecen los ángeles caídos y los gigantes, aunque esta vez se mencionan más tipos de ángeles según sus rangos y sus acciones.

Más tarde y con un gran debate sobre la fecha exacta de composición llegaría el Tercer Libro de Enoc, una obra escrita en hebreo que trata principalmente sobre el viaje celestial de Rabbi Ishmael bajo la tutela del arcángel Metatrón. Durante este viaje vio las maravillas del mundo celestial, como el trono de Dios o el funcionamiento de los seres celestiales.

LIBROS APARTADOS DEL CANON OFICIAL (APÓCRIFOS Y PSEUDOEPÍGRAFOS)

Los Libros de Enoc y otros escritos similares son considerados apócrifos o pseudoepígrafos, dos términos que pueden resultar confusos para el lector.

El término *apócrifo*, que en griego significa 'lejos, oculto, secreto o escondido' y en latín medieval 'secreto', se utiliza para hacer referencia a algunas colecciones de textos y escritos religiosos sagrados surgidos en contextos judíos o cristianos y que no forman parte de los cánones oficiales. Con este término se designa a una serie de libros que las Iglesias cristianas de los primeros siglos no reconocieron como parte de las Sagradas Escrituras, pero que se presentan con nombres o características que los hacen aparecer como si fueran libros canónicos. Algunos han sugerido que los libros estaban «ocultos» al uso común porque contenían conocimientos demasiado profundos para ser comunicados a nadie excepto a los iniciados. Otros han sugerido que dichos libros estaban ocultos debido a su enseñanza herética; y otros creen que estos libros fueron deliberadamente excluidos del canon oficial porque la información que contienen es demasiado reveladora.

Por otro lado, los textos pseudoepígrafos, a veces llamados pseudoepigráficos, proveniente del griego 'falso título o nombre', pueden referirse a obras que se presentan como si hubieran sido escritas por notables personajes bíblicos o por personas involucradas en el estudio religioso o la historia cristiana o judía. Estas obras pueden tratar sobre temas bíblicos, a menudo apareciendo como si tuvieran la misma autoridad que las obras incluidas en las Escrituras judías y cristianas. Muchas de estas obras también eran llamadas apócrifas, lo cual lleva a la confusión entre los términos *apócrifo* y *pseudoepígrafo*.

Francis Andersen, erudito australiano en estudios bíblicos y hebreos, considerado una autoridad en el estudio del Segundo Libro de Enoc, apunta que no hay definiciones consensuadas respecto a los términos apócrifo y pseudoepígrafo en los estudios bíblicos. En el sentido más simple de la palabra, *apócrifo* se refiere a escritos de estatus secundario, en comparación con un canon oficial. Por tanto, escritos que son canónicos para católicos y ortodoxos pueden ser apócrifos para protestantes; y los escritos que son apócrifos para los primeros pueden ser canónicos para los segundos.

Según Andersen, a mayor distancia estarían los escritos que dependen de la Biblia, como imitaciones, elaboraciones de obras bíblicas, o imaginaciones o historias aparentemente ficticias sobre personajes bíblicos. Ya que estas composiciones derivadas usan nombres de personajes bíblicos, se les denomina pseudoepígrafos. Técnicamente, un pseudoepígrafo es un libro escrito en estilo bíblico y atribuido a un autor que no lo escribió.

Ejemplos de libros etiquetados como pseudoepígrafos del Antiguo Testamento desde el punto de vista protestante son: el Libro de Enoc, el Libro de los Jubileos o la Vida de Adán y Eva. No obstante, conviene saber que el Libro de Enoc y el Libro de los Jubileos son canónicos en el cristianismo ortodoxo Tewahedo de Etiopía y en la rama Beta Israel del judaísmo.

Las definiciones abiertas y los amplios usos de los términos apócrifo y pseudoepígrafo para obras casi bíblicas y no canónicas demuestran que no hay ningún límite bien establecido para la lista de candidatos en estas categorías. Cualquier punto de corte incluye restricciones y definiciones bastante aleatorias. Según el erudito Francis Andersen, estas cuestiones se podrían perseguir indefinidamente y a menudo sin conclusión alguna.

LOS MANUSCRITOS DEL MAR MUERTO

En 1947 se produjo uno de los mayores descubrimientos arqueológicos del siglo XX. Un pastor beduino que había perdido a una de sus cabras en el Desierto de Judea, descubrió accidentalmente una cueva en la zona de Qumrán, a orillas del Mar Muerto. Al entrar en la cueva se encontró con grandes jarrones de cerámica que contenían rollos de pergamino antiguo. Había descubierto nada más y nada menos que los Manuscritos del Mar Muerto.

Entre los Manuscritos se encontraron los textos más antiguos en lengua hebrea del Tanaj o Antiguo Testamento bíblico. También se encontraron textos apócrifos o pseudoepígrafos como el Libro de los Jubileos, el Libro de Enoc, el Libro de los Gigantes o el Génesis Apócrifo. Otros manuscritos interesantes incluían el Documento de Damasco, el Rollo de los Himnos y un extraño rollo de cobre que revelaba la localización de unos tesoros.

En la primavera de 1947 varios de estos manuscritos procedentes de la cueva 1 de Qumrán pasaron a manos de dos anticuarios de Belén. Uno fue el famoso Kando y el otro se llamaba Faidi Salahi. Cuatro de los siete manuscritos que poseían estos anticuarios fueron adquiridos por el archimandrita Samuel, que pertenecía al convento sirio-ortodoxo de Jerusalén. Los otros tres manuscritos fueron adquiridos por el profesor Sukenik, de la Universidad Hebrea de Jerusalén, curiosamente en noviembre de 1947, el mismo día de la proclamación del Estado de Israel.

Al año siguiente, en 1948, la prensa anunció el descubrimiento de los Manuscritos del Mar Muerto, lo cual provocó un enorme interés en ellos. Las Autoridades israelíes decidieron que para establecer la autenticidad y antigüedad de los Manuscritos era necesaria una excavación científicamente controlada de la cueva en la que habían sido descubiertos. No obstante, por razones comprensibles, los beduinos se negaron a indicar de qué cueva provenían sus tesoros, entre miles de cuevas que había en el Desierto de Judea. La negativa de los beduinos a colaborar con las Autoridades israelíes hizo que al final tuviera que intervenir la Legión Árabe Jordana, básicamente el Ejército de esa zona, los cuales acabaron localizando la cueva en 1949. Los arqueólogos enviados por el ejército encontraron varios fragmentos de manuscritos que venían a completar los manuscritos descubiertos anteriormente por los beduinos. Este dato, y el análisis de la cerámica encontrada, permitía concluir que los siete manuscritos descubiertos por los beduinos en 1947 eran originales y realmente antiguos, lo cual demostraba sin lugar a dudas la importancia que tenían.

El simple hecho de tratarse de documentos bíblicos o relacionados con la Biblia ya otorgaba cierto valor a estos manuscritos; pero es que además habían sido descubiertos en la tierra misma de la Biblia y tenían una antigüedad superior a los dos mil años. Los manuscritos bíblicos habían sido copiados en un período anterior a la canonización de la Biblia, y por tanto su estudio permitiría conocer el proceso de formación del texto bíblico y ayudaría a corregir los grandes códices medievales que sirvieron de base para las biblias hebreas actuales. Adicionalmente, los manuscritos contenían un gran número de composiciones no bíblicas, que llenaban un enorme vacío en el conocimiento de la historia precristiana. Prácticamente la totalidad de los textos hebreos del primer siglo antes de Cristo provienen de los descubrimientos de Qumrán. Y lo mismo sucede con los textos arameos. Además, por primera vez, se trataba de unas obras religiosas que estaban completamente libres de cualquier tipo de censura o manipulación, ya que los textos se habían conservado al margen de la vida oficial.

Jozef Milik, erudito de los textos bíblicos e investigador de los Manuscritos del Mar Muerto, encontró y descifró numerosos pergaminos, los cuales acabaría traduciendo años después. En septiembre de 1952, Milik se emocionó bastante al identificar el primer fragmento arameo del Libro de Enoc, el cual se encontraba en una cueva entre varios fragmentos desenterrados por los pastores beduinos. En los siguientes años logró desenterrar más fragmentos arameos que cuadraban con la versión etíope del Libro de Enoc.

Antes del descubrimiento de los Manuscritos de Qumrán, había ciertas dudas acerca de la versión etíope del Libro de Enoc. No se sabía realmente si habían sido fieles al texto original. Pero con el descubrimiento de los fragmentos arameos en las cuevas de Qumrán, se confirmaba que la versión etíope (que es la más conocida hoy en día y la que vemos en internet) era una traducción acertada del Libro de Enoc original. Si bien, los fragmentos arameos aportan cierta información adicional.

En el llamado Génesis Apócrifo, otro de los manuscritos encontrados en Qumrán, se recogen los testimonios personales de los patriarcas originales de la Biblia. Lo interesante es que las primeras páginas incluían un testimonio escrito del propio Enoc, aunque desafortunadamente en tiempos modernos se han perdido y solo quedan algunos fragmentos acerca del nacimiento de Noé.

Al final se acabaron descubriendo cientos de pergaminos y fragmentos en estas cuevas: más de 970 manuscritos en 11 cuevas diferentes, entre los años 1947 y 1956. La denominación de cada fragmento se realizó indicando primero el número de la cueva en la que fue descubierto, seguido por la letra *Q* (por ejemplo: «1Q», «2Q» y así sucesivamente).

En 1954, el hijo del profesor Sukenik le compró al archimandrita Samuel los manuscritos restantes, y finalmente los siete manuscritos originales que encontraron los beduinos en 1947 fueron reunidos en el Estado de Israel, en un museo llamado «El Santuario del Libro».

La Cueva número 11 de Qumrán fue descubierta en 1956 por el mismo pastor beduino que había descubierto la primera cueva. A estas alturas, los anteriores manuscritos ya tenían un precio muy alto debido al gran interés que habían suscitado en todo el mundo. Esto hizo que el precio que se pedía por los manuscritos fuese demasiado alto y por tanto las Autoridades no pudieron adquirirlos. La situación cambió radicalmente con la ocupación israelí de Jerusalén y de Belén en 1967. El Gobierno de Israel confiscó sin más el manuscrito que se encontraba en manos de un anticuario de Jerusalén, aunque después de la guerra terminó compensándole con más de 100.000 $ por el manuscrito que le habían confiscado.

La fecha de los manuscritos es, como mínimo, desde el tercer siglo a. e. c. hasta el año 70 e. c. aproximadamente, y están escritos en su mayoría en hebreo, aunque también hay partes en arameo y en griego. Están hechos principalmente de pergamino, aunque algunos son de papiro y el texto de uno de los rollos está grabado en cobre.

En épocas tempranas de la investigación de estos manuscritos, los expertos los atribuyeron a la comunidad esenia. No obstante, en tiempos recientes, este consenso ha sido confrontado y modificado, por lo que la opinión de su autoría sigue debatiéndose.

En la actualidad, la mayoría de los manuscritos se encuentran en el Museo de Israel y en el Museo Rockefeller de Jerusalén, así como en el Museo

Arqueológico de Jordania en Ammán. Algunos manuscritos o fragmentos se encuentran también en la Biblioteca Nacional de Francia en París o en manos privadas, como la Colección Schøyen en Noruega. En el año 2010 se concretó un proyecto entre la empresa Google y la Autoridad de Antigüedades de Israel, con un costo de 3,5 millones de dólares, con el objetivo de digitalizar los 3000 fragmentos del documento, los cuales están disponibles en Internet. Incluye además traducciones de los textos a varios idiomas. El 26 de septiembre de 2011 el Museo de Israel lanzó su proyecto digital de los Manuscritos del Mar Muerto, que permite a los usuarios explorar estos antiguos manuscritos bíblicos con un nivel de detalle imposible de alcanzar hasta la fecha.

En febrero de 2017, arqueólogos de la Universidad Hebrea de Jerusalén anunciaron el descubrimiento de la cueva número doce en unas colinas al oeste de Qumrán, cerca de la orilla noroeste del Mar Muerto. Si bien no se encontraron manuscritos en esta cueva, sí que se encontraron frascos vacíos, por lo que se cree que su contenido fue saqueado. Además, se encontraron hachas de hierro que serían de alrededor del año 1950, dando a entender que la cueva efectivamente había sido saqueada.

El descubrimiento de los Manuscritos del Mar Muerto es, sin duda alguna, uno de los mayores descubrimientos arqueológicos de la historia.

INTRODUCCIÓN AL PRIMER LIBRO DE ENOC

La literatura enoquiana se compone de textos antiguos que describen la vida y el ministerio del patriarca bíblico Enoc. Los escritos de Enoc cuentan una fascinante historia de teología, profecía y escatología. Los temas de esta historia incluyen: gigantes, ángeles, las leyes de las luminarias celestiales y otros grandes secretos revelados a Enoc. El *Diccionario Bíblico Anchor* afirma: «El corpus enoquiano pretende ser una serie de revelaciones que Enoc recibió en la antigüedad y transmitió a su hijo Matusalén para beneficio de los justos que vivirían en los últimos tiempos».

El Libro de Enoc (1 Enoc) es una obra importante en la tradición etíope y su teología sustenta la interpretación de muchos otros libros. Para ciertos grupos judíos y cristianos del primer siglo a. e. c. el Libro de Enoc era considerado auténtico e inspirado, y se mantuvo popular durante al menos 500 años. A principios de la Edad Media, el Libro de Enoc se perdió, y lo único que quedaba de él eran algunos testimonios dispersos en las obras de los Padres de la Iglesia y los escritores judíos, y una serie de extractos de su sección sobre los Vigilantes y su descendencia gigante conservados por el monje bizantino George Syncellus en su *Cronografía*, escrita alrededor del año 800 e. c. Durante nueve siglos después, éste fue el texto más extenso del Libro de Enoc conocido en Occidente, hasta 1773, cuando James Bruce descubrió el texto completo en Etiopía y trajo tres copias a Europa. Los fragmentos de Syncellus también aparecen condensados en la cronología posterior de Cedrenus, y se han encontrado fragmentos paralelos en un papiro de Akhmim, lo que atestigua la importancia de estos párrafos en el mundo de la Antigüedad Tardía.

Un sector considerable de expertos sobre estos escritos cree que el Primer Libro de Enoc que conocemos hoy en día es una composición literaria de varios autores y varios periodos diferentes. Algunas secciones del Libro de Enoc que hablan sobre mesianismo, celibato o el destino del alma después de la muerte han sido atribuidas a la comunidad esenia judía de Qumrán, debido a los puntos de vista expresados en estas partes del libro.

El Primer Libro de Enoc se compone de varios libros o secciones diferentes:

1. «El Libro de los Vigilantes»*:* Según los expertos fue escrito en su versión aramea alrededor del tercer siglo a. e. c., aunque algunos sugieren una fecha anterior, alrededor del periodo helenístico o el periodo persa. Es considerado históricamente como la sección más auténtica e importante del Libro de Enoc y trata sobre la historia de los ángeles caídos, los gigantes y la destrucción que hubo en el mundo en esa época.

2. «El Libro de las Parábolas»*:* Es la sección más larga de 1 Enoc y está compuesta de tres extensas parábolas que tratan sobre las visiones de Enoc durante su viaje celestial y sobre el Mesías. La primera parábola (capítulos 38-44) describe un juicio venidero, acontecimientos en la sala del trono celestial, secretos de los cuerpos celestes y fenómenos meteorológicos. La segunda parábola (capítulos 45-57) es un oráculo de salvación y justicia que narra las visiones celestiales de Enoc, sus viajes sobre la tierra y acontecimientos relacionados con el juicio. La tercera parábola (capítulos 58-69) contiene una visión en la que Enoc ve a los ángeles que desviaron a la humanidad, la lista de los ángeles caídos, material sobre Noé y un escenario de juicio final.

Sobre la fecha de composición de las Parábolas, se cree que fueron escritas en el primer siglo e. c. George Nickelsburg, profesor emérito del Departamento de Estudios Religiosos de la Universidad de Washington, propone el periodo entre el año 40 a. e. c. y 4 a. e. c., durante el reinado del Rey Herodes el Grande.

3. «El Libro Astronómico» o «Libro de las Luminarias Celestiales»: Los capítulos 72-82 conforman el «Libro de las Luminarias», que describe las leyes y los recorridos del sol, la luna y las estrellas, además de hablar sobre calendarios y diversos fenómenos celestiales.

Según James C. VanderKam, profesor emérito de Escrituras Hebreas en la Universidad de Harvard, «este libro es único y se distingue de los demás que le preceden en la literatura bíblica/judía y de cualquier otra obra que le siguió en la antigüedad». Se presenta como una obra astronómica revelada por el ángel Uriel a Enoc, el cual transmitió esa información a su hijo Matusalén. Nickelsburg comenta que «este Libro Astronómico no es sólo un tratado "científico", sino también un texto religioso que revela las raíces de una cosmovisión enoquiana en la que el orden cósmico respalda la creencia de que la justicia de Dios superará la violencia y el caos que actualmente dominan la vida del pueblo de Dios».

Bajo esta obra etíope había una traducción griega (ahora prácticamente perdida) de un Libro Astronómico de Enoc en arameo que difería de forma significativa de la versión acortada etíope.

Se cree que esta sección astronómica del Libro de Enoc fue escrita a finales del tercer siglo o principios del segundo siglo a. e. c.

4. «El Libro de los Sueños» o el «Libro de las Visiones»: En estos capítulos Enoc relata dos sueños o visiones a Matusalén. Una visión trata del Diluvio y otra es una extensa alegoría sobre la historia de la humanidad, desde Adán hasta el fin de los días, todo ello representado con animales

como los toros o las vacas. Se cree que fue escrito en los tiempos de la revuelta de los macabeos, sobre el 165-160 a. e. c.

5. «La Epístola de Enoc» o el «Libro de las Advertencias y Bendiciones de Enoc»*:* Una composición sobre la maldad humana, el pecado de los Vigilantes, el Diluvio, la idolatría y una visión apocalíptica del fin. Se cree que fue escrito a principios del segundo siglo a. e. c.

6. «Fragmento del Libro de Noé» y otros textos*:* Dos capítulos que tratan sobre las extrañas circunstancias del nacimiento de Noé y algunos fragmentos de otros textos que parecen haberse añadido con posterioridad a los demás libros que conforman El Libro de Enoc. Probablemente fueron escritos en el segundo siglo a. e. c.

Algunos autores como G. H. Dix (en su obra de 1925, *The Enochic Pentateuch*) o Jozef Milik, un erudito de los textos bíblicos e investigador de los Manuscritos del Mar Muerto, argumentan que estos Libros componen una especie de «Pentateuco enoquiano» que incluso llegó a estar en circulación por la zona de Qumrán sobre el año 100 a. e. c. Otros autores, en cambio, creen que los Libros fueron juntados de forma un tanto aleatoria, dejando la duda de si el Primer Libro de Enoc es una mezcla de obras similares o bien fue montado y arreglado de acuerdo con un plan definido.

Cabe mencionar que cuatro de los Libros que forman el Primer Libro de Enoc fueron descubiertos en las cuevas de Qumrán entre los Manuscritos del Mar Muerto, a excepción del Libro de las Parábolas. Ningún fragmento entre los capítulos 37 a 71 fue descubierto en las cuevas de Qumrán, por lo que diversos eruditos han teorizado que esta sección quizá fue escrita en el segundo siglo e. c. por algún cristiano que quiso mezclar sus ideas con los escritos de Enoc. Jozef Milik cree que el Libro de los Gigantes formaba parte originalmente del «Pentateuco enoquiano», pero fue sustituido posteriormente por el Libro de las Parábolas, el cual contiene ideas cristianas.

El descubrimiento de copias del Libro de Enoc entre los Manuscritos del Mar Muerto prueba que este Libro apócrifo existió antes de la época de Jesucristo. Esto demostraría que el Nuevo Testamento no influenció al Libro de Enoc, sino más bien al contrario: los escritos de Enoc habrían influenciado algunos versículos del Nuevo Testamento.

En la Epístola de Judas, una carta del Nuevo Testamento, se menciona en el versículo 14 que: «De estos también profetizó Enoc, séptimo desde Adán, diciendo: He aquí, vino el Señor con sus santas decenas de millares, para hacer juicio contra todos, y dejar convictos a todos los impíos de todas sus obras impías que han hecho impíamente, y de todas las cosas duras que los pecadores impíos han hablado contra él».

Las versiones tempranas del Libro de Enoc estaban escritas en griego y en etíope. El texto más importante de la versión en griego del Libro de Enoc es el Codex Panopolitanus, del siglo sexto o finales del siglo quinto, el cual ofrece la primera parte del Libro de Enoc etíope casi en su totalidad. Esta versión griega fue descubierta en una excavación llevada a cabo por la orden de S. Grébaut, en invierno de 1886/7, en una tumba del cementerio cóptico de Akhmim-Panopolis, en la parte alta de Egipto. Junto a esta versión había un segundo manuscrito, un papiro matemático de la era bizantina, de antes de la invasión árabe. El manuscrito pasó a formar parte de la colección de papiros en el Museo del Cairo.

Normalmente el Libro de Enoc forma parte de la Biblia etíope, que es el canon más extenso con 81 libros en total. En esta Biblia, los textos de Enoc se encuentran al principio (antes o después del Octateuco) o junto al Libro de Job, el Libro de Daniel, o Libros atribuidos a Salomón. La versión etíope del Libro de Enoc se creó a partir de un texto griego del Pentateuco Cristiano Enoquiano y su fecha de traducción es desconocida, aunque se ha sugerido el siglo quinto o sexto e. c., pero sin tener realmente pruebas sólidas. La sección del Libro de los Vigilantes deriva de un manuscrito griego y la Epístola de Enoc fue traducida a partir de un pobre manuscrito griego.

La relación entre los textos en arameo, griego y etíope del Primer Libro de Enoc sigue siendo un tema de debate. El consenso de los eruditos es que, al ser escrito originalmente en arameo, la composición fue posteriormente traducida al griego, la cual sirvió como modelo para la traducción etíope, que se mantiene como la única versión que preserva 1 Enoc en su totalidad. No obstante, las versiones existentes muestran tal grado de variabilidad, que a veces es complicado afirmar que las versiones más modernas dependen de las antiguas. En términos de importancia cronológica, se debería dar preferencia primero al texto arameo, luego al griego y finalmente al etíope. Sin embargo, cada una de estas versiones ha sido sometida a cambios y alteraciones durante su transmisión. Hay casos especialmente complicados donde las versiones posteriores no se han podido cotejar con el antiguo texto arameo. Esto sucede por ejemplo en 1 Enoc 5:8, según apunta Fiodar Litvinau, de la Universidad Ludwig-Maximilians de Munich, Alemania. En este caso, la versión etíope del versículo parece superior a la griega, al presentar un texto más breve y fácil de entender, a pesar de que ambas versiones se basan en el mismo texto. Varios eruditos consideran que la versión griega es superior, mientras que otros prefieren la etíope. Según el estudio realizado por Litvinau, hay más razones para considerar que la versión etíope de 1 Enoc 5:8 es más original que el texto griego, no sólo por la brevedad y carácter independiente de la primera, sino también por la terminología gnóstica de la versión griega, la cual provendría del Codex Panapolitanus. Las escrituras enoquianas influenciaron el pensamiento gnóstico, pero también pudo suceder a la inversa (el pensamiento gnóstico pudo influenciar el texto griego) durante su transmisión. La conclusión es que, al reconstruir el texto de 1 Enoc, uno no debería suponer que el texto más antiguo (en este caso el griego) es el que preserva el contenido más original.

ENOC EN LOS TEXTOS ANTIGUOS

Las historias sobre Enoc son mencionadas en varios escritos antiguos:

En **Génesis 5:24** se dice que Enoc, después de engendrar a Matusalén, «desapareció porque se lo llevó Dios». En la literatura posbíblica, la frase «porque se lo llevó Dios» se interpretaba como que Dios transportó a Enoc a través de los cielos; un viaje documentado en su libro: El Libro de Enoc. Según el capítulo 12 del Libro de Enoc, durante ese periodo «ningún humano sabía dónde había sido ocultado Enoc, ni dónde estaba, ni qué le sucedió».

En la Carta de San Judas del Nuevo Testamento, en **Judas 14-15** se hace alusión a Enoc: «También sobre ellos profetizó Enoc, el séptimo después de Adán, diciendo: "Mirad, ha venido el Señor con sus santas miríadas para someter a juicio a todos y para confundir a todos los impíos por las obras de impiedad que cometieron y por todas las insolencias que pecadores impíos pronunciaron contra él"».

Esto es una copia directa de Enoc 1:9: «¡Y he aquí! Él viene con diez mil de sus santos para ejecutar el juicio sobre todos, y para destruir a todos los impíos; y para castigar a toda carne por todas sus obras impías, las cuales han perversamente cometido, y por todas las duras palabras que los impíos han hablado contra Él». Teniendo en cuenta que el Libro de Enoc se escribió antes que la Carta de Judas, se puede afirmar que el autor de Judas copió literalmente este versículo del Libro de Enoc. También se cita en Judas 9 otro apócrifo, El Testamento (o Asunción) de Moisés, y estas dos menciones a escritos apócrifos suscitaron dudas sobre la aceptación de la Carta de San Judas como libro canónico, algo que no se consiguió plenamente hasta entrado el siglo quinto e. c.

En el **Zohar 1:37b** también se habla del Libro de Enoc: «Igualmente hemos aprendido que Enoc tenía un libro del sitio de las generaciones de Adán, misterio del conocimiento, porque fue sacado de la tierra, tal y como está escrito: "Él ya no estaba, pues Dios se lo llevó" (Génesis 5:24). Todos los tesoros ocultos arriba le fueron confiados, y él transmite, llevando a cabo la misión. Mil llaves le fueron dadas; él transmite cien bendiciones cada día, coronando coronas para su Señor. El bendecido Santo se lo llevó del mundo para que le sirviera, tal y como está escrito: "porque Dios se lo llevó". Por él un libro fue transmitido, se transmitió un libro llamado 'El Libro de Enoc'. Cuando el bendecido Santo lo agarró, le enseñó todos los tesoros de arriba, el Árbol de la Vida en medio del jardín, incluidas sus hojas y ramas. Todo esto lo vemos en su libro. Felices son los devotos del mundo, a quienes se les revela sabiduría suprema, para nunca ser olvidada, tal y como se dice: "El secreto de YHVH es para aquellos que le admiran a Él; a ellos Él les revela su pacto" (Salmos 25:14)».

Sorprendentemente, ninguna de las historias de Enoc tuvo demasiada importancia en las fuentes rabínicas autoritativas, aunque eran bien conocidas por los Padres de la Iglesia y otros escritores cristianos de tiempos antiguos y medievales. El nombre de Enoc no aparece directamente en la

Mishná (la primera gran colección escrita de las tradiciones orales judías, conocida como la Torá oral) ni en el Talmud (obra que recoge las discusiones rabínicas sobre leyes judías, tradiciones, costumbres, narraciones, parábolas, historias y leyendas), quizá por el contenido controvertido de los textos de Enoc, que no se centra tanto en las leyes como otros textos rabínicos. Ni en la literatura tanaítica ni en ninguno de los dos talmudes (el de Jerusalén y el de Babilonia) se menciona a Enoc; y esto se debe, seguramente, a que con el paso del tiempo Enoc pasó a ser un símbolo del pensamiento apocalíptico y no tanto una figura especial de la Biblia hebrea.

Para varios escritores cristianos resultó muy importante, pero no tanto para los eruditos judíos cuyas reflexiones quedaron conservadas en el corpus rabínico midrásico, donde aparecen pocas referencias a Enoc; y las más antiguas nos indican que había serias diferencias en cuanto a la valoración del patriarca, tanto positivas como negativas. Una de las pocas referencias tanaíticas a Enoc se encuentra en una sección del Midrash ha-Gadol del siglo 13 o 14 e. c. En relación a la cita bíblica sobre Enoc que aparece en Génesis: «y desapareció, porque Dios lo arrebató», el comentarista del Midrash menciona a tres héroes bíblicos que ascendieron y sirvieron ante Dios en lo alto: Enoc, Moisés y Elías. El hecho de que Enoc se encuentre entre aquellos que son amados muestra un pensamiento positivo sobre el patriarca, y su lugar entre los que sirven en lo alto reafirma la tradición que aparece en el Apocalipsis de los Animales y en el libro de los Jubileos.

Otra mención a Enoc en fuentes rabínicas primitivas se encuentra en el **Génesis Rabba**. Esta gran compilación alcanzó su forma actual en la primera mitad del siglo 5 e. c. Respecto a Enoc, el texto cita el versículo de Génesis 5:24 en un comentario de corte negativo sobre el patriarca:

«HENOC ANDUVO CON DIOS, Y DESAPARECIÓ PORQUE DIOS LO ARREBATÓ (Gn 5,24). Dijo R. Jama b. R. Hosayah: ["Y

DESAPARECIÓ" significa que] no estaba inscrito en el libro de los justos, sino en el libro de los impíos. R. Aibu dijo: Henoc era un hipócrita, a veces justo y a veces impío, así que el Santo, bendito sea, dijo: "Mientras aún es justo me lo llevaré". Dijo R. Aibu: Lo juzgó en Año Nuevo, cuando juzga a todo el mundo. Los herejes le plantearon una cuestión a R. Abbahu, diciéndole: —¡No encontramos referencia a la muerte de Henoc! —¿Cómo es ello? —les preguntó. —Aquí se dice "arrebato", igual que al hablar de Elías —le respondieron.18 —Si "arrebato" es la palabra en que basáis vuestra interpretación —les replicó—, se emplea "arrebato" tanto aquí como en Ezequiel: 'He aquí que voy a arrebatarte la delicia de tus ojos, etc.' (Ez 24,16). Observó R. Tanjuma: 'Les respondió muy bien. Cierta dama [romana] le preguntó a R. Yosé: —¿Cómo es que no encontramos mencionada la muerte en el caso de Henoc?'. Él le respondió: 'Si se dijese: Y HENOC ANDUVO CON DIOS, y no siguiera nada más, yo estaría conforme con tus palabras; pero como el texto dice: Y DESAPARECIÓ PORQUE DIOS LO ARREBATÓ, significa que dejó de estar en el mundo [tras su muerte], porque Dios lo arrebató' (Génesis Rabba 25:1)».

El texto comienza con una lectura negativa del versículo bíblico. Por algo no aclarado aquí, R. Jama deducía de Génesis 5:24 que Enoc era contado entre los malvados. Había eruditos, pues, que leían el texto en contra de Enoc.

La segunda opinión es más moderada y concuerda con la interpretación de Filón (y en el texto griego de Sir 44:16): Enoc tuvo buenos y malos momentos. El proceso de razonamiento de R. Aibu no aparece aquí, pero indica que Enoc fue justo en la última etapa de su vida y Dios fue lo suficientemente bondadoso como para llevárselo durante una buena fase de su vida, evitando una posible recaída.

En el **Libro de la Sabiduría de Jesús Ben Sirá** (también llamado Libro del Eclesiástico), obra deuterocanónica sapiencial del Antiguo Testamento compuesta a comienzos del siglo 2 a. e. c., uno de los pasajes más famosos es el «Elogio de los Antepasados», que ofrece una visión de las tradiciones conocidas por el autor y los libros en que se basaba. Su testimonio de las tradiciones sobre Enoc es importante porque procede de un grupo distinto a los autores enoquianos. Su perspectiva sacerdotal y no apocalíptica indica hasta qué punto estaban difundidas estas tradiciones en la sociedad judía de la época. En la versión griega completa del libro, la parte histórica de este Elogio comienza y casi termina con Enoc. La primera referencia se da en Sir 44,16:20:

«Hebreo: Henoc fue hallado perfecto y caminó con Dios, y fue arrebatado, signo de ciencia para las generaciones.

Griego: Henoc fue agradable al Señor y fue trasladado, ejemplo de conversión para las generaciones».

Tras la larga lista de personajes bíblicos hasta Nehemías, el autor vuelve a Enoc (Sir 49,14:22):

«Hebreo: Pocos fueron creados sobre la tierra semejantes a Henoc (hnyk) y también él fue arrebatado en persona.

Griego: Nadie fue creado sobre la Tierra semejante a Enoc, pues también él fue arrebatado de la tierra».

Ben Sira debió tener en alta estima a Enoc, pues lo sitúa al comienzo y al final de su relato sobre los héroes bíblicos. En cuanto al uso de tradiciones extrabíblicas relativas a Enoc, se limita a indicar que las conoce, caracterizando a Enoc como «signo de ciencia para las generaciones». El testimonio sobre Enoc ofrecido por Ben Sira, aunque va más allá de los breves datos del texto bíblico, queda lejos de la imagen completa que encontramos en los Libros de Enoc y otros textos de Qumrán.

De igual manera, Enoc aparece de forma breve e indirecta en la **Sabiduría de Salomón**, del siglo 1 a. e. c. En la primera unidad del libro (capítulos 1-6) se trata sobre el conflicto justos-malvados, el sufrimiento del individuo justo y el carácter engañoso de la apariencia. El problema de una vida breve preocupa al autor, quien argumenta que los justos que mueren pronto descansan en paz. El autor parece tener en mente a Enoc en esta sección de su obra, ya que este fue único entre los patriarcas en la brevedad de su vida (sólo 365 años frente a los más de 900 de otros), siendo así un ejemplo de persona justa y grata a Dios que murió pronto. El autor de la Sabiduría de Salomón debió conocer la traducción griega del Génesis, donde Enoc «fue agradable a Dios», frente al «anduvo con los elohim» de la versión hebrea.

Aunque Enoc representa un modelo a seguir, se concibe también la posibilidad de que una persona justa pueda incurrir en faltas. Esta idea volvería a surgir con Filón y la literatura rabínica. Filón, un filósofo judío helenístico nacido alrededor del año 20 a. e. c. en Alejandría, escribió mucho sobre los primeros capítulos del Génesis. En *De Abrahamo* habla de dos tríadas de héroes bíblicos primitivos:

Enós/Enoc/Noé y Abraham/Isaac/Jacob, cada uno de los cuales representa una virtud. Filón interpreta Génesis 5:21-24 de forma un tanto negativa cuando se refiere a Enoc, diciendo lo siguiente:

«El segundo lugar tras la esperanza lo ocupa el arrepentimiento de los pecados y la mejora; en consecuencia, Moisés menciona como siguiente en orden a quien cambió de una vida peor a una mejor, llamado en hebreo "Henoc", pero en nuestra lengua 'recipiente de gracia'. Se nos dice que demostró "ser agradable a Dios y no fue encontrado porque Dios lo trasladó", porque traslado implica arrepentimiento y cambio, y el cambio es a mejor porque es introducido por la providencia divina. Pues todo lo que se hace con ayuda de Dios es excelente y verdaderamente provechoso, mientras que todo lo que no cuenta con su cuidadosa guía carece de provecho. Y la expresión usada para la persona trasladada, que no fue encontrado, está bien dicha, bien porque la antigua vida censurable es borrada y desaparece, sin que se la encuentre ya, como si nunca hubiera existido, o bien porque quien es así trasladado y ocupa su lugar en la clase mejor es naturalmente difícil de encontrar. Pues el mal está muy difundido y es conocido por muchos, mientras que la virtud es rara, de forma que ni siquiera unos pocos pueden comprenderla».

La lectura de Filón del pasaje bíblico sobre Enoc se basa en la deducción de que sólo «había agradado a Dios» después del nacimiento de Matusalén, no durante los primeros años de su vida (65 en hebreo, 165 en griego). Hubo, por tanto, un cambio en la personalidad de Enoc: de una vida no agradable a Dios a otra que sí lo era. Filón tuvo en cuenta el verbo usado en la versión griega de Génesis 5:24 sobre el arrebato de Enoc y encontró en él el sentido de *traslado*, que puso en relación con su cambio de vida. Filón confirma este análisis en su conclusión de esta sección sobre la primera tríada, en la que hace una separación por grados: Noé era perfecto, Henoc estaba en medio «porque dedicó la primera parte de su vida al vicio, pero la última a la virtud a la que pasó y emigró», y Enós, el que espera, es defectuoso porque no ha logrado todavía el objeto de su esperanza.

De nuevo en *Quaestiones in Genesim et in Exodum* 82-86, Filón comenta sobre Génesis 5:21-24 que Enoc es ejemplo de arrepentimiento, y su nuevo tipo de vida comienza con el nacimiento de Matusalén. Dice que Enoc agradó a Dios tras su fin porque el alma es inmortal y sigue agradando a Dios una vez que el cuerpo se ha extinguido, e interpreta su traslado como el desplazamiento desde un lugar sensible y visible a otro incorpóreo e inteligente. Concluye resaltando la semejanza entre la experiencia de Enoc y las de Moisés y Elías.

En el **Apocalipsis de Abrahán**, un apócrifo del Antiguo Testamento, se menciona a Enoc en el contexto del viaje de Abrahán junto a Miguel, que lo transporta para ver el lugar del juicio. El juez es Abel y en la recensión B 11:3-10 aparece Enoc como fiscal (en el Testamento de Leví arameo, Enoc aparece como acusador). En el texto, Abrahán pregunta cómo es posible que Enoc pese las almas, si él no ha visto la muerte; y como respuesta se dice que es el Señor quien declara los pecados, siendo la función de Enoc solamente escribir: si escribe los pecados de un alma que se arrepiente, entrará en la vida; pero si no se arrepiente, Enoc encontrará los pecados ya escritos y será arrojada al castigo.

En la **Ascensión de Isaías**, un texto pseudoepígrafo escrito entre el siglo 1 y 3, el profeta ve a Enoc en el séptimo cielo, la residencia de los justos desde tiempos de Adán.

Otras interpretaciones tradicionales judías del pasaje bíblico de Génesis 5:21-24 sobre Enoc aparecen en los «Tárgum», que son interpretaciones en arameo de la Biblia hebrea compilada por judíos desde finales del Segundo Templo hasta comienzos de la Edad Media. En el **Tárgum Neofiti**, que es el más grande de los Tárgum occidentales en la Torá, se dice que Dios no dio muerte a Enoc, sino que lo apartó del mundo. No se llega, por tanto, a afirmar la inmortalidad de Enoc, sino que se limita a interpretar que «ya no estaba» y se encontraba en paradero desconocido. Las notas marginales en el Tárgum Neofiti demuestran que no había consenso respecto al destino de Enoc.

En el **Tárgum Pseudo-Jonatán**, en su versión del versículo 24, se indica que para el traductor arameo el arrebato de Enoc por parte del Señor no se trataba del final normal de una vida humana. Dios mismo ordenó que subiera al firmamento, donde recibe el calificativo de «Metatrón, el Gran Escriba». Este Tárgum Pseudo-Jonatán sería el Tárgum que más se acerca a las ideas que conocemos a través de los Libros de Enoc.

EL PRIMER LIBRO DE ENOC (EL LIBRO ETÍOPE DE ENOC)

EL LIBRO DE LOS VIGILANTES

Capítulo 1

1 La palabra de la bendición de Enoc; cómo bendijo a los elegidos y a los justos que habían de existir en el tiempo de la tribulación, rechazando a todos los malvados e impíos.

2 Enoc, un hombre justo, que estaba con Dios, respondió y habló, mientras sus ojos estaban abiertos y mientras veía una visión santa en los cielos. Esto me mostraron los ángeles. De ellos oí todas las cosas, y entendí lo que vi; aquello que no sucederá en esta generación, sino en una generación que ha de tener éxito en un período lejano, a causa de los elegidos.

3 Por ellos hablé y conversé con el que saldrá de su morada, el Santo y Poderoso, el Dios del mundo:

4 Que pisará el Monte Sinaí, aparecerá con sus huestes y se manifestará con la fuerza de su poder desde el cielo.

5 Todos tendrán miedo, y los Vigilantes estarán aterrorizados. Gran temor y temblor se apoderará de ellos, hasta los confines de la tierra.[1]

6 Y las altas montañas se turbarán y las colinas elevadas serán rebajadas, y se derretirán como la cera ante la llama.

7 La tierra se sumergirá, y perecerán todas las cosas que hay en ella; mientras que el juicio vendrá sobre todos, incluso sobre todos los justos.

8 Pero a ellos les dará la paz: preservará a los elegidos y con ellos ejercerá clemencia. Entonces todos pertenecerán a Dios; serán felices y bienaventurados, y el esplendor de la Divinidad los iluminará.

9 ¡Y he aquí! Él viene con diez mil de sus santos para ejecutar el juicio sobre todos, y para destruir a todos los impíos; y para castigar a toda carne por todas sus obras impías, las cuales han perversamente cometido, y por todas las duras palabras que los impíos han hablado contra Él.[2]

Capítulo 2

1 Observad todas las cosas que suceden en el cielo, cómo las luminarias no cambian sus órbitas, cómo nacen y se ponen en orden cada una a su debido tiempo, y no se apartan de su orden establecido.

---

[1] En la traducción de R. H. Charles: «Todos los Vigilantes temblarán y serán castigados en lugares secretos en todas las extremidades de la tierra».

[2] En la Carta de San Judas 14-15, del Nuevo Testamento, aparece el mismo texto que en Enoc 1:9: «También sobre ellos profetizó Enoc, el séptimo después de Adán, diciendo: "Mirad, ha venido el Señor con sus santas miríadas para someter a juicio a todos y para confundir a todos los impíos por las obras de impiedad que cometieron y por todas las insolencias que pecadores impíos pronunciaron contra él"». Teniendo en cuenta que el Libro de Enoc se escribió antes que la Carta de Judas, se puede afirmar que el autor de Judas copió literalmente este versículo del Libro de Enoc.

2 Observad la tierra y examinad sus obras de la primera a la última, cómo ninguna cambia y todo es visible para vosotros.

3 Observad las señales del verano. Y las señales del invierno: cómo toda la tierra se llena de agua y las nubes, el rocío y la lluvia se posan sobre ella.

Capítulo 3

1 Observad cómo (en el invierno) parece que todos los árboles se hubieran marchitado y hubieran perdido todas sus hojas, excepto catorce árboles, que no pierden su follaje, sino que conservan el antiguo de dos a tres años hasta que llega el nuevo.

Capítulo 4

1 Observad las señales del verano: cómo quema el sol y vosotros buscáis sombra y refugio ante él sobre la faz ardiente de la tierra, sin encontrar forma de andar por la tierra o las rocas a causa del calor.

Capítulo 5

1 Observad todos los árboles, cómo en ellos despuntan las hojas verdes y todos sus frutos son para adorno y gloria. Ensalzad y considerad todas estas obras y entended que Dios, que vive eternamente, ha hecho todas estas obras.

2 Año tras año no cambian sus obras, sino que todas cumplen su palabra, y todo pasa como Dios lo ha establecido.

3 Considerad cómo los mares y los ríos de igual forma siguen su curso y no cambian sus tareas debido a sus mandamientos.

4 Pero vosotros no habéis sido firmes, ni habéis cumplido los mandamientos del Señor, sino que os habéis apartado y habéis hablado palabras soberbias y duras con vuestras bocas impuras contra su grandeza. Oh, vosotros, los de corazón duro, no encontraréis la paz.

5 Por eso maldeciréis vuestros días y los años de vuestra vida perecerán, y los días de vuestra destrucción se multiplicarán con una maldición eterna, y no hallaréis misericordia.

6 En esos días vuestro nombre será maldición eterna para todos los justos y vosotros, pecadores, seréis malditos para siempre.

7 Para los elegidos habrá luz, alegría y paz, y heredarán la tierra. Pero para los impíos habrá maldición.

8 Entonces se dará la sabiduría a los elegidos, y todos ellos vivirán, y nunca más volverán a pecar ni por olvido ni por orgullo, y los que reciban sabiduría serán humildes.

9 No transgredirán más ni pecarán el resto de su vida, ni morirán por la ira de Dios, sino que completarán el número de días de su vida. Y sus vidas serán incrementadas en paz, y sus años de regocijo serán multiplicados en eterna alegría y paz por todos los días de su vida.

Capítulo 6

1 Sucedió que, cuando se multiplicaron en aquellos días los hijos de los hombres, les nacieron hijas hermosas y bellas.[3]

---

[3] En Génesis 6:1 se relata la misma historia que en Enoc 6:1: «Cuando los hombres comenzaron a multiplicarse sobre la tierra y les nacieron hijas, vieron los hijos de Dios que las hijas de los hombres eran hermosas y tomaron para sí por mujeres de entre todas ellas las que bien quisieron».

2 Y los Vigilantes,[4] hijos del cielo, las vieron y las desearon, y se dijeron unos a otros: «Vayamos y escojamos mujeres de entre las hijas de los hombres y engendremos hijos».

3 Pero Shemihaza,[5] que era su jefe, les dijo: «Temo que no queráis realizar esta obra y sea yo el único culpable de un gran pecado».

4 Todos ellos le respondieron y le dijeron: «Hagamos todos un juramento y comprometámonos bajo anatema unos con otros a no volvernos atrás en este proyecto hasta que hayamos realizado esta obra».

5 Entonces juraron todos juntos y se comprometieron unos con otros.

6 Eran doscientos todos los que descendieron en los tiempos de Jared sobre la cima del Monte Hermón. Lo llamaron Monte Hermón porque en él se juraron mutuamente y se comprometieron bajo anatema unos con otros.[6]

7 Estos son los nombres de sus jefes: Shemihaza, que era el principal, y en orden con relación a él estaban: Artaqof, Ramtel, Kokabel, Ramael, Daniel, Zeqel, Baraqel, Asael, Hermoni, Matarel, Ananel, Satoel, Shamsiel, Sahariel, Tumiel, Turiel, Yomiel, Yehadiel.

8 Estos eran los jefes de los doscientos ángeles.

---

[4] En otras traducciones aparecen como «ángeles».

[5] Shemihaza puede aparecer con diferentes nombres: Semyazza, Shemhazai, Semihazah o Semjaza, entre otros.

[6] Jared es el padre de Enoc, y el Monte Hermón se encuentra en el punto más alto de Israel, a 2814 metros sobre el nivel del mar.

Capítulo 7

1 Entonces tomaron esposas, cada uno eligiendo para sí; a las que empezaron a acercarse y con las que cohabitaron, enseñándoles hechicería, encantamientos, y la división de raíces y árboles.

2 Y las mujeres que concebían daban a luz gigantes, cuya estatura era de 300 codos cada uno.[7]

3 Ellos devoraron el trabajo de todos los hijos de los hombres, sin que los hombres pudieran abastecerles.

4 Y los gigantes se volvieron contra los hombres para devorarlos.

5 Y comenzaron a dañar a los pájaros del cielo,[8] las bestias de la tierra, los reptiles y peces del mar, a comer su carne unos tras otros y a beber su sangre, y bebían su sangre.

6 Entonces la tierra reprendió a los injustos.

Capítulo 8

1 Además, Azael enseñó a los hombres a fabricar espadas, cuchillos, escudos, corazas, espejos, brazaletes y ornamentos; a usar pinturas, a embellecer las cejas, a usar piedras valiosas y selectas de toda clase, y toda clase de tintes, de modo que el mundo se alteró.

---

[7] La traducción más conocida y extendida de este versículo, de R. H. Charles, dice «3000 codos de altura» en lugar de 300. Varios autores han sugerido que la altura de estos gigantes podría ser en realidad de 30 codos, aproximándose a la altura de un cedro. En relación a esto, en el Documento de Damasco 2:18, que es otro manuscrito encontrado en Qumrán, se dice: «y sus hijos, que tenían una altura como la altura de los cedros y cuyos cuerpos eran como montañas...».

[8] En la traducción de R. H. Charles: «Y comenzaron a pecar contra...».

2 Aumentó la impiedad y transgredieron y corrompieron todos sus caminos.

3 Shemihaza enseñó encantamientos y el corte de raíces, Hermoni la resolución de encantamientos, Baraqel enseñó la observación de las estrellas, Kokabel enseñó las constelaciones, Zeqel enseñó los presagios de las nubes y los relámpagos, Artaqof enseñó las señales de la tierra, Shamsiel enseñó los movimientos del sol y Sahariel los de la luna.

4 Y los hombres, siendo destruidos, gritaron, y su grito subió al cielo.

Capítulo 9

1 Entonces Miguel, Sariel, Rafael y Gabriel miraron desde el cielo y vieron la cantidad de sangre que se había derramado sobre la tierra, y toda la iniquidad que se había hecho en ella.

2 Los cuatro se dijeron el uno al otro: «Es la voz de sus gritos; la tierra privada de sus hijos ha clamado hasta las puertas del cielo.

3 Y ahora a ti, oh santo del cielo, suplican las almas de los hombres, diciendo: "Llevad nuestro caso delante del Altísimo y nuestra destrucción delante de la gloria majestuosa y delante del Señor de todos los señores"».

4 Fueron Rafael, Miguel, Sariel y Gabriel y dijeron delante del Señor del mundo: «Tú eres nuestro gran Señor, el Señor del mundo, tú eres el Dios de los dioses, el Señor de los señores y el Rey de los reyes. Los cielos son el trono de tu gloria por todas las generaciones que existen desde siempre, y toda la tierra es el escabel ante ti por la eternidad, y tu nombre es grande y santo y bendito por los siglos de los siglos.

5 Eres tú quien lo ha creado todo y en ti reside el poder sobre todas las cosas; y todas las cosas están reveladas y abiertas ante ti, y puedes ver todas las cosas, y nada se puede esconder de ti.

6 Has visto lo que ha hecho Azael, cómo ha enseñado toda especie de iniquidad sobre la tierra, y ha revelado al mundo todas las cosas secretas que se hacen en los cielos.

7 Y Shemihaza, a quien diste autoridad para reinar sobre todos sus asociados, también ha enseñado la hechicería.

8 Se han acercado a las hijas de los hombres, se han acostado con ellas, se han contaminado y les han descubierto delitos.

9 También las mujeres han engendrado gigantes. Así se ha llenado toda la tierra de sangre y de iniquidad.

10 Y ahora las almas de los que han muerto gritan y suplican a las puertas del cielo. Su lamento asciende y no pueden escapar de las injusticias que se cometen en la tierra.

11 Tú conoces todas las cosas, antes de que existan. Conoces estas cosas y lo que han hecho, pero no nos hablas. ¿Qué debemos hacerles a causa de esto?».

Capítulo 10

1 Entonces el Altísimo, el Grande y Santo, habló y envió a Uriel al hijo de Lamec.

2 Y le dijo: «Ve a Noé y dile en mi nombre "¡Escóndete!" y revélale el fin que se aproxima: que toda la tierra será destruida, y un Diluvio está por venir sobre toda la tierra y destruirá todo lo que hay en ella.

3 Ahora instrúyelo para que pueda escapar y su descendencia sea preservada por todas las generaciones del mundo».

4 Dijo el Señor a Rafael: «Ata a Azael de pies y manos y échalo en la oscuridad: haz una abertura en el desierto que está en Dudael y échalo allí.

5 Y rellena el agujero cubriéndolo con rocas ásperas y dentadas, cúbrelo de tinieblas y déjalo allí eternamente sin que pueda ver la luz.

6 Y en el día del gran Juicio será arrojado al fuego.

7 Sanad la tierra que los ángeles han corrompido y proclamad la sanación de la tierra, para que la pueda restaurar, y para que todos los hijos de los hombres no perezcan por todas las cosas secretas que los Vigilantes han revelado y han enseñado a sus hijos.

8 Toda la tierra ha sido corrompida mediante las obras que fueron enseñadas por Azael: impútale pues todo pecado».

9 Y a Gabriel dijo el Señor: «Procede contra los bastardos, los réprobos, los hijos de la fornicación y destruye a los hijos de los Vigilantes de entre los hombres: envíalos unos contra otros para que perezcan por matanza mutua, porque duración de días no tendrán.[9]

10 Todos ellos te harán peticiones, pero no verán sus deseos cumplidos; pues esperan vivir una vida eterna, y que cada uno de ellos pueda vivir quinientos años».

---

[9] Esta autodestrucción de los hijos de los vigilantes recuerda al oráculo de Dios en Isaías 19: «Levantaré egipcios contra egipcios, y cada uno peleará contra su hermano, cada uno contra su prójimo; ciudad contra ciudad, y reino contra reino».

11 Y el Señor le dijo a Miguel: «Ve, ata a Shemihaza y a sus asociados, quienes se han unido con mujeres y se han contaminado con ellas en toda su impureza.

12 Y cuando todos sus hijos hayan muerto, cuando vean la perdición de sus amados, átalos por setenta generaciones debajo de la tierra, hasta el día del juicio y de la consumación, hasta que se complete el juicio, cuyo efecto durará para siempre.

13 Entonces serán llevados a las profundidades del fuego en tormentos; y en confinamiento serán encerrados para siempre.

14 Inmediatamente después de esto, él arderá y perecerá junto a ellos; serán atados hasta la consumación de muchas generaciones.

15 Destruye a todas las almas adictas a los devaneos, y a los vástagos de los Vigilantes, pues han tiranizado a la humanidad.

16 Que perezca todo opresor de la faz de la tierra; que sea destruida toda obra perversa; que aparezca la planta de la justicia y de la rectitud, y su producto se convierta en bendición. La justicia y la rectitud se plantarán para siempre con deleite.

17 Y entonces todos los santos darán gracias, y vivirán hasta que hayan engendrado mil hijos, mientras que todo el período de su juventud y sus sabbats (sábados) se completarán en paz.

18 En aquellos días toda la tierra será cultivada en justicia; será enteramente plantada de árboles, y llena de bendición; todo árbol de deleite será plantado en ella.

19 En ella se plantarán vides; y la vid que se plante en ella dará fruto hasta la saciedad; toda semilla que se siembre en ella producirá por una medida mil; y una medida de aceitunas producirá diez prensas de aceite.

20 Purifica la tierra de toda opresión, de toda injusticia, de todo crimen, de toda impiedad y de toda la contaminación que se comete en ella. Extermínalos de la tierra.

21 Y todos los hijos de los hombres se volverán justos y todas las naciones me ofrecerán adoración y todos me alabarán.

22 La tierra será purificada de toda contaminación y de toda impureza; y no volveré a enviar un diluvio sobre ella de generación en generación para siempre.

Capítulo 11

1 Y en esos días abriré los depósitos de bendición que están en el cielo, para hacerlos descender sobre la tierra, sobre las obras y el trabajo de los hijos de los hombres.

2 La paz y la equidad se asociarán con los hijos de los hombres todos los días del mundo, en cada una de sus generaciones».

Capítulo 12

1 Ante todas estas cosas Enoc estaba oculto; nadie sabía dónde estaba escondido, dónde había estado y qué había sucedido.[10]

[10] De forma muy similar, en Génesis 5:21 se dice: «Caminó Enoc con Dios y desapareció, porque se lo llevó Dios».

2 Estuvo involucrado completamente con los santos y con los Vigilantes en esos días.

3 Yo, Enoc, estaba bendiciendo al gran Señor y Rey de la paz. Y he aquí que los Vigilantes me llamaron Enoc el escriba. Entonces el Señor me dijo:

4 «Enoc, escriba de la justicia, ve a los Vigilantes del cielo que han abandonado las alturas del cielo, el eterno lugar santo, que se han contaminado con mujeres, que han actuado igual que los hijos de los hombres y que han tomado para sí mujeres y hazles saber:

5 Que han causado una gran destrucción en la tierra y no tendrán paz ni perdón de sus pecados.

6 No se regocijarán de su descendencia; contemplarán la matanza de sus amados; se lamentarán por la destrucción de sus hijos; y pedirán eternamente, pero no obtendrán misericordia ni paz».

Capítulo 13

1 Entonces Enoc fue y dijo a Azael: «No tendrás paz: se ha dictado una sentencia severa en tu contra para encadenarte.

2 Y no tendrás descanso ni perdón, a causa de la maldad que has enseñado y todas las obras de blasfemia, impiedad y pecado que has revelado a los hijos de los hombres».

3 Entonces, apartándome de él, les hablé a todos juntos; y todos se espantaron y temblaron.

4 Y me rogaron que les redactara una petición para encontrar el perdón, y que leyera su petición en presencia del Señor del cielo.

5 Porque ellos mismos no podían hablar con Él ni podían levantar los ojos al cielo a causa de la vergonzosa ofensa por la que habían sido juzgados.

6 Luego escribí un memorial de sus ruegos y súplicas, por sus espíritus, por todo lo que habían hecho, y por el objeto de su súplica, para que obtuviesen remisión y descanso.

7 Luego fui y me senté junto a las aguas de Dan, en la tierra de Dan, al sur de Hermón, a su lado oeste, y estuve leyendo el libro de anotaciones de sus peticiones hasta que me quedé dormido.

8 Y he aquí que un sueño vino a mí, y visiones aparecieron sobre mí. Me postré y vi una visión de castigo, para relatarla a los hijos del cielo y reprenderlos.

9 Cuando desperté, fui a ellos. Todos ellos estaban sentados reunidos, llorando con los rostros cubiertos en Abel-Maya, la Fuente del Llanto, que está entre el Líbano y Senir.

10 Y yo conté delante de ellos todas las visiones que había visto en el sueño y comencé a hablar con palabras de justicia y a reprender a los Vigilantes celestiales.

Capítulo 14

1 Este es el libro de las palabras de justicia y de la reprensión de los Vigilantes, que pertenecen al mundo, según lo que Él, que es santo y grande, ordenó en la visión.

2 Percibí en mi sueño que ahora estaba hablando con una lengua de carne, y con mi aliento, que el Poderoso ha puesto en la boca de los hombres, para que conversen con ella, y entiendan con el corazón. Así como ha creado y dado a los hombres el poder de comprender la palabra del entendimiento,

así también ha creado y me ha dado a mí el poder de reprender a los Vigilantes, la descendencia del cielo.

3 Yo escribí vuestra petición, Vigilantes, y en una visión se me reveló que vuestra petición no os será concedida por todos los días de la eternidad, y que la sentencia contra vosotros está decidida y decretada:

4 A partir de ahora no volveréis al cielo y no ascenderéis por toda la eternidad.

5 Está dictada la sentencia para encadenaros en las prisiones de la tierra por todos los días de la eternidad.

6 Antes de esto habréis visto la destrucción de vuestros hijos amados y no disfrutaréis de ellos, sino que caerán ante vosotros por la espada.

7 Vuestra petición en favor de ellos no será concedida, ni tampoco en favor de vosotros mismos. Aunque lloréis y oréis y digáis todas las palabras contenidas en el escrito que he redactado.

8 Esto me fue revelado en la visión: He aquí que, en la visión, las nubes me llamaban, una niebla me convocaba y los relámpagos y truenos me apremiaban.

9 En la visión, los vientos me hacían volar, me elevaban y me llevaban al cielo. Y entré hasta que llegué a un muro hecho de cristales, rodeado de lenguas de fuego; y comenzó a asustarme.

10 Y entré por esas lenguas de fuego hasta que llegué a una gran casa construida de cristales; y las paredes de la casa eran como un suelo teselado hecho de cristales, y su base era de cristal.

11 Su techo era como el camino de las estrellas y los relámpagos, y entre ellos había querubines ardientes, y su cielo era claro como el agua.

12 Un fuego ardiente rodeaba las paredes, y las puertas eran de fuego ardiente.

13 Entré en esta casa que era caliente como el fuego y fría como el hielo. No había en ella ninguno de los placeres de la vida. El miedo me cubrió, y el temblor se apoderó de mí.

14 Yo estaba tiritando y temblando y caí sobre mi rostro y se me reveló una visión:

15 He aquí que vi otra puerta que se abría delante de mí y otra casa que era más grande que la anterior, toda ella construida con llamas de fuego.

16 Toda ella era tan superior a la otra en esplendor, gloria y majestad, que yo no puedo describiros su esplendor y su extensión.

17 Y su piso era de fuego, y sobre él había relámpagos y el camino de las estrellas, y su techo también era de fuego flameante.

18 Y miré y vi un trono elevado, cuya apariencia era como de cristal y cuyo contorno era como un sol brillante, y allí hubo la visión de querubines.

19 Por debajo del trono salían chorros de fuego ardiente y era imposible mirar hacia allí.

20 Y el que es Grande en gloria estaba sentado sobre el trono, y su vestido brillaba más que el sol y era más blanco que la nieve.

21 Ningún ángel podía entrar o verle la cara debido a la magnificencia y la gloria, y ningún ser de carne podía mirarlo.

22 Un fuego ardiente le rodeaba y un gran fuego se levantaba ante Él. Ninguno de los que le rodeaban podía acercarse a Él y miríadas de miríadas estaban de pie ante Él, pero Él no necesitaba consejeros.

23 Aun así, los más santos que estaban junto a Él no se alejaban ni de noche ni de día.

24 Yo hasta este momento estaba postrado sobre mi rostro, temblando, y el Señor me llamó con su propia boca y me dijo: «Ven aquí, Enoc, y escucha mi palabra».

25 Y vino a mí uno de los Santos, me levantó y me acercó a la puerta, e incliné hacia abajo mi cabeza.

Capítulo 15

1 Y Él me respondió y me habló, y yo oí su voz: «No temas, Enoc, hombre justo y escriba de la justicia.

2 Acércate y escucha mi voz. Ve y dile a los Vigilantes del cielo que te han enviado para interceder por ellos: "Vosotros deberíais interceder por los humanos y no los humanos por vosotros.

3 ¿Por qué habéis abandonado el alto, santo y eterno cielo, os habéis acostado con mujeres y os habéis contaminado con las hijas de los hombres y habéis tomado para vosotros esposas como hacen los hijos de la tierra y habéis engendrado hijos gigantes?

4 Vosotros que erais santos, espirituales, viviendo la vida eterna, os habéis contaminado con la sangre de las mujeres y habéis engendrado (hijos) con la sangre de la carne y como los hijos de los hombres habéis deseado después la carne y sangre como hacen aquellos que mueren y perecen.

5 Por eso les he dado también mujeres, para que las preñen y engendren hijos con ellas, para que las obras continúen en la tierra.

6 Vosotros fuisteis antes espirituales, viviendo una vida eterna, inmortales para todas las generaciones del mundo.

7 Por ello no os he atribuido mujeres, pues sois seres espirituales del cielo, y en el cielo está vuestra morada".

8 Y ahora, los gigantes, que han nacido de los espíritus y de la carne, serán llamados espíritus malignos en la tierra y sobre la tierra estará su morada.

9 Espíritus malignos procederán de su carne, porque fueron creados desde arriba; de los santos Vigilantes fue su principio y fundamento primordial. Espíritus malignos serán sobre la tierra y espíritus malignos serán llamados.

10 En cuanto a los espíritus del cielo, en el cielo estará su morada, pero en cuanto a los espíritus de la tierra que nacieron en la tierra, en la tierra estará su morada.

11 Los espíritus de los gigantes serán como nubes, que oprimirán, corromperán, caerán, destruirán y magullarán la tierra. Causarán lamentación. No comerán alimento alguno y tendrán sed; estarán ocultos.[11]

12 Y estos espíritus se levantarán contra los hijos de los hombres y contra las mujeres, porque han procedido de ellos.[12]

Capítulo 16

1 Y en cuanto a la muerte de los gigantes, dondequiera que sus espíritus se separen de sus cuerpos, que su carne, que es perecedera, quede sin juicio. Así perecerán, hasta el día de la gran consumación del gran mundo. Tendrá lugar una destrucción de los Vigilantes y de los impíos.

---

[11] La traducción más reciente de George W. E. Nickelsburg y James C. VanderKam dice: «No comen nada, sino que se abstienen de alimentos, tienen sed y golpean».

[12] En la traducción de R. Laurence: «Y no se levantarán contra los hijos de los hombres ni contra las mujeres; porque salen durante los días de matanza y destrucción».

2 Y ahora, en cuanto a los Vigilantes que te han enviado a interceder por ellos, que habían estado antes en el cielo,

3 Diles: "Habéis estado en el cielo, pero aún no se os habían revelado todos los misterios, y conocisteis otros sin valor, y esto lo habéis relatado a las mujeres en la dureza de vuestro corazón, y por ese misterio las mujeres y la humanidad han multiplicado los males sobre la tierra".

4 Diles pues: "No tendréis paz"».

Capítulo 17

1 Después me llevaron a un lugar donde había la apariencia de un fuego ardiente; y cuando querían adoptaban el aspecto de los hombres.

2 Me llevaron a un lugar elevado, a una montaña cuya cima llega hasta el cielo.

3 Y contemplé los receptáculos de la luz y del trueno en los extremos de ese lugar, donde era más profundo. Había un arco de fuego y flechas en su aljaba, una espada de fuego y toda clase de relámpagos.

4 Entonces me elevaron a un arroyo balbuceante, y a un fuego en el oeste, que recibía todas las puestas de sol.

5 Y llegué a un río de fuego, que fluía como el agua y desemboca en el gran mar hacia el oeste.

6 Vi todos los grandes ríos y llegué a la gran oscuridad. Fui al lugar donde no camina ningún ser carnal.

7 Y contemplé las montañas de la penumbra que constituye el invierno y el lugar de donde fluyen las aguas de las profundidades.

8 Vi también las bocas de todos los ríos del mundo, y las bocas de las profundidades.

Capítulo 18

1 Entonces examiné los receptáculos de todos los vientos, percibiendo que contribuían a adornar toda la creación y a preservar los cimientos de la tierra.

2 Contemplé la piedra que sostiene las esquinas (ángulos) de la tierra. También contemplé los cuatro vientos que sostienen la tierra y el firmamento del cielo.

3 Y contemplé los vientos que ocupaban el cielo exaltado, levantándose en medio del cielo y de la tierra, y constituyendo las columnas del cielo.

4 Vi los vientos que hacen girar el cielo, que causan la puesta del orbe del sol y de todas las estrellas.

5 Vi los vientos sobre la tierra que sostienen las nubes. Vi los caminos de los ángeles.

6 Percibí en el extremo de la tierra el firmamento del cielo sobre ella. Luego fui hacia el sur, donde ardían tanto de día como de noche seis montes formados de piedras gloriosas; tres hacia el este y tres hacia el sur.

7 Las que estaban hacia el este eran de una piedra abigarrada; una de ellas era de margarita, y otra de antimonio. Las que estaban hacia el sur eran de piedra roja.

8 La del medio llegaba hasta el cielo, como el trono de Dios; un trono compuesto de alabastro, cuya parte superior era de zafiro.

9 Vi también un fuego abrasador que se cernía sobre todas las montañas.

10 Y allí vi un lugar al otro lado de un extenso territorio, donde se recogían las aguas.

11 También contemplé fuentes terrestres, en lo profundo de las columnas ardientes del cielo. Y en las columnas del cielo vi fuegos que descendían sin número: su altura y profundidad eran inconmensurables.

12 Sobre estas fuentes también percibí un lugar que no tenía ni el firmamento del cielo sobre él, ni la tierra sólida debajo de él; ni había agua sobre él, ni nada sobre alas; sino que el lugar estaba desolado.

13 Y allí vi siete estrellas, como grandes montañas ardientes, y como espíritus que me suplicaban.

14 Y cuando pregunté sobre ellas, el ángel me dijo: «Este lugar, hasta la consumación del cielo y de la tierra, será la prisión de las estrellas y del ejército del cielo.

15 Las estrellas que ruedan sobre el fuego son las que transgredieron el mandamiento de Dios antes de que llegara su tiempo, pues no vinieron a su debido tiempo.

16 Por eso se ofendió con ellas, y las ató, hasta el período de la consumación de sus crímenes en el año secreto».[13]

Capítulo 19

1 Y Uriel me dijo: «Aquí estarán los ángeles que se han unido a las mujeres. Los ángeles, adoptando muchas apariencias diferentes, han corrompido y han descarriado a la humanidad para que sacrifiquen a demonios como si

[13] Otra versión de Enoc 18:16 dice: «Las encadenó hasta el tiempo de la consumación de su culpa en el Año del Misterio».

fueran dioses; aquí permanecerán hasta el día del gran juicio, en el que serán juzgados y eliminados.

2 Y también serán juzgadas sus mujeres, que engañaron a los ángeles del cielo para que las saludasen».[14]

3 Y yo, Enoc, sólo yo vi algo similar al fin de todas las cosas. Ningún ser humano lo vio, como yo lo vi.

Capítulo 20

1 Estos son los nombres de los santos ángeles que vigilan:

2 Uriel, uno de los santos ángeles, que preside sobre el clamor y el terror.[15]

3 Rafael, uno de los santos ángeles, encargado de los espíritus de los hombres.

4 Raguel, uno de los santos ángeles, que toma venganza sobre el mundo y sobre las luminarias.

5 Miguel, uno de los santos ángeles, encargado de la mejor parte de la humanidad y del pueblo.

6 Saraqael, uno de los santos ángeles, que preside sobre los espíritus de los hijos de los hombres que transgreden.

---

[14] La traducción de R. H. Charles dice: «Y las mujeres de los ángeles transgresores se convertirán en sirenas». Otra traducción dice: «Y sus esposas, habiendo extraviado a los Ángeles del Cielo, se volverán pacíficas».

[15] Otras versiones de Enoc se refieren a Uriel como el «Santo Ángel de los Espíritus de los Hombres» o «el del trueno y el temblor» o «el que está sobre el mundo y sobre el Tártaro».

7 Gabriel, uno de los santos ángeles, encargado del Paraíso, las serpientes y los querubines.

8 Remeiel, uno de los santos ángeles, a quien Dios puso sobre los que se elevan.[16]

Capítulo 21

1 Después fui a un sitio donde las cosas eran caóticas.

2 Y vi allí algo horrible: No vi ni un cielo arriba, ni tierra firme fundada, sino un lugar caótico y horrible.

3 Allí vi siete estrellas del cielo juntas, como grandes montañas ardientes.

4 Entonces pregunté: «¿Por qué pecado están encadenadas y por qué motivo han sido arrojadas aquí?».

5 Entonces Uriel, uno de los santos ángeles que estaba conmigo y que me conducía, respondió: «Enoc, ¿por qué preguntas, y por qué quieres saber la verdad?

6 Estas son las estrellas del cielo que han transgredido el mandamiento del Señor, y están aquí atadas hasta que se complete el número infinito de los días de sus crímenes.[17]

7 Desde allí fui a otro lugar terrorífico donde contemplé la operación de un gran fuego ardiente y resplandeciente, en medio del cual había una di-

[16] En algunas versiones del Libro de Enoc no aparece Remeiel.

[17] Otras versiones dicen: «atadas para siempre».

visión. Columnas de fuego se juntaban hasta el final del abismo, y profundo era su descenso. Pero ni su medida ni su magnitud pude descubrir; tampoco pude percibir su origen».

8 Entonces dije: «¡Qué terrible es este lugar, y qué difícil de explorar!».

9 Uriel, uno de los santos ángeles que estaba conmigo, respondió y dijo: «Enoc, ¿por qué estás alarmado y asombrado ante este terrible lugar, ante la visión de este lugar de sufrimiento?».

10 Y él me dijo: «Este lugar es la prisión de los ángeles, y aquí permanecerán encerrados para siempre».

Capítulo 22

1 Desde allí fui a otro lugar, y me enseñó en el oeste una gran montaña y roca dura.

2 Y dentro había cuatro lugares vacíos, profundos, anchos y muy lisos. ¡Qué lisos son estos huecos y qué profundos y oscuros se ven!

3 Entonces Rafael, uno de los Santos ángeles que estaba conmigo, me contestó: «Estos espacios han sido creados para que los espíritus, las almas de los muertos, puedan juntarse en ellos. Para que aquí se junten las almas de los hijos de los hombres.

4 Y estos sitios fueron hechos para recibirlos hasta el Día del Juicio, hasta que les llegue su hora, hasta que el gran juicio les sobrevenga».

5 Allí vi el espíritu de un hombre muerto y su voz llegaba al cielo en agonía.

6 Entonces pregunté a Rafael, el ángel que estaba conmigo, y le dije: «¿De quién es este espíritu, cuya voz llega al cielo en agonía?».

7 Y me contestó diciendo: «Este es el espíritu de Abel, que fue asesinado por su hermano Caín; y le acusará hasta que su semilla sea borrada de la faz de la tierra y su linaje desaparezca entre los hijos de los hombres».

8 Luego pregunté sobre ello y sobre los espacios vacíos: «Por qué están separados unos de otros?».

9 Me respondió diciendo: «Tres divisiones se han hecho para los espíritus de los muertos, y por tanto los espíritus de los justos han sido separados. Concretamente, por un abismo, por agua resplandeciente y por encima luz.

10 Y de la misma manera los pecadores son separados cuando mueren y son enterrados bajo tierra; el juicio no los alcanza en vida.

11 Aquí sus espíritus son separados. Además, su sufrimiento es abundante hasta la llegada del gran juicio, y el tormento de aquellos que maldicen, cuyas almas son castigadas y retenidas allí para siempre.

12 Y un lugar ha sido creado para las almas de aquellos que se quejan, y dan información sobre su destrucción, sobre cuándo fueron asesinados en los días de los pecadores.

13 También se ha creado un sitio para las almas de los hombres injustos, y los pecadores, para aquellos que han cometido crímenes y se han asociado con los impíos, a quienes se parecen. Pero sus espíritus no serán aniquilados en el Día del Juicio, ni se levantarán de aquí».

14 Entonces bendije al Señor de la gloria y dije: «Bendito sea mi Señor, el Señor de gloria y Justicia, quien gobierna para siempre».

Capítulo 23

1 Desde allí fui a otro lugar, hacia el oeste, hasta las extremidades de la tierra.

2 Donde contemplé un fuego que ardía y corría sin cesar, que no interrumpía su curso ni de día ni de noche, sino que continuaba siempre igual.

3 Yo pregunté diciendo: «¿Qué es esto que no descansa?».

4 Me respondió Raguel, uno de los Santos ángeles que estaba conmigo: «Este fuego abrasador, que contemplas correr hacia el oeste, es el de todas las luminarias del cielo».

Capítulo 24

1 Y de allí fui a otro lugar de la tierra donde me mostró una cordillera de fuego que ardía día y noche.

2 Y fui más allá de ella y vi siete montañas magníficas, diferentes unas de otras, y sus piedras eran magníficas y hermosas, y todas eran espléndidas, de aspecto glorioso y de exterior hermoso: tres hacia el este, una fijada firmemente sobre la otra; y tres hacia el sur, una sobre la otra; y vi valles profundos y sinuosos, ninguno de los cuales se unía con los demás.

3 La séptima montaña estaba en medio de todas. Todas ellas se asemejaban en longitud al asiento de un trono, y las rodeaban árboles aromáticos.

4 Entre estos había un árbol de olor incesante; ni entre todos los que había en el Edén había uno que oliera como éste. Su hoja, su flor y su corteza nunca se marchitaban, y su fruto era hermoso. Su fruto se parecía al racimo de la palmera.

5 Entonces dije: «¡Qué árbol tan hermoso! Es bello a la vista y sus hojas son agradables, y su fruto tiene un aspecto muy agradable».

6 Entonces Miguel, uno de los ángeles santos y honorables que estaba conmigo y se encargaba de los árboles, me contestó.

Capítulo 25

1 Y me dijo: «Enoc, ¿por qué me preguntas sobre la fragancia de este árbol y por qué quieres conocer la verdad?».

2 Entonces yo le contesté diciendo: «Deseo aprender de todo, pero especialmente acerca de este árbol».

3 Y él me contestó: «Esa montaña que contemplas, cuya cima se asemeja al asiento del Señor, será el asiento en el que se sentará el santo y gran Señor de la gloria, el Rey eterno, cuando venga y descienda para visitar la tierra con bondad.

4 Y respecto a este árbol aromático, ningún mortal tiene permiso para tocarlo hasta el periodo gran juicio, cuando todos sean castigados y consumidos para siempre, esto será concedido a los justos y humildes.

5 El fruto del árbol se dará a los elegidos. Porque hacia el norte se plantará vida en el lugar santo, hacia la morada del Rey eterno.

6 Entonces se regocijarán y estarán alegres con el Santo. La fragancia penetrará en sus huesos, y vivirán una larga vida en la tierra, como sus antepasados. Y en sus días no les tocará ni el sufrimiento ni el dolor ni el tormento».

7 Y bendije al Señor de la gloria, al Rey eterno, porque ha preparado este árbol para los santos, lo ha formado y ha declarado que se lo daría.

Capítulo 26

1 Desde allí me dirigí al centro de la tierra, y contemplé un lugar agradable y fértil, en el que había ramas que brotaban continuamente de los árboles que estaban allí plantados.

2 Allí vi una montaña sagrada, y debajo de ella agua en el lado oriental, que fluía hacia el sur.

3 Vi también hacia el este otra montaña tan alta como aquélla; y entre ellas había valles profundos, pero no anchos. El agua corría hacia la montaña situada al oeste de ésta; y debajo había igualmente otra montaña.

4 Había un valle, pero no muy ancho, debajo de él; y en medio de ellos había otros valles profundos y secos hacia la extremidad de las tres montañas.

5 Y todos los barrancos eran profundos y estrechos, de roca dura, y no había árboles plantados en ellos.

6 Y me maravillé de la roca y de los valles, sorprendiéndome en extremo.

Capítulo 27

1 Entonces dije: «Cuál es el propósito de esta tierra bendita, que está toda llena de árboles, y cuál es el propósito de estos valles malditos que hay entre ellos?».

2 Entonces Uriel, uno de los santos ángeles que estaban conmigo, me contestó: «Este valle maldito es para aquellos que están malditos para siempre: Aquí se juntarán todos los malditos que con su boca pronuncian palabras contra el Señor y hablan mal de Su gloria. Aquí serán reunidos, y aquí será su juicio.

3 En los últimos días caerá sobre ellos el espectáculo del juicio justo, en presencia de los justos para siempre: aquí los misericordiosos bendecirán al Señor de Gloria, el Rey Eterno.

4 En los días del juicio sobre estos últimos, ellos le bendecirán a Él por la misericordia que Él les ha brindado».

5 Entonces bendije al Señor de Gloria, promulgué su gloria y lo alabé gloriosamente.

Capítulo 28

1 Desde allí me dirigí hacia el este, hasta la mitad de la montaña en el desierto, de la que sólo percibí la superficie llana.

2 Estaba llena de árboles y plantas, y brotaba agua de lo alto.

3 Apareció una catarata compuesta como de muchas cataratas tanto hacia el oeste como hacia el este. A un lado había árboles; al otro, agua y rocío.

Capítulo 29

1 Luego me dirigí a otro lugar del desierto; hacia el este de aquella montaña a la que me había acercado.

2 Allí vi árboles aromáticos que exhalaban la fragancia del incienso y la mirra, y árboles diferentes entre sí.

3 Por encima de ellos estaba la elevación de la montaña oriental, a no mucha distancia.

Capítulo 30

1 Igualmente vi otro lugar con valles de agua que nunca se agotaban.

2 Y allí vi un árbol que en olor se parecía al lentisco.

3 Y hacia los lados de estos valles percibí canela de un olor dulce. Y más allá de estos seguí hacia al este.

Capítulo 31

1 Luego ví otras montañas, y entre ellas había arboledas, y de ellas salía un néctar llamado tsaru y gálbano.

2 Y más allá de estas montañas vi otra montaña, sobre la cual había árboles de aloe. Estos árboles estaban llenos como los almendros y eran fuertes.

3 Y cuando daban fruto, era superior a toda fragancia.

Capítulo 32

1 Después de estas cosas, inspeccionando las entradas del norte, por encima de las montañas, percibí siete montañas repletas de nardo puro, árboles odoríferos, canela y papiro.[18]

2 Y de allí pasé por encima de las cumbres de todas estas montañas, lejos hacia el este de la tierra, y atravesé el mar Eritreo y me alejé de él, y pasé por encima del ángel Zotiel.[19]

---

[18] El papiro es una hierba acuática que se encuentra comúnmente en el río Nilo, en Egipto, y en algunas áreas cercanas al mar Mediterráneo. Los antiguos egipcios utilizaban el papiro como material de escritura y también para construir diversos objetos, tales como barcos de juncos, cuerdas, sandalias o canastas.

[19] Se dice que el ángel Zotiel, cuyo nombre significa 'el resplandor de Dios', impide el acceso al Árbol de la vida. En Génesis 3:24 se dice: «Echó, pues, fuera al hombre, y puso al este del Jardín del Edén querubines y la llama de la vibrante espada para cerrar el paso al Árbol de la vida». Zotiel, por tanto, sería esta especie de espada flameante que Dios puso para vigilar la entrada del Jardín del Edén.

3 Y llegué al Jardín de la Justicia. En este jardín contemplé, entre otros árboles, algunos que eran numerosos y grandes, y que florecían allí. Su fragancia era agradable y poderosa, y su aspecto variado y elegante. También estaba allí el Árbol del Conocimiento, del cual, si alguien come, queda dotado de gran sabiduría.

4 El Árbol era como una especie de tamarindo,[20] cuyos frutos se asemejaban a uvas extremadamente finas, y su fragancia se extendía a una distancia considerable.

5 Entonces dije: «¡Qué hermoso es este árbol y qué atractiva su apariencia!».

6 Luego el santo ángel Rafael, que estaba conmigo, me contestó: «Este es el Árbol del Conocimiento, del cual comieron tu primer padre y tu primera madre, y obtuvieron el conocimiento y sus ojos se abrieron, y comprendieron que estaban desnudos y fueron expulsados del Jardín».

Capítulo 33

1 Desde allí fui a los confines de la tierra, donde vi grandes bestias diferentes entre sí; y aves diversas en apariencia, belleza y sonido.

2 Al este de estas bestias percibí las extremidades de la tierra, donde cesaba el cielo. Las puertas del cielo se abrieron y vi salir las estrellas celestiales. Las numeré a medida que salían por la puerta, y las escribí todas, a medida que salían una a una según su número.

---

[20] El tamarindo es un árbol tropical de frutos comestibles muy apreciados en diversos países.

3 Anoté todos sus nombres, sus tiempos y sus estaciones, según me los iba señalando el ángel Uriel, que estaba conmigo.

4 Me las mostró todas y me las puso por escrito. También me escribió sus nombres, sus reglamentos y sus operaciones.

Capítulo 34

1 Desde allí avancé hacia el norte, hasta las extremidades de la tierra. Y allí vi una maravilla grande y gloriosa en las extremidades de toda la tierra.

2 Vi allí portales celestiales que se abrían hacia el cielo; tres de ellos claramente separados. De ellos procedían los vientos del norte, que soplaban frío, granizo, escarcha, nieve, rocío y lluvia.

3 Por uno de los portales soplaban suavemente, pero cuando soplaban por los otros dos portales, era con violencia y fuerza. Soplaban con fuerza sobre la tierra.

Capítulo 35

1 Desde allí me dirigí a las extremidades del mundo hacia el oeste, donde percibí tres portales abiertos, como los que había visto en el norte; los portales y los pasajes a través de ellos eran de igual magnitud.

Capítulo 36

1 Luego me dirigí a los confines de la tierra hacia el sur, donde vi tres portales del cielo abiertos, de los que salían rocío, lluvia y viento.

2 Desde allí me dirigí a las extremidades del cielo hacia el este, donde vi tres portales celestiales abiertos hacia el este, que tenían portales más pequeños en su interior.

3 A través de cada una de estos pequeños portales pasaban las estrellas del cielo y se dirigían hacia el oeste por un camino visible para ellas.

4 Cuando las contemplaba, bendecía; cada vez que aparecían, bendecía al Señor de la gloria, que había hecho aquellas grandes y espléndidas señales, para que mostraran la magnificencia de sus obras a los ángeles y a las almas de los hombres; y para que estos glorificaran todas sus obras y operaciones, vieran el efecto de su poder, glorificaran el gran trabajo de sus manos y le bendijeran para siempre.

LIBRO DE LAS PARÁBOLAS

Introducción al Libro de las Parábolas

La obra conocida como «El Libro de las Parábolas» forma la segunda parte del Libro de Enoc etíope y es la más extensa de las cinco secciones de este texto. Se puede dividir en tres parábolas que abarcan a toda la humanidad: en el espacio al hablar de «todos los que habitan la tierra seca» y en el tiempo, al hablar de «las primeras hasta las últimas generaciones». Las parábolas son una especie de ensayos que describen el camino futuro de la iluminación espiritual. Se habla de un Mesías que hará de guía en el momento adecuado.

La incertidumbre sobre la fecha del Libro de las Parábolas debe ir acompañada de una sospecha negativa. Según el autor, investigador y erudito bíblico Józef Milik, parece bastante probable que esta obra no existiera durante la era pre-Cristiana como texto arameo o hebreo, ya que ni un fragmento de la obra, ni en lenguas semíticas ni en griego, se ha localizado entre el rico montón de manuscritos de las cuevas de Qumrán. Por tanto, concluye Milik, se trataría de una composición griega cristiana inspirada en los escritos del Nuevo Testamento, especialmente los evangelios, empezando por los títulos del Mesías preexistente: «Hijo del Hombre» y «Elegido». Según Milik, el Libro de los Gigantes formaba parte originalmente del «Pentateuco enoquiano», pero fue sustituido posteriormente por el Libro de las Parábolas.

La existencia del Libro griego de las Parábolas no fue conocida hasta principios de la Edad Media, y aun así fue indirectamente a través del Enoc Eslavo (Segundo Libro de Enoc). Finalmente, conviene recalcar su ausencia en cualquier versión temprana (a parte de la etíope) y, especialmente, el silencio absoluto de este tema en la literatura cóptica. Ningún descubrimiento de papiros bizantinos en Egipto ha proporcionado alguna muestra griega o cóptica de la obra. Milik sitúa la composición del Libro de las Parábolas sobre el año 270 e. c. Su autor lo concibió sobre el modelo de los Oráculos Sibilinos que circulaban en este periodo y fueron leídos ávidamente por los cristianos y frecuentemente citados por escritores eclesiásticos como Hermas, Atenagoras, Teófilo de Antioquía, Clemente de Alejandría, Eusebio de Cesarea y otros.

Capítulo 37

1 La segunda visión que él vio, la visión de la sabiduría, que vio Enoc, hijo de Jared, hijo de Mahalaleel, hijo de Kainan, hijo de Enós, hijo de Set, hijo de Adán.

2 Este es el comienzo de las palabras de sabiduría que pronuncié para los habitantes de la tierra: Oíd desde el principio, y entended hasta el fin, las cosas santas que digo en presencia del Señor de los espíritus.

3 Aquellos que fueron antes que nosotros pensaron que era bueno pronunciar estas palabras, y no vamos a obstruir el principio de la sabiduría para los que vienen después.

4 Hasta el día de hoy el Señor de los espíritus nunca ha dado esta sabiduría que yo he recibido, de acuerdo a la capacidad de mi intelecto, y de acuerdo a la voluntad del Señor de los espíritus, a través del cual he recibido la suerte de la vida eterna.

5 Y me fueron comunicadas tres parábolas, que declaré a los habitantes del mundo.

Capítulo 38

1 Primera Parábola. Cuando se manifieste la congregación de los justos, y los pecadores sean juzgados por sus delitos, y sean turbados ante los ojos del mundo:

2 Cuando la justicia se manifieste en presencia de los justos mismos, que serán elegidos por sus buenas obras debidamente pesadas por el Señor de los espíritus; y cuando se manifieste la luz de los justos y de los elegidos que habitan en la tierra, ¿dónde estará la morada de los pecadores? ¿Y dónde el lugar de descanso para los que han rechazado al Señor de los espíritus? Mejor hubiera sido para ellos no haber nacido.

3 También cuando se revelen los secretos de los justos, entonces serán juzgados los pecadores; y los impíos serán afligidos en presencia de los justos y de los elegidos.

4 A partir de ese momento, los que poseen la tierra dejarán de ser poderosos y exaltados. Tampoco serán capaces de contemplar los rostros de los santos; porque la luz de los rostros de los santos, los justos y los elegidos, ha sido vista por el Señor de los espíritus.

5 Entonces, los reyes y los poderosos perecerán y serán entregados en manos de los justos y santos.

6 De ahí en adelante ninguno obtendrá la compasión del Señor de los espíritus, porque su vida en este mundo habrá concluido.

Capítulo 39

1 En aquellos días descenderá de los altos cielos la raza elegida y santa, y su descendencia estará entonces con los hijos de los hombres.

2 En aquellos días Enoc recibió libros de indignación e ira, y libros de prisa y agitación. «Y no se les concederá misericordia», dijo el Señor de los espíritus.

3 Entonces una nube me arrebató, y el viento me elevó por encima de la superficie de la tierra, colocándome en el extremo de los cielos.

4 Y allí tuve otra visión: el lugar donde habitan los santos, y los lugares de descanso de los justos.

5 Allí contemplaron mis ojos sus moradas con los ángeles, y sus lugares de reposo con los santos. Imploraban, suplicaban y oraban por los hijos de los hombres, mientras que la justicia, como el agua, fluía delante de ellos; y la misericordia, como el rocío, se esparcía sobre la tierra. Y así será por los siglos de los siglos.

6 En aquel lugar mis ojos contemplaron la morada de los elegidos, de la verdad, la fe y la justicia. Incontable será el número de los santos y de los elegidos, en la presencia de Dios por los siglos de los siglos.

7 Vi su morada bajo las alas del Señor de los Espíritus; todos los justos y elegidos brillarán frente a Él como el resplandor del fuego, su boca estará llena de bendición, sus labios glorificarán el nombre del Señor de los espíritus y la justicia y la verdad no fallarán ante Él.

8 Allí deseaba vivir, y mi espíritu anhelaba esa morada: allí me había sido asignada desde antes mi herencia, y así se había decidido ante el Señor de los espíritus.

9 En aquellos días alabé y ensalcé el nombre del Señor de los espíritus con bendiciones y alabanzas, porque Él me destinó para la bendición y la gloria de acuerdo con el buen parecer del Señor de los espíritus.

10 Por mucho tiempo mis ojos observaron ese lugar, y le bendije y le alabé diciendo: «Bendito es Él y bendito sea desde el principio y para siempre».

11 Y ante Él no hay cese. Él sabe antes de que el mundo fuera creado qué es para siempre y qué será de generación en generación.

12 Aquellos que no duermen te bendicen: se postran ante Tu gloria y bendicen, alaban y ensalzan diciendo: «Santo, santo, santo es el Señor de los espíritus: Él llena la tierra con espíritus».

13 Y aquí mis ojos vieron a todos aquellos que no duermen: se postran ante Él, bendicen y dicen: «Bendito seas y bendito sea el nombre del Señor para siempre».

14 Y mi rostro se fue transformando, porque ya no podía sostener la mirada.

Capítulo 40

1 Después de eso vi miles de miles, y miríadas de miríadas, vi una multitud incontable ante el Señor de los Espíritus.

2 Y a los cuatro lados del Señor de los espíritus vi cuatro presencias, diferentes de las que no duermen, y aprendí sus nombres porque el ángel que iba conmigo me enseñó sus nombres, y me enseñó todas las cosas ocultas.

3 Y escuché las voces de esas cuatro presencias mientras pronunciaban alabanzas ante el Señor de la gloria.

4 La primera voz bendice al Señor de los espíritus para siempre.

5 A la segunda voz la escuché bendiciendo al Elegido y a los elegidos que emanan del Señor de los espíritus.

6 A la tercera voz la escuché orando e intercediendo por aquellos que habitan en la tierra y suplicando en el nombre del Señor de los espíritus.

7 Y escuché la cuarta voz expulsando a los Satanes y prohibiéndoles que estén ante el Señor de los espíritus para acusar a los que habitan en la tierra.

8 Después pregunté al ángel de paz que iba conmigo y que me mostraba todas las cosas que están ocultas: «¿Quiénes son estas cuatro presencias que he visto y cuyas palabras he oído y escrito?».

9 Y me dijo: «El primero es Miguel, el misericordioso y paciente; y el segundo, que se encarga de las enfermedades y de todas las heridas de los hijos de los hombres, es Rafael; y el tercero, que se encarga de todos los poderes, es Gabriel; y el cuarto, que se encarga del arrepentimiento para la esperanza de los que heredarán la vida eterna, se llama Phanuel».

10 Y estos son los cuatro ángeles del Señor de los espíritus y las cuatro voces que escuché en esos días.

Capítulo 41

1 Después de eso vi todos los secretos de los cielos, y cómo se divide el reino, y cómo las acciones de los hombres se pesan en la balanza.

2 Allí vi las mansiones de los elegidos y las mansiones de los santos, y mis ojos vieron allí a todos los pecadores siendo expulsados porque rechazaron el nombre del Señor de los Espíritus: y no podían quedarse por el castigo que procede del Señor de los Espíritus.

3 Allí mis ojos vieron los secretos del relámpago y del trueno, y los secretos de los vientos, cómo son divididos para soplar sobre la tierra, y los secretos de las nubes y el rocío; y allí vi de dónde proceden en ese lugar y desde dónde saturan la tierra polvorienta.

4 Allí vi cámaras cerradas desde donde se dividen los vientos, la cámara del granizo y de los vientos, la cámara de la neblina y de las nubes que se ciernen sobre la tierra desde el comienzo del mundo.

5 Y vi las cámaras del sol y de la luna, de dónde proceden y hacia dónde regresan, y su retorno glorioso, y cómo uno es superior a la otra; su órbita majestuosa, y cómo no abandonan su órbita, y no añaden ni quitan nada a su órbita, y se mantienen fieles entre ellos, de acuerdo al juramento que les une.

6 Primero sale el sol y recorre su camino según el mandamiento del Señor de los espíritus, y poderoso es Su nombre por los siglos de los siglos.

7 Y después de eso vi el camino oculto y el visible de la luna, y ella cumple el recorrido de su camino en ese lugar de día y de noche; el uno mantiene una posición opuesta al otro ante el Señor de los espíritus. Y ellos agradecen y alaban y no descansan, porque para ellos dar gracias es su descanso.

8 El sol cambia a menudo para bendición o para maldición, y el curso del camino de la luna es luz para los justos y oscuridad para los pecadores en el nombre del Señor, que separó la luz de las tinieblas, y dividió los espíritus de los hombres, y fortaleció el espíritu de los justos, en nombre de Su justicia.

9 Porque no hay ángel que lo impida, ni poder que pueda impedirlo, pues Él designa un juez para todos ellos y los juzga a todos delante suyo.

Capítulo 42

1 La Sabiduría no encontró un lugar donde habitar, así que se le asignó una morada en los cielos.

2 Salió la Sabiduría para habitar entre los hijos de los hombres, y no halló morada. La Sabiduría volvió a su lugar, y tomó asiento entre los ángeles.

3 Y la injusticia salió de sus aposentos: A los que no buscó, los halló, y moró con ellos, como lluvia en el desierto y rocío en tierra sedienta.

Capítulo 43

1 Contemplé otro esplendor, y las estrellas del cielo. Observé que las llamaba a todas por sus nombres respectivos, y que ellas oían.

2 Y vi cómo se pesan en una balanza de justicia de acuerdo a sus proporciones de luz, sus dimensiones y el día de su aparición. El esplendor producía esplendor; y su conversión fue en el número de los ángeles y de los fieles.

3 Y le pregunté al ángel que iba conmigo y que me enseñó lo que estaba oculto: «¿Qué es esto?».

4 Y me dijo: «El Señor de los espíritus te ha mostrado su parábola (su significado parabólico): son nombres de los justos que habitan en la tierra y que creen en el nombre del Señor de los espíritus por los siglos de los siglos».

Capítulo 44

1 También vi otra cosa respecto al esplendor: que surge de las estrellas y se convierte en esplendor, siendo incapaz de abandonarlas.[21]

[21] La traducción de R. H. Charles habla de «relámpagos» en lugar de «esplendor».

Capítulo 45

1 Esta es la segunda parábola acerca de los que niegan el nombre de la morada de los santos y del Señor de los Espíritus.

2 Al cielo no ascenderán, y a la tierra no vendrán. Tal será la suerte de los pecadores que han negado el nombre del Señor de los espíritus, que serán preservados para el día del sufrimiento y la tribulación.

3 En ese día, mi Elegido se sentará en el trono de gloria y juzgará sus obras, y sus lugares de descanso serán innumerables. Sus almas se fortalecerán dentro de ellos cuando vean a mi Elegido, y aquellos que han invocado mi glorioso nombre.

4 En aquel día haré que mi Elegido habite en medio de ellos; cambiaré la faz del cielo; lo bendeciré y lo iluminaré para siempre.

5 También cambiaré la faz de la tierra, la bendeciré y haré que habiten en ella aquellos a quienes he elegido. Pero los pecadores y los que hacen el mal no pondrán sus pies allí.

6 A mis justos saciaré de paz, poniéndolos ante mí; pero se acercará la condenación de los pecadores, para destruirlos de la faz de la tierra.

Capítulo 46

1 Allí contemplé al Anciano de días,[22] cuya cabeza era blanca como la lana;[23] y con Él había otro ser cuya figura tenía la apariencia de un hombre y su rostro estaba lleno de gracia, como uno de los santos ángeles.

2 Y le pregunté al ángel que iba conmigo y que me enseñó todas las cosas ocultas, respecto a ese Hijo del Hombre: «¿Quién es, de dónde viene y por qué va con el Anciano de días?».

3 Y me respondió: «Este es el Hijo del Hombre, que posee justicia y con quien la justicia vive, y que revela todos los tesoros de lo que está oculto, porque el Señor de los Espíritus lo ha escogido y su suerte es tener preeminencia ante el Señor de los Espíritus en justicia para siempre.

4 Y este Hijo del Hombre que has visto levantará a los reyes y a los poderosos de sus asientos, y a los fuertes de sus tronos; y desatará las riendas de los fuertes y quebrará los dientes de los pecadores.

5 Y derribará a los reyes de sus tronos y reinos, porque no le ensalzan ni alaban, ni reconocen humildemente de dónde les fue concedido el reino.

6 Y abatirá el rostro de los fuertes, y los llenará de vergüenza. Las tinieblas serán su morada, y los gusanos serán su lecho. No tendrán esperanza de

---

[22] Otras traducciones en inglés usan el término *Head of days*, cuya traducción al español no está clara. En Daniel 7:9 se usa la expresión «Anciano de días». Sobre este término, la traducción inglesa del Libro de Enoc de Richard Laurence menciona: «The Chief or Head of days».

[23] Este pasaje es similar a Daniel 7:9: «Estuve mirando hasta que fueron puestos tronos, y se sentó un Anciano de días, cuyo vestido era blanco como la nieve, y el pelo de su cabeza como lana limpia».

levantarse de sus camas, porque no exaltan el nombre del Señor de los Espíritus.

7 Estos son los que juzgan a las estrellas del cielo, los que levantan sus manos contra el Altísimo, pisan la tierra y habitan sobre ella. Y todas sus acciones manifiestan injusticia, y su poder reside en sus riquezas. Y su fe está en los dioses que han hecho con sus manos; y niegan el nombre del Señor de los Espíritus.

8 Y ellos persiguen las casas de Sus congregaciones, y a los fieles que se aferran al nombre del Señor de los espíritus.

Capítulo 47

1 En esos días habrán ascendido las oraciones de los justos y la sangre de los justos desde la tierra ante el Señor de los espíritus.

2 En esos días se reunirán los santos, que habitan en lo alto de los cielos, y con voz unida pedirán, suplicarán, alabarán y bendecirán el nombre del Señor de los espíritus en favor de la sangre de los justos que ha sido derramada. Y para que la oración de los justos no sea en vano ante el Señor de los espíritus, para que se les haga justicia y no tengan que sufrir para siempre».

3 En aquel tiempo contemplé al Anciano de días, mientras estaba sentado en el trono de su gloria, mientras el libro de los vivientes estaba abierto en su presencia, y mientras todas las potestades que estaban sobre los cielos estaban alrededor y delante de Él.

4 Entonces los corazones de los santos se llenaron de alegría, porque había llegado la consumación de la justicia, la súplica de los santos había sido escuchada y la sangre de los justos había sido apreciada por el Señor de los espíritus.

Capítulo 48

1 En aquel lugar contemplé una fuente de justicia, que nunca fallaba, rodeada de muchos manantiales de sabiduría. De ellas bebían todos los sedientos y se saciaban de sabiduría, teniendo su morada con los justos, los elegidos y los santos.

2 En aquella hora fue invocado este Hijo del hombre ante el Señor de los espíritus, y su nombre en presencia del Anciano de días.

3 Antes de que se crearan el sol y los signos, antes de que se crearan las estrellas del cielo, Su nombre fue pronunciado ante el Señor de los Espíritus.

4 Él será un bastón para los justos en el que puedan apoyarse y no caer; y será la luz de las naciones, y será la esperanza de los angustiados de corazón.

5 Todos los habitantes de la tierra se postrarán ante Él y lo adorarán, y lo ensalzarán y bendecirán y celebrarán con canciones al Señor de los Espíritus.

6 Por esta razón ha sido elegido y escondido ante Él, antes de la creación del mundo y para siempre.

7 La sabiduría del Señor de los Espíritus lo ha revelado a los santos y a los justos; porque ha preservado el destino de los justos, porque ellos han odiado y rechazado este mundo de injusticia, y han odiado todas sus obras y caminos en el nombre del Señor de los Espíritus: porque en su nombre son salvados, y conforme a su beneplácito serán sus vidas.

8 En estos días se abatirán los reyes de la tierra y los poderosos que poseen la tierra debido al trabajo de sus manos. Porque en el día de su angustia y aflicción no podrán salvarse.

9 Los entregaré en las manos de Mis elegidos: Como paja en el fuego arderán ante la faz de los santos y como el plomo en el agua serán sumergidos frente a la faz de los justos, y ningún rastro de ellos será encontrado.

10 Y en el día de su aflicción habrá paz en la tierra, y ante ellos caerán y no volverán a levantarse: y no habrá nadie para recogerlos con sus manos y levantarlos, porque han negado al Señor de los espíritus y a su Ungido. Bendito sea el nombre del Señor de los espíritus.

Capítulo 49

1 La sabiduría se derrama como el agua, y la gloria nunca faltará ante él.

2 Porque él es poderoso en todos los secretos de la justicia, y la injusticia desaparecerá como una sombra, y dejará de existir. Porque el Elegido está ante el Señor de los espíritus y su gloria es para siempre, y su poder para todas las generaciones.

3 Y en él habita el espíritu de sabiduría, y el espíritu que da discernimiento, y el espíritu de entendimiento y de poder, y el espíritu de los que han dormido en la justicia.

4 Y él juzgará las cosas secretas y nadie podrá pronunciar una palabra falsa ante él, porque él es el Elegido ante el Señor de los Espíritus según su beneplácito.

Capítulo 50

1 Y en esos días habrá un cambio para los santos y elegidos, y la luz de los días residirá sobre ellos, y la gloria y el honor se tornarán hacia los santos.

2 En el día de la aflicción en el que se habrá atesorado el mal contra los pecadores. Y los justos saldrán victoriosos en el nombre del Señor de los espíritus: y Él hará que los demás sean testigos para que se arrepientan y renuncien al trabajo de sus manos.

3 No tendrán honor en nombre del Señor de los Espíritus, aunque por Su nombre serán salvados, y el Señor de los Espíritus tendrá compasión de ellos, porque Su compasión es grande.

4 Él es justo también en su juicio, y en la presencia de Su gloria la injusticia tampoco se mantendrá: en Su juicio los que no se arrepientan perecerán ante Él.

5 «Y desde ese momento no tendré más misericordia con ellos», dijo el Señor de los espíritus.

Capítulo 51

1 Y en esos días también la tierra devolverá lo que se le ha confiado, y también el Seol devolverá lo que ha recibido, y el infierno devolverá lo que debe. Porque en esos días el Elegido se levantará.

2 Y escogerá entre ellos a los justos y a los santos: porque se ha acercado el día de su salvación.

3 Y en esos días el Elegido se sentará en Mi trono, y su boca revelará todos los secretos de sabiduría y consejo: Porque el Señor de los espíritus se los ha dado y lo ha glorificado.

4 Y en esos días los montes saltarán como carneros y las colinas saltarán como corderos saciados de leche; y los rostros de los ángeles del cielo se iluminarán de alegría.

5 Y la tierra se alegrará, y los justos habitarán en ella, y los elegidos caminarán sobre ella.

Capítulo 52

1 Después de esos días, en ese lugar donde ví todas las visiones de aquello que está oculto, fui arrastrado por un torbellino y conducido hacia el oeste.

2 Allí mis ojos vieron todos los secretos de los cielos que han de suceder, una montaña de hierro y una montaña de cobre, y una montaña de plata, y una montaña de oro, y una montaña de metal fino, y una montaña de plomo.

3 Y le pregunté al ángel que iba conmigo: «¿Qué cosas son estas que he visto en secreto?».

4 Y me dijo: «Todas estas cosas que has visto servirán al dominio de Su Ungido para que sea fuerte y poderoso en la tierra».

5 Y ese ángel de paz me dijo: «Espera un poco y te serán reveladas todas las cosas secretas que rodean al Señor de los espíritus.

6 Y estas montañas que han visto tus ojos, la montaña de hierro, la de cobre, la de plata, la de oro, la de metal suave y la de plomo, todas estas serán en presencia del Elegido como cera frente al fuego y como agua que desciende de lo alto de esas montañas, y quedarán impotentes frente a sus pies.

7 Sucederá en esos días que nadie se salvará, ni por la plata ni por el oro, y ninguno podrá escapar.

8 Y no habrá hierro para la guerra, ni nadie se vestirá con coraza. El bronce no servirá para nada y el estaño no será valorado, ni el plomo codiciado.

9 Y todas estas cosas serán eliminadas de la superficie de la tierra, cuando el Elegido aparezca ante el rostro del Señor de los espíritus».

Capítulo 53

1 Allí mis ojos vieron un valle profundo con entradas abiertas, y todos los que viven en la tierra, en el mar y en las islas le traerán regalos y muestras de homenaje, pero ese valle profundo no se llenará.

2 Y sus manos cometen crímenes, y los pecadores devoran a todos los que oprimen criminalmente. Sin embargo, los pecadores serán destruidos ante la faz del Señor de los Espíritus, y serán desterrados de la faz de Su tierra, y perecerán para siempre jamás.

3 Porque vi a todos los ángeles del castigo establecerse allí y preparar todos los instrumentos de Satanás.

4 Y le pregunté al ángel de paz que iba conmigo: «Para quién están preparando estos instrumentos?».

5 Y él me dijo: «Preparan esto para los reyes y los poderosos de esta tierra, para que así sean destruidos.

6 Después de esto, el Justo y Elegido hará aparecer la casa de su congregación: de ahora en adelante ya no serán estorbados en el nombre del Señor de los espíritus.

7 Y estas montañas no permanecerán como la tierra ante su justicia, sino que las colinas serán como una fuente de agua. Y los justos tendrán descanso de la opresión de los pecadores».

Capítulo 54

1 Y miré y me volví hacia otra parte de la tierra, y vi allí un valle profundo con fuego ardiente.

2 Y trajeron a los reyes y a los poderosos, y empezaron a arrojarlos a este valle profundo.

3 Y allí mis ojos vieron los instrumentos que fabricaban; cadenas de hierro de un peso inconmensurable.

4 Y le pregunté al ángel de paz que iba conmigo: «Para quién preparan estas cadenas?».

5 Y me dijo: «Están siendo preparadas para las tropas de Azael, para que puedan agarrarlos y lanzarlos al abismo de total condenación y cubrir sus mandíbulas con piedras ásperas tal y como ordenó el Señor de los espíritus.

6 Y Miguel, Gabriel, Rafael y Phanuel los agarrarán en ese gran día, y los arrojarán en ese día al horno ardiente, para que el Señor de los espíritus se vengue de ellos por su injusticia al someterse a Satanás y extraviar a los que habitan en la tierra».

7 Y en esos días vendrá el castigo del Señor de los Espíritus, y abrirá todas las cámaras de agua que están sobre los cielos, y las de las fuentes que hay debajo de la tierra.

8 Y todas las aguas serán juntadas con las aguas: las que están sobre los cielos son lo masculino y las aguas que están debajo de la tierra son lo femenino.[24]

---

[24] En la traducción de Richard Laurence aparece la palabra «agente» y «recipiente», aunque a pie de página cita los términos «masculino» y «femenino».

9 Y destruirán a todos los que habitan en la tierra y a los que habitan bajo los confines del cielo.

10 Por estos medios entenderán la iniquidad que han cometido en la tierra; y por estos medios perecerán.

Capítulo 55

1 Después de eso, el Anciano de días se arrepintió y dijo: «En vano he destruido a todos los que habitan en la tierra».

2 Y juró por Su gran nombre: «De ahora en adelante no actuaré más así con los que habitan en la tierra, y pondré una señal en el cielo: y esto será prenda de buena fe entre Yo y ellos para siempre, mientras el cielo esté sobre la tierra.

3 Después, según este mi decreto, cuando me apodere de ellos de antemano, por medio de ángeles, en el día de la aflicción y de la angustia, mi ira y mi castigo permanecerán sobre ellos, mi castigo y mi ira», dice Dios, el Señor de los espíritus.

4 «Reyes poderosos que moráis en la tierra, veréis a mi Elegido sentarse en el trono de gloria y juzgar a Azael, sus cómplices y sus tropas, en el nombre del Señor de los Espíritus».

Capítulo 56

1 Allí también contemplé huestes de ángeles que se movían en castigo, confinados en una red de hierro y bronce.

2 Y pregunté al ángel de paz que iba conmigo: «¿A quién se dirigen los que están confinados?».

3 Y me dijo: «A sus elegidos y amados, para que sean arrojados al abismo del valle.

4 Y ese valle será llenado con sus elegidos y amados, y los días de sus vidas llegarán a su fin, pero los días de su extravío serán innumerables.

5 Entonces los príncipes se unirán y conspirarán. Los jefes del este, entre los Partos y los Medos, quitarán reyes, en quienes entrará un espíritu de perturbación. Los arrojarán de sus tronos, saltando como leones de sus guaridas, y como lobos hambrientos en medio del rebaño.

6 Subirán y pisotearán la tierra de sus elegidos, y la tierra de sus elegidos se convertirá delante de ellos en un terreno pisado y un camino trillado.

7 Pero la ciudad de mis justos será un obstáculo para sus caballos. Se levantarán para destruirse unos a otros, y su diestra será fuerte contra ellos mismos, y un hombre no conocerá a su hermano, ni un hijo a su padre o a su madre. Hasta que el número de cadáveres se complete, por su muerte y castigo. Tampoco esto sucederá sin causa.

8 En aquellos días el Seol abrirá sus fauces, y serán engullidos por él. Y su destrucción llegará a su final; el Seol devorará a los pecadores en presencia de los justos».

Capítulo 57

1 Y sucedió después de esto que vi otro ejército de carros y hombres montados en ellos que venían con los vientos desde el este, desde el oeste y desde el sur.

2 Y se oyó el ruido de sus carros, y cuando tuvo lugar este alboroto, los santos del cielo lo observaron, y las columnas de la tierra se movieron de su

sitio, y el sonido se escuchó desde un extremo del cielo hasta el otro, en un solo día.

3 Y todos ellos se postrarán y adorarán al Señor de los espíritus. Este es el final de la segunda Parábola.

Capítulo 58

1 Y comencé a recitar la tercera Parábola acerca de los justos y los elegidos.

2 Bienaventurados vosotros, justos y elegidos, porque gloriosa será vuestra suerte.

3 Y los justos estarán a la luz del sol. Y los elegidos a la luz de la vida eterna: Los días de su vida no tendrán final, y los días de los santos serán innumerables.

4 Y buscarán la luz y hallarán la justicia con el Señor de los Espíritus: Habrá paz para los justos en el nombre del Señor Eterno.

5 Después de esto se les dirá a los santos del cielo que busquen los secretos de la justicia, la herencia de la fe: Porque se ha vuelto brillante como el sol sobre la tierra, mientras que las tinieblas han desaparecido.

6 Y habrá una luz que nunca se apagará, y no llegarán a un límite de días, porque la oscuridad habrá sido destruida primero, y la luz aumentará ante el Señor de los espíritus; ante el Señor de los espíritus aumentará para siempre la luz de la rectitud.

Capítulo 59

1 En aquellos días mis ojos vieron los secretos de los relámpagos, de las luces y sus juicios. Y relampaguean para bendición o para maldición, según la voluntad del Señor de los espíritus.

2 Y allí vi los secretos del trueno, y cómo cuando resuena arriba en el cielo, se escucha su sonido. También me fueron mostrados los juicios que se ejecutan en la tierra, ya sea para bien o para mal, de acuerdo a la palabra del Señor de los espíritus.

3 Después de eso me fueron mostrados todos los secretos de las luces y los relámpagos, que brillan para bendición y satisfacción.

Capítulo 60 (Fragmento del Libro de Noé)

1 En el año 500, en el séptimo mes, el día 14 de la vida de Enoc, en esa Parábola vi cómo un poderoso temblor sacudió el cielo de los cielos, y las huestes del Altísimo, y miríadas de ángeles fueron turbados con una gran inquietud.

2 El Anciano de días se sentó sobre el trono de Su gloria y los ángeles y los justos se situaron a Su alrededor.

3 Y un gran temblor se apoderó de mí y me sobrecogió el temor, y mis lomos cedieron, y se disolvieron mis riendas, y caí sobre mi rostro.

4 Y Miguel envió otro ángel de entre los santos y me levantó, y cuando me levantó, mi espíritu volvió; pues era incapaz de soportar la visión de este ejército, su agitación y la conmoción del cielo.

5 Y Miguel me dijo: «¿Por qué te inquietas con semejante visión? Hasta este día duró el día de Su misericordia, y Él ha sido misericordioso y muy paciente con los que moran en la tierra.

6 Y cuando llegue el día, el poder, el castigo y el juicio que el Señor de los Espíritus ha preparado para aquellos que niegan el juicio justo, y para aquellos que toman Su nombre en vano, ese día está preparado, para los elegidos un pacto, pero para los pecadores una inquisición».

7 Y en aquel día se separaron dos monstruos. Un monstruo hembra llamado Leviatán, para habitar en los abismos del océano sobre las fuentes de las aguas.[25]

8 Y el macho se llama Behemot, que ocupaba con su pecho un desierto llamado Duidain, al este del jardín donde moran los elegidos y los justos, donde fue llevado mi abuelo, el séptimo desde Adán, el primer hombre que fue creado por el Señor de los espíritus.[26]

9 Y rogué al otro ángel que me mostrara el poder de aquellos monstruos, cómo fueron separados un día y arrojados, el uno a los abismos del mar, y el otro a la tierra seca del desierto.

10 Y me dijo: «Tú, hijo de hombre, aquí buscas conocer lo que está oculto».[27]

11 Entonces otro ángel que iba conmigo me habló, y me mostró los primeros y los últimos secretos que hay arriba en el cielo, y en las profundidades de la tierra:

12 Las cámaras de los vientos,[28] y cómo se dividen los vientos, cómo se pesan y cómo se cuentan los portales de los vientos, cada uno según la fuerza del viento. Y la fuerza de la luz de la luna, que su poder es justo; así como

---

[25] Los dos monstruos mencionados en 60:7 también se mencionan en el libro de Job.

[26] Algunos estudiosos relacionan Duidain con el lugar geográfico de *Havila* o Javilá, en lo que sería la actual Filipinas. *Havila* en hebreo significa 'circular' y el término aparece en varios libros de la Biblia, como por ejemplo en Génesis 2:10-11: «Salía de Edén un río para regar el huerto, y de allí se repartía en cuatro brazos. El primero se llama Pisón; es el que rodea toda la tierra de Havila, donde hay oro».

[27] Después de este pasaje de «Enoc 60:10» parece seguir, en realidad, «Enoc 60:24-25», ya que se contesta directamente a la petición de Enoc sobre los monstruos.

[28] En la traducción de Richard Laurence: «receptáculos de los vientos».

las divisiones de las estrellas, según sus respectivos nombres; y cómo se divide cada división.

13 Y los truenos según los lugares donde caen, y todas las divisiones que se hacen entre los relámpagos para que puedan destellar, y entre sus huestes para que obedezcan al unísono.

14 El trueno tiene lugares de descanso que le son asignados mientras espera su eco, y el trueno y el relámpago son inseparables, y aunque no se mueven con un sólo espíritu, no se separan.

15 Porque cuando el relámpago se enciende, el trueno suena y el espíritu impone una pausa en el momento adecuado, haciendo una división equitativa entre ellos; pues el depósito (receptáculo) del cual dependen sus periodos es como la arena. Cada uno de ellos a su debido tiempo es sujetado con un freno y devuelto por el poder del espíritu, que los impulsa de acuerdo con la espaciosa extensión de la tierra.[29]

16 El espíritu del mar es potente y fuerte, y conforme a su fuerza lo hace retroceder con riendas, y de la misma manera es impulsado hacia adelante y se dispersa entre todas las montañas de la tierra.

17 El espíritu de la escarcha tiene su ángel, y en el espíritu del granizo hay un ángel bueno.

18 El espíritu de la nieve cesa en su fuerza, y hay en él un espíritu solitario que asciende de él como vapor, y su nombre es escarcha.

19 Y el espíritu de la niebla no está unido a ellos en sus cámaras, sino que tiene una cámara especial; porque su curso es glorioso tanto en la luz como

---

[29] En la traducción de R. H. Charles: «...y empujados hacia adelante según los muchos cuartos de la tierra».

en la oscuridad, en invierno y en verano. Su cámara es brillante, y hay un ángel en él.

20 Y el espíritu del rocío tiene su morada en los extremos de los cielos, y está conectado con los depósitos de la lluvia, y su curso es en invierno y en verano. Las nubes producidas por ella y las nubes de la niebla se unen: una da a la otra.

21 Y cuando el espíritu de la lluvia sale de su cámara, los ángeles vienen, abren su cámara y la hacen salir. Asimismo, cuando se esparce sobre toda la tierra, forma una unión con toda clase de aguas en el suelo.

22 Las aguas se mantienen en el suelo porque son alimento para la tierra de parte del Altísimo, que está en los cielos. Por eso hay una medida fijada para la lluvia, y los ángeles se encargan de ella.

23 Estas cosas vi; todas ellas, incluso el Paraíso.[30]

24 Y el ángel de paz que estaba conmigo dijo: «Estos dos monstruos están por el poder de Dios preparados para convertirse en alimento, para que el castigo de Dios no sea en vano».

Capítulo 61

1 En aquellos días contemplé largas cuerdas dadas a aquellos ángeles, que tomaron sus alas y huyeron, avanzando hacia el norte.

2 Y le pregunté al ángel, diciéndole: «¿Por qué esos ángeles han tomado estas cuerdas y se han ido?». Y me respondió: «Han ido a medir».

[30] La traducción de R. H. Charles dice: «Y estas cosas vi hacia el Jardín de los Justos».

3 Y el ángel que iba conmigo me dijo: «Estas son las medidas de los justos; y cuerdas traerán los justos, para que confíen en el nombre del Señor de los espíritus por los siglos de los siglos.

4 Los elegidos comenzarán a morar con los elegidos, y esas son las medidas que se darán a la fe y que fortalecerán la justicia.

5 Estas medidas revelarán todos los secretos de las profundidades de la tierra. Los que fueron destruidos en el desierto y devorados por los peces del mar y las fieras, volverán y confiarán en el día del Elegido; porque nadie perecerá ante el Señor de los espíritus, ni podrá perecer.

6 Entonces todos los que habitaban arriba en los cielos recibieron una orden, y se les dio un poder, una voz y una luz como el fuego.

7 Y primero, con su voz, lo bendijeron, lo ensalzaron y lo alabaron con sabiduría, y le atribuyeron sabiduría con la palabra y con el aliento de vida.

8 Entonces el Señor de los espíritus colocó al Elegido en el trono de Su gloria. Y él juzgará todas las obras de los santos arriba en el cielo, y en la balanza serán pesadas sus obras.

9 Y cuando él alce su rostro para juzgar sus caminos secretos según la palabra del nombre del Señor de los espíritus, y su senda según el camino del justo juicio del Señor de los Espíritus, entonces todos ellos a una voz hablarán, bendecirán, glorificarán, exaltarán y alabarán, en el nombre del Señor de los Espíritus.

10 Él invocará a todas las huestes de los cielos y a todos los santos de arriba, y al ejército de Dios, a los Querubines, a los Serafines, a los Ofanines,[31] a todos los ángeles de poder, a todos los ángeles de los principados y al Elegido, y a las demás potestades sobre la tierra y sobre las aguas.

11 En aquel día alzarán su voz unida; bendecirán, glorificarán, alabarán y exaltarán con el espíritu de fe, con el espíritu de sabiduría y paciencia, con en el espíritu de misericordia, con el espíritu de juicio y paz, y con el espíritu de benevolencia, y todos dirán con voz unida: "Bendito sea, y el nombre del Señor de los Espíritus sea bendito por los siglos de los siglos.

12 Todos, los que no duermen, le bendecirán arriba en el cielo. Le bendecirán todos los santos que están en el cielo, todos los elegidos que habitan en el jardín de la vida; y todo espíritu de luz capaz de bendecir, glorificar, exaltar y alabar Su santo nombre, y todo hombre mortal, más que las potencias del cielo, glorificará y bendecirá Su nombre por los siglos de los siglos.

13 Porque grande es la misericordia del Señor de los espíritus; y es paciente, y todas sus obras y todo lo que ha creado lo ha revelado a los justos y elegidos en el nombre del Señor de los espíritus».

---

[31] Los Ofanines u Ophanim son ángeles descritos como «ruedas dentro de ruedas». El vocablo *ofanim* en hebreo significa 'ruedas'. Estas ruedas se asocian con el versículo bíblico Daniel 7:9 donde aparecen cuatro ruedas cubiertas de ojos, cada una compuesta de dos ruedas adosadas.

Capítulo 62

1 Así ordenó el Señor a los reyes, a los poderosos, a los excelsos y a los que habitan en la tierra, diciendo: «Abrid vuestros ojos y alzad vuestros cuernos si sois capaces de reconocer al Elegido».

2 El Señor de los espíritus se sentó en el trono de Su gloria, y el espíritu de justicia fue derramado sobre él, y la palabra de su boca destruirá a todos los pecadores y todos los impíos, que perecerán ante Su presencia.

3 Y se levantarán en aquel día todos los reyes, los poderosos, los exaltados y los que dominan la tierra, y verán y reconocerán cómo él está sentado en el trono de su gloria, y la justicia es juzgada delante de él, y delante de él no se dice palabra mentirosa.

4 Entonces vendrá sobre ellos el dolor como sobre una mujer que da a luz, cuyo trabajo es severo, cuando su hijo viene por la boca del útero, y le resulta difícil dar a luz.

5 Se mirarán los unos a los otros aterrorizados, bajarán la mirada y el dolor se apoderará de ellos cuando vean al Hijo del Hombre sentado en el trono de su gloria.

6 Y los reyes, los poderosos y todos los que poseen la tierra bendecirán, glorificarán y ensalzarán al que gobierna sobre todos, al que estaba oculto.

7 Porque desde el principio el Hijo del Hombre estuvo oculto, y el Altísimo lo preservó ante Su poder, y lo reveló a los elegidos.

8 La congregación de los elegidos y de los santos será sembrada, y todos los elegidos estarán delante de él en aquel día.

9 Y todos los reyes, los poderosos, los exaltados y los que gobiernan la tierra se postrarán ante él sobre sus rostros, y adorarán y pondrán su esperanza en ese Hijo del Hombre, y le pedirán y suplicarán misericordia.

10 Entonces el Señor de los espíritus se apresurará a expulsarlos de su presencia. Sus rostros se llenarán de confusión, y las tinieblas cubrirán sus rostros.

11 Él los entregará a los ángeles para castigo, para ejecutar la venganza sobre los que han oprimido a Sus hijos y a Sus elegidos.

12 Y serán ejemplo para los santos y para Sus elegidos. Por ellos se alegrarán estos, porque la ira del Señor de los espíritus descansará sobre ellos, y la espada del Señor de los Espíritus se embriagará con su sangre.

13 Los justos y los elegidos se salvarán en aquel día y nunca más verán el rostro de los pecadores e injustos.

14 El Señor de los espíritus permanecerá sobre ellos. Y con este Hijo del Hombre habitarán, comerán, se acostarán y se levantarán, por los siglos de los siglos.

15 Los justos y elegidos se levantarán de la tierra, y dejarán de tener un rostro abatido. Serán vestidos con prendas de gloria.

16 Ese vestido de vida está con el Señor de los espíritus, en cuya presencia tu vestido no envejecerá, ni disminuirá tu gloria.

Capítulo 63

1 En aquellos días, los reyes y los poderosos que poseen la tierra le implorarán que les conceda un poco de tregua de Sus ángeles de castigo a quienes fueron entregados, para que puedan postrarse y adorar al Señor de los espíritus y confesar sus pecados ante Él.

2 Bendecirán y glorificarán al Señor de los espíritus, y dirán: «Bendito es el Señor de los espíritus, de los reyes, de los poderosos, de los ricos, de la gloria y de la sabiduría.

3 Tú iluminarás todo lo secreto. Tu poder es de generación en generación, y tu gloria por los siglos de los siglos. Profundos e innumerables son todos tus secretos, y tu justicia es incalculable.

4 Ahora hemos aprendido que debemos glorificar y bendecir al Señor de reyes y al que es rey sobre todos los reyes».

5 Y dirán: «¡Ojalá tuviéramos descanso para glorificar, dar gracias y confesar nuestra fe ante Su gloria!

6 Ahora anhelamos un poco de descanso, pero no lo encontramos: Seguimos arduamente y no lo obtenemos: Y la luz se ha desvanecido delante de nosotros, y las tinieblas son nuestra morada por los siglos de los siglos.

7 Porque no hemos confesado delante de Él, ni hemos glorificado el nombre del Señor de los espíritus. Sino que nuestra esperanza estaba en el cetro de nuestro dominio y en nuestra gloria.

8 En el día de nuestro sufrimiento y de nuestra tribulación no nos salvará y no hallaremos tregua. Confesamos que nuestro Señor es fiel en todas sus obras, en todos sus juicios y en su justicia. En sus juicios no hace acepción de personas.

9 Y perecemos delante de su rostro a causa de nuestras obras, y todos nuestros pecados son tenidos en cuenta con justicia».

10 Entonces se dirán a sí mismos: «Nuestras almas están llenas de ganancias injustas, pero eso no nos impide descender a las entrañas llameantes del Seol».[32]

11 Después de esto, sus rostros se llenarán de tinieblas y de confusión ante el Hijo del Hombre, de cuya presencia serán expulsados, y ante quien permanecerá la espada para expulsarlos.

12 Así dice el Señor de los espíritus: «Este es el decreto y la sentencia contra los príncipes, los reyes, los exaltados y los que poseen la tierra, en presencia del Señor de los espíritus».

Capítulo 64

1 Vi también otros semblantes en aquel lugar secreto. Oí la voz de un ángel que decía: «Estos son los ángeles que descendieron a la tierra y revelaron secretos a los hijos de los hombres, y sedujeron a los hijos de los hombres para que cometieran pecado».

Capítulo 65

1 En aquellos días vio Noé que la tierra se inclinaba y que se acercaba la destrucción.

2 Entonces se levantó y se dirigió a los confines de la tierra, a la morada de su bisabuelo Enoc. Y Noé dijo tres veces con voz amarga: «Escúchame, escúchame, escúchame».

3 Y le dije: «Dime, ¿qué es lo que está cayendo sobre la tierra, que la tierra está en tan mala condición y sacudida, acaso pereceré yo con ella?».

---

[32] La traducción de Richard Laurence dice «infierno» en vez de «Seol».

4 Entonces hubo una gran conmoción en la tierra y se oyó una voz del cielo, y caí de bruces.

5 Y Enoc, mi bisabuelo, vino y se paró junto a mí, y me dijo: «¿Por qué has clamado a mí con un grito amargo y llorando?

6 Una orden ha salido de la presencia del Señor sobre los que habitan en la tierra, para que sean destruidos, porque han aprendido todos los secretos de los ángeles, todo poder opresivo y secreto de los demonios,[33] y todo el poder de los que practican la hechicería, así como el poder de los que hacen imágenes fundidas en toda la tierra.

7 Saben cómo se produce la plata a partir del polvo de la tierra y cómo el metal blando se origina en la tierra.[34]

8 Porque el plomo y el estaño no se producen de la tierra como los primeros: es una fuente que los produce, y un ángel está en ella, y ese ángel es preeminente».

9 Después de esto, mi bisabuelo Enoc me tomó de la mano, me levantó y me dijo: «Ve, porque le he preguntado al Señor de los Espíritus acerca de esta conmoción en la tierra».

10 Y Él me dijo: «A causa de su injusticia, su juicio ha sido determinado y no será retenido por Mí para siempre. A causa de las hechicerías que han investigado y aprendido, la tierra y los que en ella habitan serán destruidos».

---

33 «Los demonios» aparecen como «los Satanes» en la traducción de R. H. Charles.

34 «El metal blando» aparece como «la gota metálica» en la traducción de Richard Laurence.

11 Y estos no tendrán nunca lugar de arrepentimiento, porque les han mostrado lo que estaba oculto y ellos son los condenados: pero en cuanto a ti, hijo mío, el Señor de los Espíritus sabe que eres puro y libre de culpa de este reproche concerniente a los secretos.

12 Él ha destinado tu nombre a estar entre los santos y te preservará entre los que habitan en la tierra, y ha destinado a tu justa descendencia tanto a la realeza como a grandes honores, y de tu descendencia procederá una fuente de justos y santos sin número para siempre.

Capítulo 66

1 Después de eso me mostró los ángeles del castigo, que estaban preparados para venir y para desatar todas las poderosas aguas que están debajo de la tierra, para traer juicio y destrucción sobre todos los que habitan en la tierra.

2 Y el Señor de los Espíritus ordenó a los ángeles que salieron que no hicieran subir las aguas, sino que las retuvieran, ya que esos ángeles se encargaban de las fuerzas de las aguas.

3 Y yo me retiré de la presencia de Enoc.

Capítulo 67

1 En aquellos días vino a mí la palabra de Dios y me dijo: «Noé, tu destino ha llegado ante Mí, un destino sin mancha, un destino de amor y rectitud.

2 Ahora los ángeles están haciendo una construcción de madera, y cuando hayan completado esa tarea pondré Mi mano sobre ello y lo preservaré, y saldrá de ahí la semilla de la vida, y se establecerá un cambio para que la tierra no quede vacía.

3 Y consolidaré tu linaje ante Mí por los siglos de los siglos, extenderé el linaje de los que viven contigo: no será estéril sobre la faz de la tierra, sino que será bendecido y multiplicado sobre la tierra en el nombre del Señor».

4 Y aprisionará a esos ángeles que han mostrado injusticia, en ese valle ardiente que mi bisabuelo Enoc me había mostrado anteriormente en el oeste entre las montañas de oro, plata, hierro, metal fluido y estaño.

5 Y vi aquel valle en el que hubo una gran convulsión y agitación de las aguas.

6 Contemplé aquel valle en el que había gran perturbación, y donde las aguas estaban agitadas. Y cuando todo esto se efectuó, de la masa fluida de fuego y de la perturbación que reinaba en aquel lugar, surgió un fuerte olor a azufre, que se mezcló con las aguas; y el valle de los ángeles, que habían sido culpables de seducción, ardió bajo su suelo.

7 Por sus valles proceden corrientes de fuego donde son castigados estos ángeles que habían descarriado a los que viven en la tierra.

8 Y en aquellos días estas aguas serán para los reyes, para los príncipes, para los exaltados y para los habitantes de la tierra, para la sanidad del alma y del cuerpo, y para el juicio del espíritu. Sus espíritus estarán llenos de jolgorio, para que sean juzgados en sus cuerpos; porque han negado al Señor de los Espíritus, y aunque día a día perciben su condenación, no creen en su nombre.

9 Y así como la inflamación de sus cuerpos será grande, sus espíritus sufrirán un cambio para siempre. Porque ninguna palabra que se pronuncie ante el Señor de los espíritus será en vano.

10 El juicio ha venido sobre ellos, porque confiaron en su jolgorio carnal, y negaron al Señor de los espíritus.

11 En aquellos días cambiarán las aguas de ese valle; porque cuando los ángeles sean juzgados, esos manantiales de agua cambiarán de temperatura. Y cuando los ángeles asciendan, el agua de los manantiales cambiará y se enfriará.

12 Entonces escuché a Miguel responder y decir: «Este juicio con el que son juzgados los ángeles es un testimonio para los reyes y los poderosos que poseen la tierra».

13 Porque estas aguas del juicio serán para su curación, y para la muerte de sus cuerpos. Pero no percibirán ni creerán que las aguas se transformarán y se convertirán en un fuego que arderá para siempre.

Capítulo 68

1 Después de esto me dio las marcas características de todas las cosas secretas en el libro de mi bisabuelo Enoc, y en las parábolas que le habían sido dadas; insertándolas para mí entre las palabras del libro de las Parábolas.[35]

2 En ese día Miguel respondió a Rafael y dijo: «El poder del espíritu se apodera de mí y me hace temblar por la severidad del juicio de los secretos, el juicio de los ángeles. ¿Quién puede soportar el severo juicio que se ha ejecutado, ante el cual se derriten?».

3 Y Miguel respondió de nuevo y dijo a Rafael: «¿Existe alguien cuyo corazón no sea tocado por esto y cuya mente no sea turbada por esta sentencia proferida contra aquellos que han sido arrojados?».

4 Y sucedió que, cuando estuvo ante el Señor de los espíritus, Miguel le dijo así a Rafael: «No tomaré su parte bajo la mirada del Señor, porque el

---

[35] Aquí seguido irían las Parábolas que comienzan en el capítulo 37.

Señor de los Espíritus se ha enojado con ellos porque actúan como si fueran dioses.

5 Por eso traerá sobre ellos un juicio secreto por los siglos de los siglos. Porque ni el ángel ni el hombre tendrán su parte, sino que ellos solos recibirán su juicio por siempre y para siempre».

Capítulo 69

1 Después de este juicio quedarán atónitos e irritados, pues será exhibido a los habitantes de la tierra.

2 He aquí los nombres de esos ángeles: el primero de ellos es Shemihaza, el segundo Artaqof, el tercero Armen, el cuarto Kokabel, el quinto Turiel, el sexto Ramiel, el séptimo Daniel, el octavo Neqael, el noveno Baraqiel, el décimo Azazel, el undécimo Armaros, el duodécimo Batriel, el decimotercero Basasael, el decimocuarto Ananel, el decimoquinto Turiel, el decimosexto Samsiel, el decimoséptimo Yetarel, el decimoctavo Tumiel, el decimonoveno Turiel, el vigésimo Rumiel y el vigesimoprimero Azazyel.

3 Estos son los jefes de sus ángeles y sus nombres, y sus jefes sobre centenas y sobre cincuentas y sobre decenas.

4 El nombre del primero es Yeqon, el que descarrió a todos los hijos de Dios y los hizo descender a la tierra, y los descarrió a través de las hijas de los hombres.

5 El segundo se llamaba Asbeel; él impartió malos consejos a los santos hijos de Dios y los desvió para que profanaran sus cuerpos con las hijas de los hombres.

6 El tercero se llamaba Gadriel: él es quien mostró a los hijos de los hombres todos los golpes mortales y él descarrió a Eva, y mostró las armas de muerte

a los hijos de los hombres, el escudo, la cota de malla, la espada para batalla y todas las armas de muerte a los hijos de los hombres.

7 Y de su mano procedieron contra los que habitan en la tierra desde aquel día y para siempre.

8 Y el cuarto se llamaba Penemue: enseñó a los hijos de los hombres lo amargo y lo dulce, y les enseñó todos los secretos de su sabiduría.

9 Enseñó a la humanidad a entender la escritura, y el uso de la tinta y el papel. Así muchos se han descarriado, desde cada época del mundo hasta el día de hoy.

10 Porque los hombres no fueron creados para tal propósito, para dar confirmación a su buena fe con pluma y tinta.

11 Sino que los hombres fueron creados exactamente como los ángeles, para que permanecieran puros y justos, y la muerte, que todo lo destruye, no pudiera apoderarse de ellos. Pero a través de este conocimiento ellos están pereciendo y por este poder la muerte les consume.

12 El nombre del quinto es Kasbeel; este enseñó a los hijos de los hombres todos los golpes malvados de los espíritus y demonios; los golpes al embrión en el vientre, para disminuirlo; el golpe al espíritu por la mordedura de la serpiente, y el golpe que da al mediodía el vástago de la serpiente, cuyo nombre es Tabaet.

13 Esta es la tarea de Kasbeel, el jefe del juramento que el Altísimo hizo a los santos cuando moraba alto en gloria.

14 Su nombre es Biqa. Este ángel pidió a Miguel que le mostrara el nombre oculto, para que lo enunciara en el juramento y esos temblaran ante ese

nombre y juramento que revelaba todo lo que estaba oculto a los hijos de los hombres.

15 Y este es el poder de este juramento, porque es poderoso y fuerte, y puso este juramento Akae en la mano de Miguel.

16 Estos son los secretos de este juramento: son fuertes en su juramento y el cielo fue suspendido antes de que el mundo fuera creado.

17 Por ello la tierra fue cimentada sobre el agua y de las profundidades secretas de las montañas salen aguas hermosas, desde la creación del mundo hasta la eternidad.

18 Por medio de ese juramento fue creado el mar, y como fundamento Él le ha puesto la arena, para el momento de su cólera, y no se atreve a pasar más allá de ella desde la creación del mundo hasta la eternidad.

19 Por ese juramento el abismo se hizo firme y no es removible de su sitio por los siglos de los siglos.

20 Y por ese juramento el sol y la luna completan su curso y no se desvían de su orden, por los siglos de los siglos.

21 Y por ese juramento las estrellas completan su curso y Él las llama por sus nombres y ellas le responden, por los siglos de los siglos.

22 De la misma manera los espíritus del agua, de los vientos, de todos los céfiros y sus caminos desde todas las direcciones de los vientos.[36]

---

[36] El versículo 22 aparece incompleto en algunas traducciones. El céfiro es un viento suave, agradable o templado. Algunas traducciones lo sustituyen por la palabra «brisa».

23 Y se conservan las voces de los truenos y la luz de los relámpagos; y se conservan las cámaras del granizo, de la escarcha, de la nieve, de la lluvia y del rocío.

24 Todos ellos confiesan y alaban ante el Señor de los Espíritus. Le alaban con todas sus fuerzas y él los sostiene en todo ese acto de acción de gracias, mientras ellos alaban, glorifican y exaltan el nombre del Señor de los Espíritus por los siglos de los siglos.

25 Y con ellos establece este juramento, por el cual ellos y sus caminos son preservados; y su curso no es destruido.

26 Y hubo gran alegría entre ellos, y bendijeron, alabaron y ensalzaron al Señor, porque les fue revelado el nombre de aquel Hijo del Hombre.

27 Y se sentó en el trono de su gloria y la parte principal del juicio le fue dada al Hijo del Hombre. Los pecadores perecerán y desaparecerán de la faz de la tierra, mientras que quienes los sedujeron serán atados con cadenas para siempre.

28 Con cadenas serán atados y en su asamblea de destrucción serán encarcelados, y todas sus obras desaparecerán de la faz de la tierra.

29 Y de aquí en adelante no habrá nada corruptible; porque el Hijo del Hombre ha aparecido y se ha sentado en el trono de su gloria. Todo mal pasará delante de su rostro y la palabra del Hijo del Hombre se hará poderosa en presencia del Señor de los espíritus. Esta es la tercera parábola de Enoc.

Capítulo 70

1 Después de esto, el nombre del Hijo del Hombre, que vivía con el Señor de los espíritus, fue exaltado por los habitantes de la tierra.

2 Y fue exaltado en los carros del Espíritu y su nombre salió en medio de ellos.

3 Y desde aquel día ya no fui contado entre ellos, y me puso entre dos vientos, entre el norte y el oeste, donde los ángeles sostuvieron las cuerdas para medir el lugar de los elegidos y los justos.

4 Allí contemplé a los padres de los primeros hombres y a los santos que moran en ese lugar para siempre.

Capítulo 71

1 Después mi espíritu se ocultó, ascendiendo a los cielos. Contemplé a los hijos de los santos ángeles pisando fuego ardiente, y sus vestiduras y túnicas eran blancas, y sus semblantes eran transparentes como el cristal.

2 Vi dos corrientes de fuego, y la luz de aquel fuego resplandecía como el jacinto, y caí sobre mi rostro delante del Señor de los espíritus.

3 Y Miguel, uno de los arcángeles, me tomó de la mano derecha, me levantó y me llevó donde estaba todo secreto de misericordia y secreto de justicia.

4 Me mostró todas las cosas ocultas de las extremidades del cielo, todos los receptáculos de las estrellas y de todas las luminarias; de donde proceden ante la faz de los santos.

5 Y trasladó mi espíritu al cielo de los cielos, y vi allí un edificio construido con piedras de hielo; y en medio de estas piedras había vibraciones de fuego vivo.

6 Mi espíritu vio alrededor del círculo de esta habitación llameante, en una de sus extremidades, que había ríos llenos de fuego vivo, que la rodeaban.

7 Alrededor había Serafines, Querubines y Ofanines: estos son los que no duermen y guardan el trono de Su gloria.

8 Vi incontables ángeles, miles y miles, miríadas y miríadas rodeando aquella casa. Y Miguel, Rafael, Gabriel, Fanuel y los santos ángeles que están sobre los cielos, entraban y salían de aquella casa.

9 Y salieron de aquella casa, Miguel y Gabriel, Rafael y Fanuel, y muchos santos ángeles sin número.

10 Y con ellos el Anciano de Días, su cabeza blanca y pura como la lana, y sus vestiduras indescriptibles.

11 Y caí sobre mi rostro y todo mi cuerpo se relajó, y mi espíritu se transfiguró; y clamé a gran voz, con espíritu de poder, y bendije y glorifiqué y ensalcé.

12 Y esas bendiciones que salieron de mi boca se hicieron aceptables en presencia del Anciano de Días.

13 El Anciano de Días vino con Miguel, Gabriel, Rafael, Fanuel y miles de ángeles sin número.[37]

14 Entonces el ángel vino a mí, me saludó con su voz y me dijo: «Este es el Hijo del Hombre, que ha nacido para la justicia y la justicia permanece sobre él, y la justicia del Anciano de Días no le abandonará».

---

[37] Aquí hay un pasaje perdido donde se describía al Hijo del Hombre como acompañante del Anciano de Días, y Enoc le preguntó a uno de los ángeles (como en 46:3) sobre el Hijo del Hombre y quién era.

15 Me dijo: «Él te anuncia la paz en nombre del mundo venidero, porque de aquí ha procedido la paz desde la creación del mundo y así la paz estará sobre ti para siempre.

16 Todos andarán en sus caminos, ya que la justicia nunca lo abandona: con él estarán sus moradas y con él su heredad, y no serán separados de él por los siglos de los siglos.

17 Y así habrá muchos días con el Hijo del Hombre y los justos tendrán paz y rectitud en el nombre del Señor de los Espíritus, por los siglos de los siglos».

EL LIBRO DE LAS LUMINARIAS CELESTIALES (ENOC ASTRONÓMICO)

Introducción al Libro de las Luminarias Celestiales

Esta composición, también conocida como «Enoc Astronómico» o el «Libro de las Revoluciones de las Luminarias Celestiales», es una obra aramea que habla principalmente sobre la trayectoria y el movimiento de las luminarias celestiales. La versión larga aramea del Libro de las Luminarias Celestiales fue traducida al griego, aunque sólo unos pocos fragmentos de esta versión están disponibles. Del texto arameo se encontraron cuatro copias en las cuevas de Qumrán y la evidencia de los manuscritos arameos indica que la obra original era mucho más larga que la etíope, la cual es un resumen algo confuso y muy recortado, pero es el texto más completo que ha sobrevivido en la actualidad. La obra original contenía, por ejemplo, un amplio calendario en el que se sincronizan los movimientos del sol y de la luna, información sobre los vientos y los portales desde los que emergen, varios datos geográficos y el retorno de Enoc a la tierra. Las copias arameas también muestran que la versión original del Libro de las Luminarias Celestiales contenía una descripción de los líderes de estas luminarias.

De las cuatro copias recuperadas en la cueva 4 de Qumrán, la más antigua (4Q208) sólo conserva restos del calendario sincrónico, y en los escasos fragmentos de las dos más tardías (4Q210 y 4Q211) no hay restos del calendario. Pero en la copia más amplia y mejor conservada (4Q209) ambas secciones aparecen representadas.

El texto comienza diciendo que el ángel Uriel reveló información sobre las luminarias a Enoc, y sigue con una descripción de las leyes del sol y de la luna: su movimiento por el cielo, sus fases y las diferentes estaciones. También se mencionan dos calendarios: uno solar de 364 días en un año y uno lunar de 354 días, algo que aparece en otros textos de Qumrán, pero, a diferencia de estos, el Libro de las Luminarias Celestiales no menciona las festividades judías o el *Sabbath*.

Capítulo 72

1 El libro de las revoluciones de las luminarias celestiales, según sus clases, sus potencias, sus períodos, sus nombres, los lugares donde comienzan su marcha y sus respectivos meses, que Uriel, el santo ángel que estaba conmigo, que es su guía, me mostró. Me reveló todas sus leyes exactamente como son, y cómo es en relación a todos los años del mundo y hasta la eternidad, hasta que se realice una nueva obra que será eterna.

2 Esta es la primera ley de las luminarias: la luminaria del sol tiene su salida en los portales orientales del cielo y su puesta en los portales occidentales del cielo.

3 Y vi seis portales por los que sale el sol y seis portales por los que se pone el sol; y la luna sale y se pone por estos portales. Y vi los líderes de las estrellas, entre los que las preceden. Seis portales estaban a la salida y seis a la puesta del sol. Todos ellos, uno tras otro, están a nivel; y numerosas ventanas están a la derecha y a la izquierda de esos portales.

4 Primero sale esa gran luminaria que se llama sol, cuyo orbe es como el orbe del cielo,[38] todo él repleto de espléndido y llameante fuego.

5 El viento lleva el carro en el que asciende. El sol se pone en el cielo, y, volviendo por el norte, para dirigirse hacia el este, es conducido para entrar por ese portal e iluminar la faz del cielo.

6 De la misma manera sale en el primer mes por el gran portal, que es el cuarto.

7 En este cuarto portal por el que sale el sol en el primer mes hay doce ventanas abiertas, de las que sale una llama cuando se abren en sus períodos correspondientes.

8 Cuando sale el sol en los cielos, avanza a través de ese cuarto portal treinta mañanas seguidas, y se pone con exactitud en el cuarto portal en el oeste del cielo.

9 Durante este período cada día llega a ser más largo que el anterior y cada noche llega a ser más corta que la anterior, hasta la trigésima mañana.

10 Ese día el día es más largo que la noche en una novena parte, y el día equivale exactamente a diez partes y la noche a ocho partes.

---

[38] Algunas traducciones dicen «circunferencia» en vez de «orbe».

11 El sol sale de ese cuarto portal y se pone en el cuarto, y regresa al quinto portal del este durante treinta mañanas, y sale de él y se pone en el quinto portal.

12 Luego el día se vuelve más largo por dos partes y aumenta a once partes, y la noche se acorta y aumenta a siete partes.

13 Y regresa al este y entra por el sexto portal, y sale y se pone en el sexto portal durante treinta y una mañanas, por cuenta de su signo.

14 Ese día el día se vuelve más largo que la noche y el día se vuelve el doble que la noche, y el día se vuelve doce partes y la noche es acortada y se vuelve seis partes.

15 El sol asciende para acortar el día y alargar la noche, y vuelve el sol al este y entra por el sexto portal y sale por él y se pone durante treinta mañanas.

16 Cuando se cumplen las treinta mañanas el día se acorta precisamente una parte, de modo que es de once partes, mientras que la noche es de siete partes.

17 Entonces el sol sale del oeste, de ese sexto portal, y se dirige hacia el este, saliendo por el quinto portal durante treinta días, y se pone de nuevo hacia el oeste en el quinto portal del poniente.

18 En ese período el día se acorta dos partes; y es de diez partes, mientras que la noche es de ocho partes.

19 El sol sale de ese quinto portal y se pone en el quinto portal del oeste, y sale por el cuarto portal durante treinta y una mañanas, a causa de sus signos, y se pone en el oeste.

20 En ese período, el día se hace igual a la noche y adquiere la misma duración, y la noche asciende a nueve partes y el día a nueve partes.

21 Entonces el sol sale por ese portal y se pone por el oeste, y regresa al este y sale durante 30 mañanas por el tercer portal y se pone en el oeste en el tercer portal.

22 Y en ese día la noche se vuelve más larga que la mañana, y el día es más corto que el día anterior hasta la mañana treinta, y la noche equivale exactamente a diez partes y el día a ocho.

23 El sol sale por ese tercer portal y se pone en el tercer portal en el oeste y regresa al este, y por treinta mañanas sale por el segundo portal en el oeste del cielo.

24 Ese día la noche equivale a once partes y el día a siete.

25 El sol sale ese día del segundo portal y se pone en el oeste en el segundo portal, y regresa al este al primer portal por treinta y una mañanas y se pone en el primer portal del oeste del cielo.

26 Ese día la noche se alarga y equivale al doble que la mañana: y la noche equivale exactamente a doce partes y el día a seis.

27 El sol ha completado así sus comienzos, y una segunda vez da la vuelta a partir de estos comienzos. Entra en ese primer portal durante treinta días y se pone en el oeste, en la parte opuesta del cielo.

28 En ese período la noche se contrae en su longitud una cuarta parte, es decir, una porción, y se convierte en once partes. Y el día en siete partes.

29 Luego el sol regresa y entra por el segundo portal del este. Regresa por estos comienzos durante treinta días, saliendo y poniéndose.

30 Ese día la noche reduce su duración y la noche equivale a diez partes y el día a ocho.

31 Ese día el sol sale de ese portal y se pone en el oeste, y regresa al este y sale por el tercer portal por treinta y una mañanas, y se pone en el oeste del cielo.

32 Ese día la noche disminuye y equivale a nueve partes, y el día a nueve partes, y la noche es igual al día y el año tiene exactamente trescientos sesenta y cuatro días.

33 El alargamiento del día y de la noche, y la contracción del día y de la noche, se diferencian entre sí por el progreso del sol.

34 Por medio de este progreso, el día se alarga diariamente y la noche se acorta enormemente.

35 Esta es la ley y el curso del sol y su retorno, cuando regresa y sale sesenta veces. Esta es la gran luminaria eterna, que se llama sol por los siglos de los siglos.

36 La que se levanta es la gran luminaria, nombrada según su apariencia, como lo ha ordenado el Señor.

37 Así como sale, se pone, y no decae ni descansa, sino que avanza día y noche. Su luz es siete veces más brillante que la de la luna, pero en cuanto a su tamaño ambas son iguales.

Capítulo 73

La luna y sus Fases

1 Después de esta ley contemplé otra ley de una luminaria inferior, cuyo nombre es luna.

2 Su orbe es como el orbe del cielo, y el carro en el cual monta es impulsado por el viento, y la luz le es dada en medida.

3 Cada mes, a su salida y a su puesta, cambia; y sus períodos son como los períodos del sol, y cuando de la misma manera su luz debe existir, su luz es una séptima porción de la luz del sol.

4 Entonces asciende, y en su inicio hacia el este sale durante treinta días. En ese período aparece y constituye para ti el comienzo del mes. Treinta días está con el sol en el portal de donde sale el sol.

5 La mitad de ella sale con una séptima parte y toda su circunferencia está vacía, sin luz, excepto una séptima porción de las catorce porciones de su luz.

6 Y en un día recibe una séptima parte, o la mitad, de su luz. Su luz es por sietes, por una porción y por la mitad de una porción.[39]

7 Y ella se pone con el sol, y cuando sale el sol, la luna sale con él y recibe media porción de luz. Esa noche, al comienzo de su período, antes del día del mes, la luna se pone con el sol, y esa noche está oscura en sus catorce porciones, es decir, en cada mitad.

8 Y ella sale ese día exactamente con una séptima porción, y en su progreso declina desde la salida del sol. Durante el resto de su período su luz aumenta hasta catorce porciones.

Capítulo 74

El Año lunar

1 Luego vi otro progreso y regulación que Él efectuó en la ley de la luna.

---

[39] Este pasaje sólo tiene sentido en la traducción de Richard Laurence. La traducción de R. H. Charles es confusa, y sucede lo mismo con muchos otros pasajes sobre la luna, el sol y sus leyes.

2 Y todo esto Uriel, el santo ángel dirigía a todas ellas, me mostró. Anoté sus posiciones como él me las mostró, y anoté sus meses tal y como eran, y la aparición de sus luces hasta que se completan en quince días.

3 En cada una de sus dos séptimas porciones completa toda su luz en la salida y en la puesta.

4 En ciertos meses ella altera sus puestas, y en ciertos meses hace su ruta a través de cada portal.

5 En dos portales la luna se pone con el sol: en esos dos portales centrales, el tercero y el cuarto.

6 Desde el tercer portal sale durante siete días y hace su circuito. Vuelve de nuevo al portal por donde sale el sol, y en él completa toda su luz. Luego se aleja del sol y entra en ocho días por el sexto portal, y regresa en siete días al tercer portal, de donde sale el sol.

7 Cuando el sol sale del cuarto portal, ella sale durante siete días, hasta que sale por el quinto portal. De nuevo vuelve en siete días al cuarto portal y consigue toda su luz; y ella desciende y entra por el primer portal en ocho días.

8 Y vuelve en siete días al cuarto portal, de donde sale el sol.

9 Así vi su posición: cómo salía la luna y se ponía el sol en esos días.

10 En cinco años el sol tiene un excedente de treinta días, y todos los días que se le acumulan en cada uno de esos cinco años, al completarse, suman 364 días.

11 Y al sol y a las estrellas pertenecen seis días; seis días en cada uno de los cinco años. Así pues, treinta días les pertenecen; de modo que la luna tiene treinta días menos que el sol y las estrellas.

12 La luna trae todos los años con exactitud, para que sus estaciones no se adelanten ni se atrasen ni un solo día; para que se completen los años con precisión en 364 días.

13 En 3 años hay 1092 días, en 5 años 1820 días, y en 8 años hay 2912 días.

14 Sólo a la luna le corresponden en 3 años 1062 días, y en 5 años tiene 50 días menos que el sol.

15 En 5 años hay 1770 días, de modo que para la luna los días en 8 años suman 2832 días.

16 En 8 años la luna tiene 80 días menos que el sol.

17 Y el año se completa con exactitud conforme a la posición de la luna y del sol, que salen por los diferentes portales, por los que nacen y se ponen durante 30 días.

Capítulo 75

1 Estos son los jefes de los millares, los que presiden sobre toda la creación, y sobre todas las estrellas; con los cuatro días que se añaden y nunca se separan del lugar que se les asigna, según el cálculo completo del año. Y estos sirven cuatro días, que no se computan en el cálculo del año.

2 Con respecto a ellas, los hombres se equivocan grandemente, porque estas luminarias sirven verdaderamente, en la morada del mundo, un día en el primer portal, uno en el tercer portal, uno en el cuarto portal, y uno en el sexto portal. Y la armonía del mundo se completa cada trescientos sesenta y cuatro estados del mismo.

3 Porque los signos, las estaciones y los días me los mostró Uriel, el ángel que el Señor de la gloria designó sobre todas las luminarias, en el cielo y en el mundo, para que reinen sobre la faz del cielo, sean vistas desde la tierra y

sean las guías del día y de la noche: el sol, la luna, las estrellas y todas las criaturas auxiliares que hacen su circuito con todos los carros del cielo.

4 Así, Uriel me mostró doce portales abiertos para el circuito de los carros del sol en el cielo, de donde salen los rayos del sol. De estos procede calor sobre la tierra, cuando se abren en sus estaciones asignadas.

5 Sirven también para los vientos y el espíritu del rocío, cuando se abren en sus estaciones en los confines del cielo.

6 Son doce los portales del cielo en los confines de la tierra, de los cuales salen el sol, la luna, las estrellas y todas las obras del cielo su salida y en su puesta. Hay muchas ventanas abiertas a la izquierda y a la derecha. Una ventana produce mucho calor en una estación concreta. También hay puertas de las que salen las estrellas según se les ordena, y en las que se ponen según su número.

7 Así mismo vi los carros del cielo, que corren por la región por encima de aquellos portales en que rotan las estrellas que nunca se ponen.

8 Y uno de estos es más grande que todos los demás y es el que hace su curso a través del mundo entero.

Capítulo 76

Los Doce Vientos y sus Portales

1 En los confines de la tierra vi doce portales abiertos para todos los vientos, desde donde proceden y soplan sobre la tierra.

2 Tres de ellos están abiertos en la parte frontal del cielo, tres en el oeste, tres a la derecha del cielo y tres a la izquierda.

3 Los tres primeros son los del este, los tres siguientes los del norte, tres del sur y tres del oeste.

4 Por cuatro de ellos salen vientos de bendición y prosperidad, y por ocho vienen vientos perjudiciales: cuando son enviados traen destrucción sobre la tierra, sobre el cielo que está sobre ella, sobre sus habitantes y sobre todo lo que está en el agua o en tierra firme.

5 El primer viento de esos portales, llamado el viento del este, sale por el primer portal que está en el este, inclinándose hacia el sur: de él sale desolación, sequía, calor y destrucción.

6 Por el segundo portal, el del medio, procede la equidad. De él sale lluvia, productividad, prosperidad y rocío; y por el tercer portal que está hacia el norte sale frío y sequía.

7 Después de estos salen los vientos del sur por tres portales: por el primer portal, que se inclina hacia el este, sale un viento caliente.

8 Por el portal del medio, junto a él, salen fragancias placenteras, y rocío, lluvia, prosperidad y salud.

9 Por el tercer portal, que está hacia el oeste, viene rocío, lluvia, plaga y destrucción.

10 Después de estos están los vientos del norte: proceden de tres portales. El primer portal es el que está al este; de él viene el rocío, la lluvia, la plaga y la destrucción.

11 Del portal del medio viene lluvia, rocío, salud y prosperidad; y del tercer portal en el oeste viene niebla, escarcha, nieve, lluvia, rocío y plaga.

12 Después de estos están los vientos del oeste: a través del primer portal contiguo al norte sale rocío, escarcha, frío, nieve y helada.

13 Del portal del medio sale rocío, lluvia, prosperidad y bendición; y por el último portal, que limita con el sur, sale sequía, destrucción, muerte, violencia y perdición.

14 Ha terminado el relato de las doce puertas de los cuatro cuartos del cielo. Y todas sus leyes, todas sus plagas y todos sus beneficios te he mostrado a ti, hijo mío, Matusalén.

Capítulo 77

1 El primer viento se llama (el viento) del este, porque es el primero. El segundo se llama el del sur, porque allí desciende el Altísimo, y con frecuencia allí desciende el que es bendito por los siglos.

2 El viento del oeste tiene el nombre de disminución, porque allí todas las luminarias del cielo disminuyen y descienden.

3 El cuarto viento, que recibe el nombre de norte, está dividido en tres partes: la primera de ellas es la morada de los hombres; la segunda contiene los mares de agua, las profundidades, los bosques, los ríos, la oscuridad y la niebla; y la tercera parte contiene el paraíso.

4 Vi siete montañas más altas que todas las montañas que hay sobre la tierra, de donde procede la escarcha, mientras pasan los días, las estaciones y los años.

5 Vi siete ríos en la tierra más grandes que todos los demás ríos, uno de los cuales viene del oeste y vierte sus aguas en un gran mar.

6 Dos de ellos vienen del norte hacia el mar y vierten sus aguas en el Mar de Eritrea, en el este.[40]

7 Y con respecto a los cuatro restantes, toman su curso en la cavidad del norte: dos hacia su mar, el mar Eritreo, y dos se vierten en un gran mar, donde también se dice que allí hay un desierto.

8 Vi siete grandes islas en el mar y en tierra firme: dos en tierra firme y cinco en el gran mar.[41]

Capítulo 78

El sol y la luna: la luna creciente y menguante

1 Los nombres del sol son los siguientes: el primero es Oryares[42] y el segundo Tomás. Y la luna tiene cuatro nombres: el primero Asonya, el segundo Ebla, el tercero Benase y el cuarto Erae.

2 Estas son las dos grandes luminarias, cuyos orbes son como los orbes del cielo; y las dimensiones de ambas son iguales.

---

[40] El mar de Eritrea o mar Eritreo era una antigua designación marítima que incluía el golfo de Adén y otros mares entre Arabia Felix y el Cuerno de África. Originalmente fue utilizado por geógrafos de la antigua Grecia y fue usado por toda Europa hasta los siglos 18-19.

[41] En la versión de Richard Laurence, en vez de «dos en tierra firme y cinco en el gran mar» se dice «siete en el gran mar».

[42] «Aryares» en algunas versiones.

3 En la circunferencia del sol hay siete porciones de luz que se le añaden más que a la luna, y en medidas definidas se le transfiere hasta que se agota la séptima porción del sol.[43]

4 Se ponen y entran por los portales del oeste, y hacen su revolución por el norte, y salen por los portales del este sobre la faz del cielo.

5 Cuando sale la luna, aparece en el cielo; y la mitad de una séptima porción de luz es todo lo que hay en ella. En catorce días toda su luz se completa.

6 Por tres quíntuples se le transfiere luz, hasta que en quince días se completa su luz, según los signos del año; tiene tres quíntuples.

7 La luna tiene la mitad de una séptima porción. En su fase menguante la luna disminuye su luz. El primer día un catorceavo; el segundo día un treceavo; el tercer día un doceavo; el cuarto día un onceavo; el quinto día un décimo; el sexto día un noveno; el séptimo día un octavo; el octavo día un séptimo; el noveno día un sexto; el décimo día un quinto, el undécimo día un cuarto, el duodécimo día un tercio; el treceavo día un medio; el catorceavo día la mitad de un séptimo y toda su luz restante desaparece por completo el quinceavo día.

8 En ciertos meses, la luna tiene un período de veintinueve días, y también otro de veintiocho días.

---

[43] Este pasaje resulta confuso en todas las traducciones disponibles, aunque aquí se ha optado por la de R. H. Charles. En la traducción de Richard Laurence se dice: «En el orbe del sol hay una séptima porción de luz, que se le añade desde la luna. Por medida se pone, hasta que la séptima porción de la luz del sol se aparta».

9 Y Uriel me mostró otra ley: cuándo la luz es transferida a la luna y cómo le es transferida desde el sol.

10 Durante toda la fase creciente de la luna, se le transfiere su luz en presencia del sol, hasta que su luz se completa en catorce días, en el cielo.

11 Y el primer día (la luna) se llama luna nueva, porque ese día recibe la luz.

12 Llega a ser luna llena exactamente el día en que el sol se pone en el oeste, mientras la luna asciende por la noche desde el este. La luna brilla entonces toda la noche hasta que el sol sale ante ella y la luna desaparece a su vez ante el sol.

13 En el lado en el que aparece la luz de la luna, allí vuelve a decrecer hasta que toda su luz se desvanece y los períodos de la luna pasan. Luego su circunferencia queda vacía y sin luz.

14 Durante tres meses de 30 días ella sale y, a su debido tiempo, sale por tres meses más de veintinueve días cada uno, en los que efectúa su disminución en el primer período de tiempo, en el primer portal, por 177 días.

15 En el tiempo de su salida aparece por tres meses de treinta días cada uno, y por tres meses más de veintinueve días cada uno ella aparece.

16 En la noche aparece como el rostro de un hombre cada veinte días, y de día aparece como el cielo, pues no hay nada más en ella excepto su luz.

Capítulo 79

1 Y ahora, hijo mío Matusalén, te lo he mostrado todo; y el relato de todas las leyes de las estrellas del cielo ha terminado.

2 Y él me mostró todas las leyes respecto a ellas, para cada día, para cada estación imperante, para cada año, para su salida, para el orden prescrito a

ella cada mes y cada semana. Me mostró también la disminución de la luna, que se produce en el sexto portal; en ese portal se consume su luz. Después de eso comienza el mes, y su decrecimiento se produce en el primer portal en su período, hasta que se cumplen ciento setenta y siete días, contados según las semanas: veinticinco semanas y dos días.

3 Su periodo es menor que el del sol, según el orden de las estrellas, exactamente cinco días en medio año.

4 Tal es la apariencia de cada luminaria que el gran ángel Uriel, que las dirige, me mostró.

Capítulo 80

1 En aquellos días el ángel Uriel respondió y me dijo: "He aquí, te lo he mostrado todo, Enoc. Tú ves el sol, la luna y los que conducen a las estrellas del cielo, que causan todas sus operaciones, estaciones, tiempos y salidas.

2 Y en los días de los pecadores, los años se acortarán, y su semilla se retrasará en sus tierras y campos, y todas las cosas en la tierra se alterarán y no aparecerán a tiempo; la lluvia será contenida, y el cielo se detendrá.

3 Y en esos tiempos los frutos de la tierra se atrasarán, y no crecerán a tiempo, y en su estación se retendrán los frutos de los árboles.

4 Y la luna alterará sus leyes, y no será vista a su debido tiempo.

5 Y en esos días se verá el sol, y viajará por la tarde en los extremos de los grandes carros del oeste, y brillará más de lo que corresponde al orden de su luz.[44]

6 Mientras que muchos jefes de las estrellas transgredirán el orden prescrito. Y éstas alterarán sus órbitas y tareas, y no aparecerán en las estaciones que les fueron prescritas.

7 Y todo el orden de las estrellas se ocultará a los pecadores. Los pensamientos de los habitantes de la tierra transgredirán en su interior, y se desviarán de todos sus caminos. Transgredirán y se creerán dioses.

8 Y el mal se multiplicará entre ellos; y el castigo caerá sobre ellos hasta destruirlos a todos".

Capítulo 81

Las Tablas Celestiales y la Misión de Enoc

1 Y me dijo: «Observa, Enoc, estas tablas celestiales, y lee lo que está escrito en ellas, y comprende cada parte».

2 Y observé las tablas celestiales, y leí todo lo que estaba escrito en ellas, todas las obras del hombre, y lo entendí todo. Y de todos los hijos de carne sobre la tierra, durante las generaciones del mundo.

3 Y en seguida bendije al gran Señor, Rey de la gloria, por haber hecho todas las obras del mundo, y glorifiqué al Señor por su paciencia y bendición con los hijos del mundo.

---

[44] En la traducción de Richard Laurence se habla del cielo en vez del sol: «Pero en aquellos días se verá el cielo; y la esterilidad tendrá lugar en las fronteras de los grandes carros en el oeste. El cielo brillará más que cuando es iluminado por las órdenes de la luz».

4 Y después dije: «Bienaventurado el hombre que muere en justicia y bondad, sobre el cual no hay libro de injusticia escrito y en quien no se halla iniquidad».

5 Aquellos tres santos me hicieron acercarme y me pusieron sobre la tierra ante la puerta de mi casa, y me dijeron: «Declara todo a tu hijo Matusalén, y muestra a todos tus hijos que ninguna carne será justificada ante los ojos del Señor, porque Él es su Creador.

6 Durante un año te dejaremos con tus hijos, hasta que recuperes tus fuerzas, para que instruyas a tu familia, escribas estas cosas y se las expliques a todos tus hijos. Pero al segundo año se te separará de ellos.

7 Y tu corazón se fortalecerá, porque los elegidos señalarán la justicia a los elegidos; los justos con los justos se alegrarán, y se felicitarán unos a otros; pero los pecadores morirán con los pecadores.

8 Y los perversos se ahogarán con los perversos, y el apóstata caerá con el apóstata.

9 Y los que practican la justicia morirán a causa de las obras de los hombres, y serán juntados a causa de las obras de los impíos».

10 En aquellos días terminaron de hablarme y regresé a mi pueblo, bendiciendo al Señor del mundo.

Capítulo 82

Cargo dado a Enoc: los cuatro días intercalares: las estrellas que guían las estaciones y los meses

1 Y ahora, hijo mío, Matusalén, todas estas cosas te las cuento, te las escribo, te las he revelado todas y te he dado libros sobre todas ellas. Conserva, hijo mío Matusalén, los libros escritos por tu padre; para que puedas revelarlos a las generaciones futuras.

2 Te he dado sabiduría a ti y a tus hijos para que ellos la entreguen a sus hijos por generaciones para siempre.

3 Y para que los que la comprendan no se adormezcan, sino que oigan con sus oídos; para que aprendan esta sabiduría, y sean considerados dignos de comer este alimento saludable.

4 Bienaventurados todos los justos, bienaventurados todos los que andan por el camino de la justicia y no pecan como los pecadores, en el cómputo de todos sus días en los que el sol recorre el cielo, entrando y saliendo por los portales durante treinta días con los jefes de millar del orden de las estrellas, junto con los cuatro que se intercalan y dividen las cuatro porciones del año, que los conducen y los acompañan en cuatro períodos.

5 Con respecto a estos, los hombres se equivocan grandemente y no los calculan en el cómputo de cada edad; ni los hombres saben con exactitud que están en el cómputo del año.

6 Pero estos están verdaderamente registrados para siempre: uno en el primer portal, uno en el tercero, uno en el cuarto y uno en el sexto. Y el año se completa en trescientos sesenta y cuatro días.

7 Su relato es exacto y su cuenta registrada es exacta; porque las luminarias, los meses, los períodos, los años y los días, me los ha mostrado y revelado Uriel, a quien el Señor de toda la creación del mundo ha sometido el ejército del cielo.

8 Tiene poder sobre la noche y el día en el cielo para hacer que la luz alumbre a los hombres: el sol, la luna y las estrellas, y todas las potencias del cielo que giran en sus carros circulares.

9 Esta es la ordenanza de las estrellas, que se ponen en sus lugares, en sus estaciones, en sus períodos, en sus días y en sus meses.

10 Estos son los nombres de los que las dirigen, que vigilan que entren en sus tiempos, en orden, en sus estaciones, en sus meses, en sus períodos de influencia y en sus posiciones.

11 Entran primero cuatro conductores, que dividen las cuatro partes del año; y después de ellos los doce conductores de las ordenanzas, que dividen los meses y el año en trescientos sesenta y cuatro días, con los jefes de millar, que dividen los días, los cuatro días intercalares y separan las cuatro partes del año.

12 Los jefes de millar están intercalados entre guía y guía, cada uno tras una estación, las que sus guías separan.

13 Y estos son los nombres de los líderes que separan las cuatro partes del año: Melkiel, Helemmelek, Meleyal y Narel.

14 Y los nombres de los que los dirigen: Adnarel, Iyasusael, y Iylumiel. Estos son los tres que siguen a los conductores de las clases de estrellas, cada uno de los cuales sigue a los tres directores de las clases, que a su vez siguen a los directores de las estaciones, que dividen los cuatro trimestres del año.

15 En la primera parte del año se levanta y gobierna Melkyas, que es llamado Tamani, y Zahay. Todos los días de su influencia, durante los cuales gobierna, son noventa y un días.

16 Y estos son los signos de los días que se ven sobre la tierra. En los días de su influencia hay transpiración, calor y angustia. Todos los árboles se vuelven fructíferos; brota la hoja de todo árbol; se siega el maíz; la rosa y toda especie de flores florecen en el campo; pero los árboles del invierno se secan.

17 Estos son los nombres de los líderes que están sobre ellos: Berkaiel, Zelsabel y el otro adicional, un jefe de millar llamado Hiluyasef, con el cual se completan los días de su gobernanza.

18 El otro conductor que les sigue es Helemmelek, a quien llaman el espléndido Zahay. Todos los días de su luz son noventa y un días.

19 Estas son las señales de los días la tierra: calor y sequía; mientras los árboles maduran y producen todos sus frutos maduros y listos, y las ovejas se aparean y quedan preñadas, y se recogen todos los frutos de la tierra, y todo lo que hay en los campos, y el lagar: estas cosas ocurren en los días de su influencia.

20 Estos son los nombres de los jefes de millar: Gidayael, Keel, Heel y se les añade Asfael. Los días de su influencia se han completado.

EL LIBRO DE LOS SUEÑOS

Capítulo 83

1 Y ahora te he mostrado, hijo mío Matusalén, todas las visiones que vi antes de tu nacimiento.

2 Te relataré otra visión que vi antes de casarme; se parecen entre sí. La primera fue cuando estaba aprendiendo un libro; y la otra antes de casarme con tu madre. Vi una visión poderosa.

3 Y a causa de estas cosas imploré al Señor. Me había acostado en la casa de mi abuelo Mahalaleel, cuando vi en una visión al cielo purificándose y siendo arrebatado.

4 Y cayendo a tierra, vi también la tierra absorbida por un gran abismo, y montañas suspendidas sobre montañas. Colinas se hundían sobre colinas, altos árboles se desprendían de sus troncos, y estaban en el acto de ser proyectados, y de hundirse en el abismo.

5 Levanté mi voz para gritar en voz alta, y dije: «La tierra es destruida».

6 Y mi abuelo Mahalaleel me levantó y me dijo: «¿Por qué lloras así, hijo mío, y por qué te lamentas tanto?».

7 Alarmado por estas cosas, mi voz vaciló. Y le conté toda la visión que había visto, y me dijo: «Algo confirmado has visto, hijo mío, y potente es la visión de tu sueño respecto a todo pecado secreto de la tierra. Su contenido se hundirá en el abismo y sucederá una gran destrucción.

8 Y ahora, hijo mío, levántate y haz una petición al Señor de la gloria, ya que eres creyente, para que quede un remanente en la tierra, y para que no destruya toda la tierra.

9 Hijo mío, toda esta calamidad sobre la tierra desciende del cielo, y sobre la tierra habrá una gran destrucción».

10 Después me levanté, oré, imploré y supliqué; y escribí mi oración por las generaciones del mundo, explicando todo a mi hijo Matusalén.

11 Cuando bajé y, mirando al cielo, vi el sol que salía del este, la luna que descendía al oeste, algunas estrellas dispersas, y todo lo que Dios ha conocido desde el principio, bendije al Señor del juicio, y lo engrandecí: porque él ha enviado el sol desde las cámaras del este; para que, ascendiendo y elevándose en la faz del cielo, se ponga en marcha y siga el camino que le ha sido señalado.

Capítulo 84

1 Levanté mis manos en justicia y bendije al Santo y Grande, y hablé con el aliento de mi boca, y con una lengua de carne, que Dios ha hecho para todos los hijos de los hombres, para que hablen con ella; dándoles aliento, una boca y una lengua para que hablen con ella.

2 «Bendito seas tú, Señor, el Rey, grande y poderoso en tu grandeza, Señor de todas las criaturas del cielo, Rey de reyes y Dios del mundo entero. Y tu poder, tu reino y tu majestuosidad permanecen para siempre jamás. Por todas las generaciones tu dominio existirá. Todos los cielos son tu trono para siempre, y toda la tierra el escabel de tus pies para siempre jamás.

3 Porque Tú has hecho y gobiernas todas las cosas, y ningún acto excede tu poder. La sabiduría no se aparta del lugar de Tu trono, ni se aparta de Tu presencia. Y Tú conoces, ves y oyes todo, y no hay nada oculto para Ti.

4 Y ahora los ángeles de tus cielos son culpables de transgresión, y sobre la carne de los hombres permanecerá tu ira hasta el día del gran juicio.

5 Y ahora, oh Dios, Señor y Gran Rey, te imploro y suplico que cumplas mi oración, que me dejes una posteridad en la tierra, que no destruyas toda la raza humana y que no dejes la tierra sin habitantes, para que no haya una destrucción eterna.

6 Y ahora, Señor mío, extermina de la tierra la raza que ha despertado tu ira, pero la raza de la justicia y la rectitud establécela para una posteridad eterna, y no escondas tu rostro de la oración de tu siervo, oh Señor".

Capítulos 85-90: Segunda visión en sueños de Enoc: de la historia del mundo hasta la fundación del reino mesiánico

Capítulo 85

1 Después de esto vi otro sueño, y te lo explicaré todo a ti, hijo mío.

2 Enoc levantó su voz y dijo a su hijo Matusalén: A ti, hijo mío, te hablaré: escucha mis palabras y presta atención al sueño visionario de tu padre.

3 Antes de casarme con tu madre Edna, vi una visión en mi cama; y he aquí, que un toro salió de la tierra, y ese toro era blanco; y después de él salió una vaquilla, y junto con esta última salieron dos toros, uno de ellos negro y el otro rojo.

4 Y ese toro negro corneó al rojo y lo persiguió por la tierra, y entonces ya no pude ver a ese toro rojo.

5 Pero aquel toro negro crecía y aquella vaquilla iba con él, y veía que de él salían muchos bueyes que se parecían a él y lo seguían.

6 Y aquella vaca, aquella primera, salió de la presencia de aquel primer toro para buscar al toro rojo, pero no lo encontró, y se lamentó sobre él y lo buscó.

7 Y vi que ese primer toro se acercó a ella y la calmó, y desde entonces no lloró más.

8 Después de eso dio a luz a otro toro blanco, y después de él dio a luz a muchos toros y vacas negras.

9 Y vi en mi sueño que aquel toro blanco también crecía y se convertía en un gran toro blanco, y de él salían muchos toros blancos que se parecían a él. Y comenzaron a engendrar muchos toros blancos que se parecían a él, uno tras otro.

Capítulo 86

1 De nuevo me fijé atentamente mientras dormía, y observé el cielo en lo alto, y he aquí que una estrella cayó del cielo, y una vez levantada, comió y pastoreó en medio de aquellos toros.

2 Después de eso percibí otros toros, grandes y negros; y he aquí que todos ellos cambiaron sus establos y sus pastos, mientras que sus crías comenzaron a lamentarse unas con otras.

3 Volví a mirar en mi visión y contemplé el cielo; cuando he aquí que vi muchas estrellas que descendían y se proyectaban desde el cielo hasta donde estaba la primera estrella, en medio de aquellas crías; mientras los toros estaban con ellas, alimentándose en medio de ellas.

4 Los miré y observé; cuando he aquí, todos actuaron como los caballos, y comenzaron a acercarse a las vacas jóvenes, las cuales quedaron todas preñadas, y parieron elefantes, camellos y asnos.

5 Todos los toros se alarmaron y se aterrorizaron ante ellos, y empezaron a morder con sus dientes y a devorar, y a cornear con sus cuernos.

6 Y comenzaron, además, a devorar a los toros; y he aquí que todos los hijos de la tierra comenzaron a temblar y a estremecerse ante ellos y a huir de ellos.

Capítulo 87

1 De nuevo vi cómo empezaron a cornearse y a devorarse unos a otros, y la tierra comenzó a gritar.

2 Entonces alcé la vista por segunda vez hacia el cielo, y vi en una visión que, he aquí, salían del cielo seres que eran como hombres blancos. Uno salió de allí, y tres con él.

3 Y aquellos tres que habían salido últimos me agarraron de la mano y me llevaron hacia arriba, lejos de las generaciones de la tierra, y me elevaron a una alta posición. Luego me mostraron una torre elevada sobre la tierra, mientras todas las colinas disminuyeron.

4 Y me dijeron: «Quédate aquí hasta que veas todo lo que les ocurre a esos elefantes, camellos y asnos, y a las estrellas, y a todos los toros».

Capítulo 88

1 Entonces miré al que había salido primero de los cuatro hombres blancos. Agarró la primera estrella que había caído del cielo, la ató de pies y manos y la arrojó a un abismo: ese abismo era estrecho, profundo, horrible y oscuro.

2 Luego uno de ellos sacó su espada y se la dio a los elefantes, camellos y asnos, que empezaron a golpearse mutuamente. Y toda la tierra tembló por su causa.

3 Y cuando miré en la visión, he aquí, que a uno de los cuatro ángeles que habían salido le llegó una orden del cielo, y tomó todas las numerosas estrellas, cuyas formas se asemejan en parte a las de los caballos; y atándolas a todas de pies y manos, las arrojó a las cavidades de la tierra.

Capítulo 89

1 Entonces uno de aquellos cuatro fue a los toros blancos y les enseñó un secreto. Él (Noé) construyó para sí un barco y habitó en su interior. Los tres toros (Sem, Cam y Jafet, hijos de Noé) entraron con él en el barco, y el barco fue cubierto y techado por encima de ellos.

2 De nuevo alcé mi vista al cielo y vi un techo en lo alto. Sobre él había siete cataratas que vertían mucha agua sobre cierto poblado.

3 Y he aquí que se abrieron fuentes en la tierra y el agua comenzó a hervir y a elevarse sobre la tierra, de modo que la tierra no se veía y todo el terreno estaba cubierto de agua.

4 Había mucha agua, oscuridad y nubes sobre la tierra. Entonces examiné la altura del agua y estaba elevada sobre el terreno.

5 Entonces todos los toros que estaban allí se ahogaron, siendo tragados y destruidos en el agua.

6 Pero el barco flotó por encima de las aguas y todos los toros, los asnos, los camellos y los elefantes se hundieron en las aguas. Yo no podía percibirlos y ellos no podían salir de allí, sino que perecieron y se hundieron en las profundidades.

7 De nuevo miré en la visión hasta que se cerraron aquellos chorros de aquel techo elevado y las fuentes de la tierra se equilibraron, mientras otras profundidades se abrieron.

8 Las aguas comenzaron a descender a su interior, hasta que desaparecieron las aguas de la superficie de la tierra, y ésta apareció, y la barca se posó sobre la tierra; se retiraron las tinieblas y hubo luz.

9 Entonces el toro blanco, que se había convertido en hombre, salió de la barca junto a los tres toros, y uno de esos tres era blanco como ese toro, otro era rojo como la sangre y otro era negro; y ese toro blanco se alejó de ellos.

10 Empezaron a engendrar bestias salvajes y aves, de modo que surgieron diferentes especies: leones, leopardos, perros, lobos, hienas, cerdos salvajes, zorros, ardillas, jabalís, halcones, buitres, gavilanes, águilas y cuervos. En medio de ellos nació otro toro blanco.

11 Y comenzaron a morderse y a cazarse unos a otros. El toro blanco engendró un asno salvaje y un toro blanco. Y los asnos salvajes se multiplicaron.

12 El toro que nació de él engendró un jabalí negro y una oveja blanca; y el jabalí engendró muchos jabalíes y la oveja engendró doce ovejas.

13 Cuando crecieron esas doce ovejas, entregaron una a los asnos, y esos asnos dieron la oveja a los lobos, y esa oveja creció entre los lobos.

14 La oveja llevó a todas las once ovejas a vivir y pastorear con él entre los lobos, y se multiplicaron y se transformaron en un rebaño de muchas ovejas.

15 Y los lobos comenzaron a oprimir al rebaño hasta hacer perecer a sus pequeños. Y arrojaron a sus pequeños a una corriente de agua. Entonces comenzaron las ovejas a gritar por sus pequeños y a lamentarse ante su Señor.

16 Una oveja que había escapado de los lobos huyó y fue a los asnos salvajes. Y yo miré mientras el rebaño se quejaba y gritaba terriblemente hasta que descendió el Señor del rebaño a la voz de las ovejas, desde su alto trono vino a su lado y las pastoreó.

17 Y llamó a la oveja que había escapado de los lobos, y habló con ella sobre los lobos para que les advirtieran para que no tocaran a las ovejas.

18 Y la oveja se dirigió a los lobos según la palabra del Señor, y otra oveja salió a su encuentro y se fue con ella, y las dos fueron y entraron juntas en la asamblea de aquellos lobos, y hablaron con ellos y les advirtieron para que no tocaran a la oveja de ahora en adelante.

19 Entonces vi a los lobos, y cómo oprimían a las ovejas excesivamente con todo su poder; y las ovejas gritaban en voz alta.

20 Y el Señor se acercó a las ovejas y empezaron a golpear a aquellos lobos; y los lobos empezaron a lamentarse, pero las ovejas se tranquilizaron y enseguida dejaron de gritar.

21 Y vi a las ovejas que se apartaron de entre los lobos; pero los ojos de los lobos se cegaron, y esos lobos salieron en persecución de las ovejas con todo su poder.

22 Y el Señor de las ovejas iba con ellas, como su líder, y todas sus ovejas le seguían; y su rostro era deslumbrante, glorioso y terrible de contemplar.

23 Pero los lobos empezaron a perseguir a esas ovejas hasta que llegaron a un lago de agua.

24 Y ese lago se dividió, y las aguas se pusieron de un lado y del otro delante de ellos, y su Señor los guio y se colocó entre ellos y los lobos.

25 Y como aquellos lobos no veían aún a las ovejas, se adentraron en medio de aquel lago, y los lobos siguieron a las ovejas, y aquellos lobos corrieron tras ellas hacia aquel lago de agua.

26 Y cuando vieron al Señor de las ovejas, se dieron la vuelta para huir ante su rostro, pero el agua del lago volvió, de acuerdo a su naturaleza; y se llenó y subió hasta cubrir a esos lobos.

27 Continué mirando hasta que todos los lobos que iban persiguiendo a este rebaño perecieron hundiéndose y ahogándose, y las aguas los cubrieron.

28 Pero las ovejas pasaron por encima de esta agua, dirigiéndose a un desierto, que carecía tanto de agua como de hierba. Y comenzaron a abrir los ojos y a ver. Entonces vi al Señor de las ovejas que las inspeccionaba y les daba agua y hierba. La oveja ya mencionada procedía con ellos, y las conducía.

29 Y cuando la oveja subió a la cima de una roca elevada, el Señor del rebaño la envió en medio del rebaño.

30 Entonces yo miré, y vi que el Señor del rebaño se alzó frente al rebaño: su apariencia era potente, grandiosa y terrible, y todo el rebaño lo vio y tuvo miedo ante él.

31 Todos estaban temblando ante él. Le gritaron a la oveja que estaba en medio de ellas: «No somos capaces de estar delante de nuestro Señor, ni de mirarle».

32 Y aquella oveja que las guiaba volvió a subir a la cima de aquella roca, pero las ovejas empezaron a cegarse y a extraviarse del camino que les había mostrado, sin que aquella oveja lo supiera.

33 Y el Señor de las ovejas se enfureció sobremanera con ellas, y aquella oveja lo descubrió, y bajó de la cima de la roca, y llegó a las ovejas, y encontró a la mayor parte de ellas cegadas y caídas.

34 Y cuando lo vieron, temieron y temblaron ante su presencia, y desearon volver a sus rebaños.

35 Entonces aquella oveja, tomando consigo otras ovejas, se dirigió hacia las que se habían extraviado, y comenzó a matarlas; y las ovejas temieron su presencia, y así esa oveja hizo volver a las ovejas que se habían alejado, y ellas volvieron a sus rebaños.

36 Continué viendo el sueño hasta que esa oveja se convirtió en hombre y construyó una casa para el Señor de las ovejas, y colocó a todas las ovejas en esa casa.

37 Y vi que esta oveja que se había reunido con la oveja que la guiaba murió; y luego vi que todas las ovejas grandes perecieron y las pequeñas se levantaron en su lugar, y llegaron a un pasto, y se acercaron a un arroyo de agua.

38 Entonces aquella oveja que los guiaba y que se había convertido en hombre se apartó de ellas y murió, y todas las ovejas la buscaron y lloraron por ella con gran clamor.

39 Vi también que dejaron de llorar por aquella oveja y cruzaron aquel arroyo de agua, y allí se levantaron las dos ovejas como líderes, en lugar de las que las habían guiado y se habían dormido.

40 Y vi que las ovejas llegaron a un buen lugar, a una tierra placentera y gloriosa, y vi que esas ovejas se saciaron; y su casa estaba en medio de ellas en la tierra placentera.

41 Unas veces se les abrían los ojos, y otras se les cegaban, hasta que se levantaba otra oveja y los llevaba a todos de vuelta, y se les abrían los ojos.

42 Los perros, los zorros y los jabalíes empezaron a devorar a aquellas ovejas, hasta que el Señor de las ovejas hizo surgir otra oveja, un carnero de entre las que las guiaba.

43 Y aquel carnero comenzó a golpear por ambos lados a los perros, zorros y jabalíes hasta que los destruyó a todos.

44 Aquella oveja cuyos ojos fueron abiertos vio a aquel carnero, que estaba entre las ovejas, hasta que abandonó su gloria y empezó a embestir a aquellas ovejas, y las pisoteó, y se comportó de forma indecorosa.

45 Entonces su Señor envió a una oveja diferente, y la levantó para que fuera un carnero, y para que las condujera en lugar de aquella oveja que había dejado a un lado su gloria.

46 Y se dirigió a ella y le habló a solas, y la elevó a carnero, y la hizo príncipe y jefe de las ovejas; pero durante todo esto aquellos perros oprimieron a las ovejas.

47 Y el primer carnero persiguió al segundo, y éste se levantó y huyó ante él; y vi que aquellos perros derribaron al primer carnero.

48 Y el segundo carnero se levantó y guio a las ovejas pequeñas.

49 Y esas ovejas crecían y se multiplicaban; pero todos los perros, los zorros y los jabalíes temían y huían ante él, y ese carnero golpeaba y mataba a las fieras, y esas fieras ya no tenían ningún poder entre las ovejas y no les robaban más.

50 Y aquella casa se hizo grande y ancha, y fue edificada para aquellas ovejas; y una torre alta y grande fue edificada sobre la casa para el Señor de las ovejas. Aquella casa era baja, pero la torre era elevada y alta, y el Señor de

las ovejas estaba sobre aquella torre y ofrecían una mesa completa delante de él.

51 Después vi que aquellas ovejas andaban errantes y por diversos caminos, y abandonaron su casa; y el Señor de las ovejas llamó a algunas de las ovejas, a las que envió entre ellas, pero a estas las ovejas comenzaron a matarlas.

52 Pero una de ellas se salvó y no la mataron, y se alejó y gritó a las ovejas que trataron de matarla, pero el Señor de las ovejas la salvó de las ovejas, y la hizo ascender a él y permanecer con él.

53 Y a muchas otras ovejas las envió a esas ovejas para darles testimonio y lamentarse por ellas.

54 Y después vi que, cuando abandonaron la casa del Señor y su torre, cayeron por completo, y sus ojos se cegaron; y vi cómo el Señor de las ovejas hizo mucha matanza entre ellas en sus rebaños, y cómo esas ovejas provocaron esa matanza y traicionaron su lugar.

55 Y las entregó en manos de los leones y de los tigres, de los lobos y de las hienas, y en manos de las zorras y de todas las fieras, y esas fieras empezaron a despedazar a esas ovejas.

56 Vi también que abandonó la casa de sus padres y su torre, entregándolos en poder de los leones para que los desgarraran y devoraran.

57 Comencé a gritar con todas mis fuerzas, y a apelar al Señor de las ovejas, y le hice ver que las ovejas eran devoradas por todas las bestias salvajes.

58 Pero Él permaneció impasible, aunque lo vio, y se alegró de que fueran devoradas, tragadas y robadas, y las dejó para que fueran devoradas en manos de todas las bestias.

59 Y llamó a setenta pastores, y les dio las ovejas para que las apacentasen, y dijo a los pastores y a sus compañeros: «Que cada uno de vosotros apaciente las ovejas de ahora en adelante, y todo lo que yo os mande hacedlo.

60 Os las entregaré debidamente contadas y os diré cuáles deben ser destruidas, y esas hacedlas perecer». Y les entregó aquellas ovejas.

61 Y llamando a otro, le dijo: «Observa y fíjate en todo lo que los pastores van a hacer con esas ovejas, porque van a destruir más de lo que yo les he mandado.

62 Y todos los excesos y la destrucción que se producirá a través de los pastores, regístralo, a saber, cuántos destruyen de acuerdo con mi mandato, y cuántos de acuerdo con su propio capricho: registra contra cada pastor individual toda la destrucción que efectúa.

63 Y lee delante de mí por número cuántos destruyen, y cuántos entregan a la destrucción, para que yo tenga esto como testimonio contra ellos, y conozca cada obra de los pastores, para que yo comprenda y vea lo que hacen, si acatan o no el mandato que les he ordenado.

64 De esto, sin embargo, serán ignorantes; no les darás ninguna explicación, ni los reprenderás; pero habrá una cuenta de toda la destrucción hecha por ellos en sus respectivas estaciones».

65 Entonces comenzaron a matar y a destruir más de lo que se les había ordenado. Y dejaron las ovejas en poder de los leones.

66 Y los leones y los tigres comieron y devoraron la mayor parte de esas ovejas, y los jabalíes comieron junto con ellas; y quemaron esa torre y demolieron esa casa.

67 Me puse muy triste por esa torre porque la casa de las ovejas fue demolida, y después no pude ver si esas ovejas entraron en esa casa.

68 Los pastores y sus socios entregaron esas ovejas a todas las fieras para que las devorasen, y cada uno de ellos recibió en su momento un número determinado: quedó escrito en un libro cuántas destruyeron cada uno de ellos.

69 Cada uno mató y destruyó muchas más de las prescritas; y me puse a llorar y a lamentarme a causa de esas ovejas.

70 Y así, en la visión, vi a aquel que escribía, cómo anotaba todo lo que habían destruido aquellos pastores, día a día, y llevaba y ponía y mostraba realmente todo el libro al Señor de las ovejas, todo lo que habían hecho, y todo lo que cada uno de ellos había hecho, y todo lo que habían entregado a la destrucción.

71 Y el libro fue leído ante el Señor de las ovejas, y él tomó el libro de su mano, lo leyó, lo selló y lo dejó.

72 Tras eso, vi cómo los pastores pastoreaban durante doce horas, y he aquí que tres de aquellas ovejas se volvieron y entraron y comenzaron a levantar todo lo que se había caído de aquella casa; pero los jabalíes trataron de impedírselo, aunque no pudieron.

73 Y volvieron a edificar como antes, y levantaron aquella torre, y se llamó la torre alta; y volvieron a poner una mesa delante de la torre, pero todo el pan que había en ella estaba contaminado y no era puro.

74 En cuanto a todo esto, los ojos de aquellas ovejas se cegaron de modo que no vieron, y los ojos de sus pastores también; y las entregaron en gran número a sus pastores para que las destruyeran, y pisotearon con sus patas y las devoraron.

75 Y el Señor de las ovejas permaneció impasible hasta que todas las ovejas se dispersaron por el campo y se mezclaron con las bestias, y los pastores no las salvaron de la mano de las bestias.

76 Entonces el que escribió el libro ascendió, lo exhibió y lo leyó en la residencia del Señor de las ovejas. Le suplicó por ellas, y oró, señalando cada acto de los pastores, y testificando ante él contra todos ellos. Luego, tomando el libro, se lo depositó y partió.

77 Luego, tomando el libro, se lo depositó y partió.

Capítulo 90

1 Y observé durante este tiempo, que treinta y pastores se encargaron del pastoreo de las ovejas y completaron por separado sus períodos como lo hizo el primero; y otros las recibieron en sus manos, para apacentarlas durante su período, cada pastor en su propio período.

2 Y después vi en la visión que venían todas las aves del cielo: las águilas, los buitres, los gavilanes y los cuervos; pero las águilas guiaban a todas las aves, y empezaron a devorar a esas ovejas, a sacarles los ojos y a devorar su carne.

3 Las ovejas gritaban porque su carne era devorada por los pájaros, y en cuanto a mí, yo miraba y me lamentaba en sueños por aquel pastor que apacentaba las ovejas.

4 Y observé mientras esas ovejas eran devoradas por los perros, las águilas y los gavilanes, y no les dejaron ni su carne, ni su piel, ni sus tendones, hasta que sólo quedaron sus huesos; hasta que sus huesos cayeron al suelo, y las ovejas disminuyeron.

5 Observé asimismo durante ese tiempo que veintitrés pastores habían emprendido el pastoreo y habían cumplido estrictamente sus periodos cincuenta y ocho veces.

6 Entonces nacieron pequeños corderos de aquellas ovejas blancas; los cuales empezaron a abrir sus ojos y a ver, gritando a las ovejas.

7 Les gritaban, pero no escuchaban lo que les decían, sino que estaban muy sordas, y sus ojos estaban muy cegados.

8 Y vi en la visión cómo los cuervos volaban sobre esos corderos y tomaban a uno de esos corderos, y lo hacían pedazos y lo devoraban.

9 Vi también que los cuernos crecían sobre aquellos corderos, y que los cuervos se posaban sobre sus cuernos. Vi también que a un animal de entre las ovejas le brotaba un gran cuerno, y que sus ojos fueron abiertos.

10 Y él las miró y sus ojos estaban totalmente abiertos, y él gritó a las ovejas, y los carneros lo vieron y todos corrieron hacia él.

11 A pesar de todo esto, las águilas, los buitres, los cuervos y los gavilanes seguían desgarrando a las ovejas, se abalanzaban sobre ellas y las devoraban; pero las ovejas permanecían en silencio y los carneros se lamentaban y gritaban.

12 Y esos cuervos lucharon y pelearon con ellos y trataron de derribar su cuerno, pero no prevalecieron sobre él.

13 Los miré hasta que vinieron los pastores, las águilas, los buitres y los gavilanes, los cuales gritaron a los cuervos para que rompieran el cuerno de aquel carnero, para que pelearan con él y lo mataran. Pero él luchó con ellos y gritó para recibir ayuda.

14 Entonces percibí que aquel hombre, que escribió los nombres de los pastores y ascendió a la presencia del Señor de las ovejas, vino y trajo ayuda, e hizo que todos lo vieran descendiendo para ayudar al carnero.

15 Percibí asimismo que el Señor de las ovejas vino a ellos con ira, y todos los que lo vieron huyeron, y todos se postraron en su tabernáculo ante su rostro.

16 Se reunieron todas las águilas, los buitres, los cuervos y los gavilanes y vinieron con ellos todas las ovejas del campo. Todos vinieron juntos y se ayudaron mutuamente para romper el cuerno del carnero.

17 Entonces vi cómo el hombre, que escribió el libro según el mandato del Señor, abrió el libro sobre la destrucción que esos doce últimos pastores habían realizado, y mostró que habían destruido mucho más que sus predecesores, ante el Señor de las ovejas.

18 Vi también que el Señor de las ovejas vino a ellas, y tomando en su mano el bastón de su ira, se apoderó de la tierra, y la tierra se partió, y todas las bestias y todas las aves del cielo cayeron de entre aquellas ovejas, y fueron tragadas por la tierra y ésta las cubrió.

19 Vi también que una gran espada fue dada a las ovejas, y las ovejas procedieron contra todas las bestias del campo para matarlas, y todas las bestias y las aves del cielo huyeron ante su rostro.

20 Y vi un trono erigido en una tierra placentera. Sobre éste se sentó el Señor de las ovejas, quien recibió todos los libros sellados, los cuales estaban abiertos ante él.

21 Entonces el Señor llamó a los primeros siete blancos, y les ordenó que trajeran ante él la primera de las primeras estrellas, que precedía a las estrellas cuya forma en parte se asemejaba a la de los caballos; la primera estrella, que cayó primero; y las trajeron todas ante él.

22 Y habló al hombre que escribía en su presencia, que era uno de los siete blancos, diciendo: «Toma a aquellos setenta pastores, a quienes entregué las ovejas, y que recibiéndolas mataron más de las que yo mandé».

23 He aquí que todos estaban atados y ante Él.

24 Y el juicio se celebró primero sobre las estrellas, y fueron juzgadas y declaradas culpables, y fueron al lugar de la condenación, y fueron arrojadas al abismo, lleno de fuego y de llamas, y lleno de columnas de fuego.

25 Y esos setenta pastores fueron juzgados y declarados culpables, y fueron arrojados a ese abismo de fuego.

26 Y vi en aquel tiempo cómo se abría una especie de abismo en medio de la tierra, lleno de fuego, y trajeron a esas ovejas ciegas, y todas fueron juzgadas y declaradas culpables y arrojadas a este abismo de fuego, y ardieron. El abismo estaba a la derecha de aquella casa.

27 Y vi a esas ovejas ardiendo y sus huesos ardiendo.

28 Me quedé contemplando cómo sumergía aquella antigua casa, mientras sacaban sus pilares, todas sus plantas y el marfil que la recubría. Lo sacaron y lo depositaron en un lugar a la derecha de la tierra.

29 También vi que el Señor de las ovejas construyó una casa nueva, grande y más alta que la anterior, a la que unió por el antiguo punto circular. Todas sus columnas eran nuevas, y su marfil nuevo y más abundante que el antiguo marfil que había sacado.

30 Y mientras todas las ovejas que quedaban estaban en medio de ella, todas las bestias de la tierra y todas las aves del cielo se postraron y las adoraron, rogándoles y obedeciéndoles en todo.

31 Después, aquellos tres que estaban vestidos de blanco y me habían agarrado de la mano y elevado antes, me tomaron de la mano y aquel carnero también me agarró, me subieron y me pusieron en medio de aquellas ovejas antes de que tuviera lugar el juicio.

32 Y esas ovejas eran todas blancas, y su lana era abundante y limpia.

33 Entonces se reunieron en aquella casa todos los que habían perecido y habían sido destruidos, todas las bestias del campo y todas las aves del cielo, mientras el Señor de las ovejas se regocijaba con gran alegría, porque todos eran buenos y habían vuelto de nuevo a su morada.

34 Y vi que dejaron la espada que había sido entregada a las ovejas y la volvieron a meter en la casa, y fue sellada ante la presencia del Señor, y todas las ovejas fueron invitadas a esa casa, pero no las retuvo.

35 Y a todos se les abrieron los ojos, y vieron el bien, y no hubo entre ellos ninguno que no viera.

36 Y vi que esa casa era grande, amplia y estaba muy llena.

37 Vi también que había nacido un toro blanco, cuyos cuernos eran grandes; y que todas las bestias del campo y todas las aves del cielo se alarmaban ante él y le suplicaban en todo momento.

38 Entonces vi que la naturaleza de todas ellas fue cambiada y que se convirtieron en toros blancos; y que la primera, que estaba en medio de ellas habló y se convirtió en una bestia grande, sobre cuya cabeza había cuernos

grandes y negros; mientras el Señor de las ovejas se regocijaba sobre ellas, y sobre todos los toros.

39 Y dormí en medio de ellos; y desperté y lo vi todo.

40 Esta es la visión que vi mientras dormía; y me desperté, bendije al Señor de la justicia y le di gloria.

41 Entonces lloré con un gran llanto y mis lágrimas no se detuvieron hasta que ya no pude soportarlo: cuando miré, fluyeron a causa de lo que había visto; porque todo vendrá y se cumplirá, y todos los hechos de los hombres en su orden me fueron mostrados.

42 Aquella noche recordé el primer sueño, y por él lloré y me turbé, porque había visto aquella visión.

Capítulo 91

1 Ahora, hijo mío Matusalén, convoca en torno a mí a todos tus hermanos, reúne a mi alrededor a todos los hijos de tu madre, porque la palabra me llama y el espíritu se ha vertido sobre mí, para que os revele todo lo que pasará, hasta la eternidad.

2 Así Matusalén fue y se juntó con todos sus hermanos y congregó a sus parientes.

3 Y habló a todos los hijos de la justicia y dijo: «Oíd, hijos de Enoc, todas las palabras de vuestro padre, y escuchad bien la voz de mi boca; porque yo os exhorto y os digo, amados:

4 Amad la rectitud y caminad en ella. Y no os acerquéis a la rectitud con un corazón doble, y no os asociéis con los de corazón doble, sino caminad en la rectitud, hijos míos. Y os guiará por buenos caminos, y la justicia será vuestra compañera.

5 Porque sé que la violencia debe aumentar en la tierra, y un gran castigo se ejecutará en la tierra, y toda la injusticia llegará a su fin: Sí, será cortada desde sus raíces, y toda su estructura será destruida.

6 Y la injusticia se consumará de nuevo en la tierra, y todas las obras de injusticia y de violencia y la transgresión prevalecerán en un grado doble.

7 Y cuando el pecado y la injusticia y la blasfemia y la violencia en toda clase de obras aumenten, y la apostasía y la transgresión y la impureza aumenten, un gran castigo vendrá del cielo sobre todo esto, y el santo Señor saldrá con ira y castigo para ejecutar el juicio en la tierra.

8 En aquellos días la violencia será cortada de raíz, y las raíces de la injusticia junto con el engaño; y serán destruidas de debajo del cielo.

9 Y todos los ídolos de los paganos serán abandonados, y los templos quemados con fuego; y los removerán de la tierra, y los paganos serán arrojados al juicio del fuego, y perecerán en la ira y en el juicio doloroso para siempre.

10 Y los justos se levantarán de su sueño, y la sabiduría se levantará y les será dada.

11 Y después las raíces de la injusticia serán cortadas, y los pecadores serán destruidos por la espada, y los blasfemos sean aniquilados en todas partes.

12 Después de esto vendrá la semana octava, la de justicia, en la cual se dará una espada a todos los justos, para que ejecuten un justo juicio contra los impíos que serán entregados en sus manos.

13 A su final, ellos adquirirán moradas en justicia y será construido el templo del gran Rey para celebraciones por siempre.

14 Después de esto, en la semana novena, se revelará el juicio justo a toda la tierra. Toda obra de los impíos desaparecerá de toda la tierra; el mundo quedará marcado para la destrucción.

15 Después de esto, el séptimo día de la décima semana, habrá un juicio eterno que será ejecutado contra los Vigilantes; y brotará un espacioso cielo eterno en medio de los ángeles.

16 El antiguo cielo se irá y pasará; aparecerá un cielo nuevo, y todas las potencias celestes brillarán con un esplendor séptuple para siempre.

17 Después de esto habrá muchas semanas cuyo número no tendrá fin nunca, en las que se obrará el bien y la justicia. Y el pecado ya no será mencionado jamás».

18 Y ahora voy a hablaros, hijos míos, y os mostraré todos los caminos de justicia y todos los caminos de violencia y de nuevo os los mostraré para que sepáis lo que va a suceder.

19 Ahora, pues, hijos míos, escuchadme y escoged los senderos de justicia para marchar por ellos y no andéis por las sendas de la violencia, porque van a la destrucción completa todos los que marchan por el camino de la injusticia.

Capítulo 92

1 Lo que fue escrito por Enoc. Escribió toda esta instrucción de sabiduría para todo hombre de dignidad, y todo juez de la tierra; para todos mis hijos que habitarán la tierra, y para las generaciones subsiguientes, conduciéndose recta y pacíficamente.

2 No os turbéis en vuestro espíritu a causa de los tiempos, porque el Gran Santo ha dado un tiempo para todo.

3 Que el justo se levante del sueño; que se levante y proceda en el camino de la rectitud, en todos sus senderos; y que avance en la bondad y la clemencia eterna.

4 Se mostrará misericordia al justo; se le conferirá integridad y poder para siempre. En bondad y en justicia existirá, y caminará en luz eterna,

5 Y el pecado perecerá en las tinieblas para siempre, y no se verá más desde entonces para siempre».

Capítulo 93

1 Cuando estaba entregando su carta, Enoc reanudó su discurso diciendo: «Con respecto a los hijos de la rectitud, con respecto a los elegidos del mundo, y con respecto a la planta de la rectitud y la integridad. De estas cosas hablaré, y estas cosas os explicaré, hijos míos: Yo que soy Enoc.

2 Como consecuencia de lo que se me ha mostrado, de mi visión celestial y de la voz de los santos ángeles he adquirido conocimiento; y de la tabla del cielo he adquirido entendimiento".

3 De nuevo reanudó Enoc su discurso y dijo: «Yo, Enoc, nací el séptimo en la semana primera, mientras el juicio y la justicia esperan con paciencia.

4 Después de mí, en la segunda semana, crecerá la mentira y la maldad. En esa semana tendrá lugar el fin de la primera, en la que la humanidad estará a salvo. Pero cuando se complete la primera, crecerá la iniquidad; y durante la segunda semana ejecutará el decreto sobre los pecadores.

5 Después, en la tercera semana, durante su terminación, un hombre de la planta del justo juicio será seleccionado; y después de él la Planta de la justicia vendrá para siempre.

6 Después de eso, en la cuarta semana, a su término, se verán visiones de los santos y justos, y se hará una ley para todas las generaciones y un recinto para ellos.

7 Después, en la quinta semana, al final de ésta, se edificará la casa de la gloria y del dominio para siempre.

8 Después de eso, en la sexta semana, todos los que viven en ella serán cegados, y los corazones de todos ellos abandonarán impíamente la sabiduría. Y en ella un hombre ascenderá; y a su término la casa de dominio será quemada con fuego, y toda la raza de la raíz elegida será dispersada.

9 Después de eso, en la séptima semana, se levantará una generación perversa, y muchas serán sus obras, y todas sus obras serán perversas.

10 Durante su terminación, los justos serán seleccionados de la planta eterna de la justicia; y a ellos les será dada la séptuple doctrina de toda la creación.

11 ¿Quién hay de todos los hijos de los hombres, capa de oír la voz del Santo sin emoción?

12 ¿Quién hay capaz de pensar sus pensamientos? ¿Quién capaz de contemplar toda la obra del cielo? ¿Quién de comprender las obras del cielo?

13 Puede contemplar su animación, pero no su espíritu. Puede ser capaz de conversar sobre él, pero no de ascender a él. Puede ver todos los límites de estas cosas, y meditar sobre ellas; pero no puede hacer nada semejante a ellas.

14 ¿Quién de todos los hombres es capaz de comprender la anchura y la longitud de la tierra?

15 ¿Quién ha visto las dimensiones de todas estas cosas? ¿Acaso todo hombre es capaz de comprender la extensión del cielo; cuál es su elevación y por medio de qué se sostiene?

16 ¿Cuántos son los números de las estrellas y dónde permanecen en reposo todas las luminarias?

Capítulo 94

1 Y ahora os digo, hijos míos, que améis la justicia y caminéis por ella; porque las sendas de la justicia son dignas de aceptación, pero los caminos de la iniquidad fracasarán repentinamente y serán disminuidos.

2 A los hombres notables de su generación se les revelan los caminos de la opresión y de la muerte; pero se mantienen lejos de ellos y no los siguen.

3 Ahora os digo a vosotros, los justos: no caminéis por las sendas de la maldad, ni por las sendas de la muerte, y no os acerquéis a ellas, para que no seáis destruidos.

4 Y buscad y elegid para vosotros la justicia y una buena vida. Caminad por las sendas de la paz, y viviréis y prosperaréis.

5 Retened mis palabras en lo íntimo de vuestros pensamientos y no las borréis de vuestros corazones; pues sé que los pecadores aconsejan a los hombres para que cometan delitos con astucia.

6 Ay de los que edifican la iniquidad y la opresión, y ponen el engaño como fundamento; porque serán derribados de repente, y no tendrán paz.

7 Ay de los que edifican sus casas con el pecado; porque desde todos sus cimientos serán derribados, y por la espada caerán.

8 Ay de vosotros, ricos, porque habéis confiado en vuestras riquezas, pero de vuestras riquezas seréis apartados, porque no os habéis acordado del Altísimo en los días de vuestra prosperidad.

9 Habéis cometido blasfemia e injusticia, y os habéis preparado para el día de la matanza, y el día de las tinieblas y el día del gran juicio.

10 Así os hablo y os declaro: el que te ha creado te derribará, y por tu caída no habrá compasión, y tu Creador se alegrará de tu destrucción.

11 Y vosotros justos en esos días seréis un reproche para los pecadores y los impíos.

Capítulo 95

1 Oh, que mis ojos fueran una nube de aguas para poder llorar sobre vosotros y derramar mis lágrimas como una nube de aguas: para poder descansar de la angustia de mi corazón.

2 ¿Quién os ha permitido odiar y transgredir? El juicio os alcanzará, pecadores.

3 Justos, no temáis a los pecadores, porque de nuevo los entregará el Señor en vuestras manos, para que hagáis con ellos el juicio que queráis.

4 Ay de vosotros, que fulmináis anatemas que no tienen vuelta atrás: la curación estará, pues, lejos de vosotros a causa de vuestros pecados.

5 Ay de vosotros, que pagáis a vuestro prójimo con el mal, porque seréis pagados según vuestras obras.

6 Ay de vosotros, testigos mentirosos, y de los que pesan la injusticia, porque de repente pereceréis.

7 Ay de vosotros, pecadores, porque perseguís a los justos; porque seréis entregados y perseguidos a causa de la injusticia, y pesado será su yugo sobre vosotros.

Capítulo 96

1 Tened esperanza, justos; porque de repente los pecadores perecerán ante vosotros, y tendréis dominio sobre ellos según vuestros deseos.

2 En el día de los sufrimientos de los pecadores, tu descendencia será elevada y se alzará como las águilas; y más alto que los buitres será vuestro nido, y ascenderéis y entraréis en las grietas de la tierra, y en las hendiduras de las rocas para siempre, como los conejos, ante la vista de los impíos, que gemirán por vosotros y llorarán como sirenas.

3 No temáis, pues, los que habéis sufrido; porque la curación será distribuida entre vosotros, y una luz brillante os iluminará, y la voz del descanso oiréis desde el cielo.

4 Ay de vosotros, pecadores, porque vuestras riquezas os hacen aparecer como justos, pero vuestros corazones os convencen de ser pecadores, y este hecho será un testimonio contra vosotros para memoria de vuestras malas acciones.

5 Ay de vosotros, que devoráis lo mejor del trigo, y bebéis vino en grandes tazas, y pisoteáis a los humildes con vuestra fuerza.

6 Ay de vosotros, que bebéis agua de todas las fuentes, porque de repente os consumiréis y os marchitaréis, porque habéis abandonado la fuente de la vida.

7 Ay de vosotros, los que obráis la injusticia y el engaño y la blasfemia: será un memorial contra vosotros para mal.

8 Ay de vosotros, poderosos, que con fuerza oprimís al justo; porque viene el día de vuestra destrucción. En esos días vendrán muchos y buenos días para los justos, en el día de vuestro juicio.

Capítulo 97

1 Creed, justos, que los pecadores se convertirán en una vergüenza y perecerán en el día de la injusticia.

2 Sabed vosotros, pecadores, que el Altísimo está atento a vuestra destrucción, y los ángeles del cielo se alegran de ello.

3 ¿Qué haréis, pecadores, y hacia dónde huiréis en el día del juicio, cuando oigáis la voz de la oración de los justos?

4 Sí, os irá como a aquellos contra quienes esta palabra será un testimonio: «Habéis sido compañeros de los pecadores».

5 Y en esos días la oración de los justos llegará hasta el Señor, y para vosotros vendrán los días de vuestro juicio.

6 Y todas las palabras de vuestra injusticia se leerán ante el Gran Santo, y vuestros rostros se cubrirán de vergüenza, y Él rechazará toda obra que se base en la injusticia.

7 Ay de vosotros, pecadores, que estáis en medio del mar y en tierra firme, y existe un mal registro contra vosotros.

8 Ay de vosotros que adquirís plata y oro en la injusticia y decís: «Nos hemos enriquecido y tenemos posesiones; hemos adquirido todo lo que hemos deseado.

9 Ahora, pues, haremos lo que se nos antoje; porque hemos amontonado plata; nuestros graneros están llenos, y los labradores de nuestras familias están como rebosantes de agua».

10 Como el agua fluirán vuestras mentiras; porque vuestras riquezas no permanecerán, sino que pronto saldrán de vosotros; porque todo lo habéis adquirido con injusticia, y seréis entregados a una gran maldición.

Capítulo 98

1 Y ahora os juro, a los sabios y a los necios, que tendréis múltiples experiencias en la tierra.

2 Vosotros que sois hombres, os vestís más elegantemente que las mujeres casadas, y ambos juntos más que las solteras, revistiéndoos por todas partes de majestad, de magnificencia, de autoridad y de plata; pero el oro, la púrpura, el honor y la riqueza, como el agua, se escurren.

3 Por lo tanto, les faltará erudición y sabiduría. Así perecerán, junto con sus riquezas, con toda su gloria y con sus honores; Mientras que, con desgracia, con matanza y en extrema penuria, sus espíritus serán arrojados a un horno de fuego.

4 Os he jurado, pecadores, que ni la montaña ni la colina han estado ni estarán sometidas a la mujer. Ni de esta manera el pecado ha sido enviado a la tierra, sino que el hombre por sí mismo lo ha creado, y bajo una gran maldición caerán los que lo cometan.

5 Y la esterilidad no le ha sido dada a la mujer, sino que a causa de las obras de sus propias manos muere sin hijos.

6 Os he jurado, pecadores, por el santo y el Grande, que todas vuestras malas acciones son reveladas en los cielos, y que ninguna de vuestras acciones de opresión será cubierta y ocultada.

7 Y no penséis en vuestro espíritu ni digáis en vuestro corazón que no sabéis y que no veis que todo pecado se registra cada día en el cielo en presencia del Altísimo.

8 Desde ahora sabéis que toda vuestra opresión con la que oprimís está escrita cada día hasta el día de vuestro juicio.

9 Ay de vosotros, insensatos, porque por vuestra insensatez pereceréis; y os rebeláis contra los sabios, y así la buena suerte no será vuestra.

10 Y ahora, sabed que estáis preparados para el día de la destrucción; por tanto, no esperéis vivir, pecadores, sino que os iréis y moriréis, porque no conocéis rescate; porque estáis preparados para el día del gran juicio, para el día de la tribulación y de la gran vergüenza para vuestros espíritus.

11 Ay de vosotros, obstinados de corazón, que hacéis la maldad y coméis sangre: ¿De dónde tenéis bienes para comer y beber y saciaros? De todos los bienes que el Señor Altísimo ha puesto en abundancia sobre la tierra; por eso no tendréis paz.

12 Ay de vosotros, que amáis las obras de la injusticia; ¿por qué esperáis que os suceda algo bueno? Sabed que seréis entregados en manos de los justos, y os cortarán el cuello y os matarán, y no tendrán piedad de vosotros.

13 Ay de vosotros, que os alegráis de la tribulación de los justos, porque no se os cavará ninguna tumba.

14 Ay de vosotros, que despreciáis las palabras de los justos, porque no tendréis esperanza de vida.

15 Ay de los que escriben palabras mentirosas e impías, porque escriben sus mentiras para que los hombres las oigan y actúen impíamente con su prójimo.

16 Por lo tanto, no tendrán paz, sino que morirán de muerte súbita.

Capítulo 99

1 Ay de vosotros, que trabajáis en la impiedad, y os gloriáis en la mentira y la ensalzáis: pereceréis y no tendréis una vida feliz.

2 Ay de los que pervierten las palabras de rectitud, y transgreden la ley eterna, y se transforman en pecadores: serán pisoteados en la tierra.

3 En esos días preparaos, justos, para elevar vuestras oraciones como un memorial, y ponedlas como testimonio ante los ángeles, para que pongan el pecado de los pecadores como un memorial ante el Altísimo.

4 En esos días las naciones serán destruidas, pero las familias de las naciones se levantarán en el día de la perdición.

5 En aquellos días las que queden embarazadas saldrán, se llevarán a sus hijos y los abandonarán: sí, abandonarán a sus hijos que aún son lactantes, y no volverán a ellos, y no tendrán piedad de sus seres queridos.

6 De nuevo os juro, pecadores, que el crimen ha sido preparado para el día de la sangre, que nunca cesa.

7 Y los que adoran piedras, e imágenes de oro, plata, madera, piedra y arcilla, y los que adoran espíritus impuros y demonios, y toda clase de ídolos no conformes con el conocimiento, no obtendrán ninguna ayuda de ellos.

8 Y se volverán impíos a causa de la insensatez de sus corazones, y sus ojos se cegarán por el temor de sus corazones y por las visiones en sus sueños.

9 Por estos se volverán impíos y temerosos; porque habrán hecho toda su obra en una mentira, y habrán adorado una piedra: Por lo tanto, en un instante perecerán.

10 Pero en aquellos días serán bienaventurados todos los que acepten las palabras de la sabiduría y las entiendan, y observen las sendas del Altísimo y caminen por la senda de su justicia, y no se vuelvan impíos con los impíos, porque se salvarán.

11 Ay de vosotros, que expandís el crimen de vuestro prójimo; porque en el infierno seréis asesinados.

12 Ay de vosotros, que ponéis los cimientos del pecado y del engaño, y que causáis amargura en la tierra; porque en ella seréis consumidos.

13 Ay de vosotros, que construís vuestras casas con el trabajo de otros, y todo su material de construcción son ladrillos y piedras de crimen; os digo que no tendréis paz.

14 Ay de vosotros, que despreciáis la extensión de la herencia eterna de vuestros padres, mientras vuestras almas siguen a los ídolos; porque para vosotros no habrá tranquilidad.

15 Ay de los que obran la injusticia y ayudan a la blasfemia, y matan a su prójimo hasta el día del gran juicio.

16 Porque vuestra gloria caerá, y traerá aflicción a vuestros corazones, y despertará su feroz indignación y os destruirá a todos con la espada; y todos los santos y justos se acordarán de vuestros pecados.

Capítulo 100

1 En aquellos días, en un mismo lugar, los padres junto con sus hijos serán heridos, y los hermanos, unos con otros, caerán muertos hasta que un río fluya de su sangre.

2 Porque el hombre no podrá evitar matar a sus hijos y a los hijos de sus hijos, y el pecador no podrá evitar matar a su hermano honrado: desde el amanecer hasta la puesta del sol se matarán unos a otros.

3 El caballo vadeará hasta su pecho, y el carro se hundirá hasta su eje, en la sangre de los pecadores.

4 En esos días los ángeles descenderán a lugares ocultos y reunirán en un solo lugar a todos los que hayan colaborado en el crimen, y el Altísimo se levantará en aquel día para ejecutar el gran juicio sobre todos los pecadores.

5 Y sobre todos los justos y santos nombrará guardianes de entre los santos ángeles para que los custodien como los más queridos, hasta que acabe con toda maldad y todo pecado, y aunque los justos duerman un largo sueño, no tengan nada que temer.

6 Y los hijos de la tierra entenderán cada palabra de ese libro, sabiendo que sus riquezas no podrán salvarlos en la ruina de sus crímenes.

7 Ay de vosotros, pecadores, en el día de la fuerte angustia, vosotros que afligís a los justos y los quemáis con fuego: seréis retribuidos según vuestras obras.

8 Ay de vosotros, obstinados de corazón, que veláis para idear la maldad: por lo tanto, el miedo vendrá sobre vosotros y no habrá nadie que os ayude.

9 Ay de vosotros, pecadores, por las palabras de vuestra boca, y por las obras de vuestras manos, que vuestra impiedad ha hecho, en llamas ardientes peores que el fuego arderéis.

10 Y ahora sabed que los ángeles preguntarán por vuestra conducta en el cielo; al sol, a la luna y a las estrellas preguntarán por vuestros pecados; porque en la tierra ejercéis jurisdicción sobre los justos.

11 Y llamará a declarar contra vosotros a todas las nubes, a la niebla, al rocío y a la lluvia, porque todos ellos os serán retenidos, para que no desciendan sobre vosotros, ni se hagan serviles a vuestros crímenes.

12 Y ahora dadle regalos a la lluvia para que no se abstenga de descender sobre vosotros, ni el rocío, cuando haya recibido de vosotros oro y plata para que descienda.

13 Pero cuando la escarcha, la nieve, el frío, todo viento nevado, y todo sufrimiento perteneciente a ellos, caigan sobre vosotros, en esos días seréis totalmente incapaces de permanecer ante ellos.

Capítulo 101

1 Observad el cielo, hijos del cielo, y toda obra del Altísimo; temedle y no hagáis ningún mal en su presencia.

2 Si Él cierra las ventanas del cielo y no deja que la lluvia y el rocío desciendan sobre la tierra por vuestra causa, ¿Qué haréis entonces?

3 Y si Él envía su cólera sobre vosotros a causa de vuestras obras, no podréis pedirle nada; porque habéis dicho palabras soberbias e insolentes contra su justicia; por eso no tendréis paz.

4 ¿No veis los marineros de las naves?, ¿cómo sus barcos son zarandeados por las olas y son sacudidos por los vientos, y están en grave apuro?

5 Y por eso temen, porque todos sus bienes van al mar con ellos, y tienen malos presentimientos de corazón de que el mar se los tragará y morirán en él.

6 ¿No es todo el mar y todas sus aguas, y todos sus movimientos, obra del Altísimo; y no ha puesto límites a sus actos y lo ha ceñido de arena por cada lado?

7 Y ante su reprimenda se asusta y se seca, y todos sus peces mueren y todo lo que hay en él; pero vosotros, pecadores, que estáis en la tierra, no le teméis.

8 ¿No es Él el creador del cielo y de la tierra, y de todas las cosas que hay en ellos? ¿Y quién ha dado entendimiento y sabiduría a todos los que se mueven sobre la tierra y sobre el mar?

9 ¿No temen los marineros de los barcos al mar? ¿Y no temen los pecadores al Altísimo?

Capítulo 102

1 En aquellos días, cuando Él arroje sobre vosotros la calamidad del fuego, ¿Adónde huiréis y dónde encontraréis liberación? Y cuando lance su palabra contra vosotros, ¿no os asustaréis y temeréis?

2 Y todas las luminarias se espantarán con gran temor, y toda la tierra se espantará, temblará y se alarmará.

3 Y todos los ángeles ejecutarán sus órdenes y buscarán esconderse de la presencia de la Gran Gloria, y los hijos de la tierra temblarán y se estremecerán; y vosotros, pecadores, seréis malditos para siempre, y no tendréis paz.

4 No temáis, almas de los justos, y tened esperanza los que habéis muerto en la justicia.

5 No os aflijáis, porque vuestras almas descienden con gran aflicción, con gemidos, lamentos y dolor, al receptáculo de los muertos. Durante vuestra vida vuestros cuerpos no han recibido una recompensa proporcional a vuestra bondad, sino que en el período de vuestra existencia han existido pecadores; en el período de la execración y del castigo.

6 Sin embargo, cuando muráis, los pecadores hablarán sobre vosotros: «Como nosotros morimos, así mueren los justos, ¿Y qué beneficio cosechan ellos por sus obras?

7 He aquí que, como nosotros, también ellos mueren en el dolor y la oscuridad, ¿Y qué tienen ellos más que nosotros? Desde ahora somos iguales.

8 ¿Y qué recibirán y qué verán para siempre? He aquí que ellos también han muerto, y desde ahora para siempre no verán la luz».

9 Os digo, pecadores, que os contentáis con comer y beber, y robar y pecar, y desnudar a los hombres, y adquirir riquezas y ver días buenos.

10 ¿Habéis visto cómo es el fin de los justos, que no se encuentra en ellos ninguna forma de violencia hasta su muerte?

11 Perecen y quedan como si no hubieran estado, mientras sus almas descienden afligidas al receptáculo de los muertos.

Capítulo 103

1 Ahora, pues, os juro a vosotros, los justos, por la grandeza de su esplendor y de su gloria; por su ilustre reino y por su majestad, os juro.

2 Que conozco este misterio y he leído las tablas celestiales, y he visto los escritos de los santos, y he descubierto lo que está escrito e impreso en ellos referente a vosotros:

3 He visto que toda bondad, alegría y gloria ha sido preparada para vosotros, y ha sido escrita para los espíritus de los que mueren eminentemente justos y buenos. A vosotros se os dará a cambio de vuestras penas; y vuestra porción de felicidad excederá con mucho a la de los vivos.

4 Y vuestros espíritus que han muerto en la justicia vivirán y se alegrarán, y no perecerán, y su recuerdo estará ante la faz del Poderoso de generación en generación; por lo tanto, no temáis más la desgracia.

5 Ay de vosotros, pecadores, cuando muráis en vuestros pecados; y ellos, que son como vosotros, digan respecto a vosotros: «Dichosos estos pecadores. Han vivido todo su período; y ahora mueren en la felicidad y en la riqueza.

6 Angustia y matanza no conocieron en vida; en honor mueren y jamás los alcanzó el juicio en vida».

7 Pero, ¿no se les ha mostrado que, cuando se haga descender sus almas al receptáculo de los muertos, sus malas acciones se convertirán en su mayor tormento?

8 En tinieblas, en cadenas y en llama ardiente, donde hay juicio doloroso, entrarán vuestros espíritus; y el gran juicio tendrá efecto por siempre jamás. Ay de vosotros, porque no tendréis paz.

9 Tampoco podréis decir a los justos y a los buenos que viven: «En los días de nuestra angustia hemos sido afligidos; toda clase de tribulaciones hemos visto, y muchos males hemos padecido. Nuestros espíritus han sido consumidos, disminuidos y mermados.

10 Hemos perecido; no ha habido posibilidad de ayuda para nosotros ni de palabra ni de obra; no hemos encontrado ninguna, sino que hemos sido atormentados y destruidos. No hemos esperado vivir día tras día.

11 Esperábamos ser la cabeza y nos hemos convertido en la cola: Nos hemos esforzado y no hemos tenido satisfacción en nuestro trabajo; y nos hemos convertido en el alimento de los pecadores y de los injustos, y ellos han puesto su yugo sobre nosotros.

12 Se han enseñoreado de nosotros los que nos detestan y nos acosan; y ante los que nos odian hemos inclinado la cerviz; pero no han mostrado compasión hacia nosotros.

13 Deseábamos alejarnos de ellos para escapar y estar tranquilos, pero no encontramos ningún lugar al que pudiéramos huir y estar a salvo de ellos.

14 Y nos quejamos a los gobernantes en nuestra tribulación, y gritamos contra los que nos devoraban, pero no atendieron nuestros gritos y no quisieron escuchar nuestra voz.

15 Y ayudaron a los que nos saqueaban y devoraban; a los que nos disminuían y hacían escasos; y ocultaron su opresión, y no quitaron de nosotros el yugo de los que nos devoraban y nos dispersaban y asesinaban, y ocultaron su asesinato; y no se acordaron de que habían levantado sus manos contra nosotros».

Capítulo 104

1 Os juro, justos, que en el cielo los ángeles registran vuestra bondad ante la gloria del Poderoso.

2 Tened esperanza, porque antes fuisteis avergonzados por la enfermedad y la aflicción, pero ahora brillaréis como las luminarias del cielo, brillaréis y seréis vistos, y se os abrirán las puertas del cielo.

3 Y en vuestro clamor, clamad por el juicio, y se os aparecerá; porque se pedirá cuenta de todos vuestros sufrimientos a los príncipes, y a todo aquel que haya ayudado a vuestros saqueadores.

4 Estad esperanzados y no desechéis vuestra confianza; porque tendréis una gran alegría como los ángeles del cielo.

5 Comportaos como queráis; aun así, no seréis ocultados en el día del gran juicio. No seréis hallados como pecadores y la condenación eterna estará lejos de vosotros, mientras el mundo exista.

6 Y ahora no temáis, justos, cuando veáis que los pecadores se fortalecen y prosperan en sus caminos: no seáis compañeros de ellos, sino manteneos alejados de su violencia; porque llegaréis a ser compañeros de los ejércitos del cielo.

7 Y, aunque vosotros, pecadores, digáis: «Todos nuestros pecados no serán buscados y anotados», sin embargo, ellos anotarán todos vuestros pecados cada día.

8 Y ahora os muestro que la luz y las tinieblas, el día y la noche, ven todos vuestros pecados.

9 No seáis impíos en vuestros corazones, y no mintáis ni alteréis las palabras de la rectitud, ni acuséis con la mentira a las palabras del Poderoso, ni tengáis en cuenta vuestros ídolos; porque toda vuestra mentira y toda vuestra impiedad no resultan en justicia, sino en gran pecado.

10 Y ahora sé este misterio: que los pecadores alterarán y pervertirán las palabras de la justicia de muchas maneras, y hablarán palabras perversas, y mentirán, y practicarán grandes engaños, y escribirán libros sobre sus palabras.

11 Pero cuando escriban con veracidad todas mis palabras en sus idiomas, y no cambien ni desvirtúen nada de mis palabras, sino que escriban todo con veracidad, todo lo que yo testifiqué primero con respecto a ellos.

12 Conozco otro misterio: a los justos y a los sabios se les darán libros de alegría, de integridad y de gran sabiduría.

13 Y a ellos se les darán los libros, y creerán en ellos y se alegrarán en ellos; se alegrarán todos los justos al aprender de ellos todos los caminos de justicia.

Capítulo 105

1 En aquellos días, dice el Señor, llamarán a los hijos de la tierra y les harán escuchar su sabiduría: «Mostrádselo, puesto que vosotros seréis sus guías.

2 Porque Yo y Mi hijo estaremos unidos a ellos para siempre en los senderos de la rectitud, mientras aún vivan. La paz será vuestra. Regocijaos, hijos de la integridad, en la verdad. Y esa retribución tendrá lugar sobre toda la tierra».

FRAGMENTO DEL LIBRO DE NOÉ

La siguiente sección del Libro de Enoc parece ser un fragmento del Libro de Noé, un libro pseudoepígrafo del Antiguo Testamento que se cita también en el Libro de los Jubileos, el Testamento de Leví y otros manuscritos del Mar Muerto. El Libro de Noé se ha podido reconstruir porque parte de su texto aparece en el Libro de Enoc y en el Libro de los Jubileos, y se cree que se escribió sobre el año 200 a. e. c.

El Libro de Noé en hebreo, una obra posterior, se incluyó en la obra *Bet ha-Midrasch* de Adolf Jellinek y fue traducido al alemán en el libro de Hermann Rönsch, *Das Buch der Jubiläen*. Este se basa en los extractos que se conservan en el Libro de los Jubileos.

James Charlesworth, experto en obras apócrifas y pseudoepigráficas de la Biblia hebrea y cristiana, de los Manuscritos del Mar Muerto, profesor de Lengua y Literatura del Nuevo Testamento y director del Proyecto de los Manuscritos del Mar Muerto en el Seminario Teológico de Princeton, escribió lo siguiente sobre el Libro de Noé:

«Durante las primeras partes del siglo II a. C., circuló un pseudoepígrafo que contenía material relacionado con Noé. El relato no fue transmitido únicamente de forma oral, sino que fue transmitido de forma escrita, ya que el autor del Libro de los Jubileos y el autor de una interpolación en el Testamento de Leví 18:02 hacen referencia a un Libro de Noé. La obra se ha perdido excepto por fragmentos conservados en el Libro de Enoc, el Libro de los Jubileos, por 21 fragmentos que se conservan de la cueva 1 de Qumrán, y por dos grandes fragmentos encontrados en la Cueva 4 que no se han publicado todavía».

Capítulo 106

1 Después de un tiempo, mi hijo Matusalén tomó una esposa para su hijo Lamec. Ella quedó embarazada de él.

2 Y dio a luz un niño, cuya carne era blanca como la nieve y roja como una rosa; los cabellos de su cabeza eran blancos como la lana y largos, y sus ojos

hermosos. Cuando los abrió, iluminó toda la casa, como el sol; toda la casa rebosaba de luz.

3 Y cuando fue tomado de la mano de la partera, Lamec, su padre, tuvo miedo de él.

4 Y su padre Lamec tuvo miedo de él y huyó, y fue a su padre Matusalén.

5 Y le dijo: «He engendrado un hijo, diferente a los demás niños. No es humano, sino que, asemejándose a la descendencia de los ángeles del cielo, es de naturaleza distinta a la nuestra, siendo totalmente diferente a nosotros. Sus ojos son brillantes como los rayos del sol; su rostro glorioso.

6 Y no parece que proceda de mí, sino de los ángeles. Tengo miedo, no sea que algo milagroso ocurra en la tierra en sus días.

7 Ahora, padre mío, estoy aquí para pedirte y para implorar que vayas a Enoc, nuestro padre, y aprendas de él la verdad, pues su morada está entre los ángeles».

8 Y cuando Matusalén oyó las palabras de su hijo, vino a mí hasta los confines de la tierra; porque había oído que yo estaba allí, y gritó en voz alta. Escuché su voz y fui a él, diciendo: «Aquí estoy, hijo mío, ¿por qué has venido a mí?».

9 Y él respondió y dijo: «Por un gran motivo de ansiedad he venido a ti, y por una visión perturbadora me he acercado.

10 Y ahora, padre mío, escúchame: a Lamec, mi hijo, le ha nacido un hijo que no tiene parangón, y su naturaleza no es como la del hombre, y el color de su cuerpo es más blanco que la nieve y más rojo que la flor de una rosa, y el pelo de su cabeza es más blanco que la lana blanca, y sus ojos son como los rayos del sol, y abrió sus ojos y alumbró toda la casa.

11 Y cuando fue tomado de la mano de la partera,

12 Su padre Lamec tuvo miedo y huyó a mí, y no creyó que había nacido de él, sino que era a semejanza de los ángeles del cielo; y he aquí que he venido a ti para que me des a conocer la verdad».

13 Entonces yo, Enoc, respondí diciendo: «Ciertamente el Señor hará algo nuevo en la tierra. Esto os lo he explicado y lo he visto en una visión. Os he mostrado que en las generaciones de Jared mi padre, los que eran del cielo desatendieron la palabra del Señor.

14 He aquí que cometieron delitos; dejaron a un lado su clase, y se mezclaron con mujeres. Con ellas también prevaricaron: se casaron con ellas y engendraron hijos. Y su posteridad engendrará sobre la tierra gigantes, no espirituales, sino carnales.

15 Habrá gran cólera y Diluvio sobre la tierra y habrá gran destrucción en un año.

16 Pero ese niño que os ha nacido y sus tres hijos serán salvados cuando mueran los que hay sobre la tierra.

17 Entonces descansará la tierra y será purificada de la gran corrupción.

18 Ahora di a Lamec: "Él es tu hijo en verdad y sin mentiras, es tuyo este niño que ha nacido". Que le llame Noé, porque será vuestra salvación, porque será salvado él y sus hijos de la corrupción de la tierra causada por las obras de todos los pecadores y por los impíos de la tierra que habrá en sus días.

19 Después se cometerá mayor impiedad que la que antes se consumó en la tierra; porque yo conozco santos misterios, que el Señor mismo me ha descubierto y explicado, y que he leído en las tablas del cielo.

Capítulo 107

1 Yo vi escrito en ellas que generación tras generación obrará el mal, y habrá maldad hasta que se alcen generaciones de justicia y la maldad y la impiedad terminen, y la violencia desaparezca de la tierra; y hasta que el bien venga a la tierra sobre ellos.

2 Ahora, hijo mío, ve a tu hijo Lamec y dile que el niño que nace es su hijo de verdad; y que no hay engaño».

3 Y cuando Matusalén oyó las palabras de su padre Enoc, que le había mostrado todo secreto, volvió con entendimiento y llamó a ese hijo Noé, porque debía consolar a la tierra a causa de toda su destrucción.

Capítulo 108

1 Otro libro que Enoc escribió para su hijo Matusalén y para los que vendrán después de él, y guardarán la ley en los últimos días.

2 Vosotros, los que habéis hecho el bien, esperad en esos días hasta que se acabe con los que obran el mal, y se acabe con la fuerza de los transgresores.

3 Esperad, en efecto, hasta que el pecado haya pasado, porque sus nombres serán borrados del libro de la vida y de los libros sagrados, y su descendencia será destruida para siempre, y sus espíritus muertos. Llorarán y se lamentarán en un lugar que es un desierto caótico, y en el fuego se quemarán, porque allí no hay tierra.

4 Vi allí algo parecido a una nube invisible, pues debido a su profundidad no podía mirar por encima. Vi también una llama de fuego que ardía intensamente, y como montañas brillantes que daban vueltas y se movían de un lado a otro.

5 Y pregunté a uno de los santos ángeles que estaban conmigo y le dije: «¿Qué es esta cosa brillante? Porque no es un cielo, sino sólo la llama de un fuego ardiente, y en ella hay voz de llanto, clamor y fuerte dolor».

6 Y me dijo: «En este lugar que ves, están arrojados los espíritus de los pecadores, de los blasfemos, de los que obran la maldad, y de los que pervierten todo lo que el Señor ha dicho por boca de los profetas; todo lo que deberían hacer.

7 Porque acerca de estas cosas habrá escritos e impresiones arriba en el cielo, para que los ángeles los lean y sepan lo que sucederá tanto a los pecadores como a los espíritus de los humildes; a los que han sufrido en sus cuerpos, pero han sido recompensados por Dios; a los que han sido tratados injuriosamente por hombres malvados.

8 Que han amado a Dios; que no se han apegado ni al oro ni a la plata, ni a ningún bien del mundo, sino que han entregado sus cuerpos al tormento.

9 A los que desde su nacimiento no han codiciado las riquezas terrenales, sino que se han considerado a sí mismos como un soplo que pasa. Tal ha sido su conducta; y mucho los ha probado el Señor; y sus espíritus han sido hallados puros, para que bendigan Su nombre.

10 Todas sus bendiciones las he relatado en los libros; y Él los ha recompensado; pues se ha descubierto que aman el cielo con una aspiración eterna. Dios ha dicho: Mientras han sido pisoteados por hombres malvados, han oído de ellos injurias y blasfemias; y han sido tratados ignominiosamente, mientras me bendecían.

11 Y ahora convocaré a los espíritus de los buenos que pertenecen a la generación de la luz, y transformaré a los que nacieron en las tinieblas, que

en la carne no fueron recompensados con el honor que su fidelidad merecía.

12 Los llevaré a la espléndida luz de los que aman mi santo nombre: y colocaré a cada uno de ellos en un trono de gloria, de gloria peculiarmente suya.

13 Y descansarán durante períodos innumerables. Justo es el juicio de Dios, porque a los fieles dará fe en las moradas de la rectitud.

14 Verán a los que han nacido en las tinieblas cómo serán arrojados a las tinieblas; mientras que los justos estarán en reposo.

15 Los pecadores gritarán al contemplarlos, mientras ellos existen en esplendor y avanzan hacia los días y periodos que les han sido prescritos».

¿POR QUÉ EL LIBRO DE ENOC NO ESTÁ EN LA BIBLIA?

La evidencia histórica sugiere que muchas comunidades antiguas judías y cristianas respetaban y aceptaban los textos de Enoc, otorgándoles incluso un estatus similar al de los textos bíblicos. Pero más tarde, por razones que pueden resultar cuestionables, estos textos atribuidos a Enoc fueron excluidos del canon bíblico oficial.

Quizá su contenido podía suponer un problema para las creencias de ciertos individuos y teólogos, que pudieron haber eliminado directamente este tipo de libros del canon oficial en vez de cuestionar sus propias creencias. Por ejemplo, la historia de los ángeles caídos teniendo relaciones con mujeres humanas podía verse como una contradicción a la idea de que los ángeles no mantienen relaciones sexuales. De igual manera, la historia de los gigantes y la destrucción que trajeron a la tierra pudo verse como algo demasiado fantasioso por parte de los «padres» de la Iglesia temprana.

Aproximadamente en el año 400 e. c. es cuando empezó la eliminación de los escritos de Enoc del canon oficial. Esta fue la época de Agustín de Hipona y de san Jerónimo, los cuales tuvieron influencia en la exclusión de estos textos.

AGUSTÍN DE HIPONA

Agustín, conocido también como san Agustín (354-430 e. c.) fue un escritor, teólogo y filósofo cristiano que llegó a ser obispo de Hipona, al norte de África, y dirigió una serie de luchas contra las herejías de los maniqueos, los donatistas y el pelagianismo. Fue el máximo pensador cristiano del primer milenio y es venerado como santo por varias comunidades cristianas, como la Iglesia católica, ortodoxa, oriental y anglicana. La Iglesia católica lo considera Padre de la Iglesia latina o de Occidente, y Agustín dedicó gran parte de su vida a escribir sobre filosofía y teología, siendo *Confesiones* y *La ciudad de Dios* sus obras más destacadas. En esta última obra, Agustín da su opinión directa sobre el Libro de Enoc:

«Omitamos, pues, las fábulas de aquellas Escrituras que se llaman apócrifas, porque su oscuro origen era desconocido para los padres de quienes nos ha sido transmitida la autoridad de las Escrituras verdaderas por una sucesión muy cierta y bien determinada. Porque, aunque hay algo de verdad en estos escritos apócrifos, contienen tantas afirmaciones falsas, que no tienen autoridad canónica. No podemos negar que Enoc, el séptimo desde Adán, dejó algunos escritos divinos, pues así lo afirma el apóstol Judas en su epístola canónica. Pero no es sin razón que estos escritos no tienen lugar en ese canon de las Escrituras que fue preservado en el templo del pueblo hebreo por la diligencia de los sacerdotes sucesivos; porque su antigüedad los puso bajo sospecha, y era imposible determinar si estos eran sus escritos genuinos, y no fueron presentados como genuinos por las personas que se encontró que habían preservado cuidadosamente los libros canónicos por una transmisión sucesiva. Así que los escritos que se producen bajo su nombre, y que contienen estas fábulas sobre los gigantes, diciendo que sus padres no eran hombres, son juzgados correctamente por hombres prudentes como no genuinos».

Resulta interesante ver cómo Agustín, en un primer momento, dice que «No podemos negar que Enoc, el séptimo desde Adán, dejó algunos escritos divinos, pues así lo afirma el apóstol Judas en su epístola canónica». Luego extrañamente justifica descartar el Libro de Enoc porque «su antigüedad los puso bajo sospecha, y era imposible determinar si estos eran sus escritos genuinos». Si juzgáramos otros libros de la Biblia con este mismo criterio, seguramente también deberían considerarse «demasiado antiguos para determinar si eran escritos genuinos». Tampoco se sabe a día de hoy quién o quiénes son los autores de algunos libros bíblicos, por lo que el argumento de Agustín para descartar a Enoc carece de fundamento sólido.

Pero más adelante Agustín revela su verdadero problema con el Libro de Enoc, diciendo que «los escritos que se producen bajo su nombre contienen estas fábulas sobre los gigantes, diciendo que sus padres no eran hombres; son juzgados correctamente por hombres prudentes como no genuinos». Su problema son las «fábulas» sobre los gigantes y los seres sobrehumanos que aparecen en el Libro de Enoc. Por este motivo, él y otros personajes muy influyentes en la Iglesia y en la confección de las Escrituras, rechazaron el Libro de Enoc y otros escritos similares.

SAN JERÓNIMO

Otro personaje muy influyente de la época fue san Jerónimo, un santo cristiano y considerado Padre de la Iglesia, que tradujo la Biblia del griego y del hebreo al latín por encargo del papa Dámaso I. La traducción al latín de la Biblia hecha por san Jerónimo, llamada la *Vulgata* y publicada en el siglo cuarto e. c., fue declarada en 1546, durante el Concilio de Trento, la edición auténtica de la Biblia para la Iglesia católica latina.

Si Agustín de Hipona es llamado el «padre de la teología latina», Jerónimo lo es de la exégesis bíblica. Con sus obras, que le hicieron un notable erudito, ejerció un influjo duradero sobre la forma de traducción e interpretación de las Sagradas Escrituras y en el uso del latín eclesiástico. De hecho, en su honor se celebra cada 30 de septiembre el Día Internacional de la Traducción. Y es precisamente en esta traducción latina de la Biblia, llamada la *Vulgata*, donde no aparece el Libro de Enoc ni otros escritos considerados apócrifos. Jerónimo introdujo cambios respecto a los textos bíblicos en latín que se usaban antes de su Vulgata, denominados *Vetus Latina*. El papa Dámaso había instruido a Jerónimo a ser conservador en su revisión de los viejos evangelios latinos y un cambio importante introducido por Jerónimo fue reordenarlos. En algunos lugares, Jerónimo adoptó lecturas que no correspondían a una interpretación directa del latín antiguo o del texto griego original, reflejando así una interpretación doctrinal particular.

Después de los evangelios, la parte más utilizada y copiada de la Biblia cristiana es el Libro de los Salmos. En consecuencia, Dámaso también encargó a San Jerónimo que revisara el salterio (compendio o colección de salmos) que se usaba en Roma, para que estuviera de acuerdo con el griego de la Septuaginta común. Jerónimo hizo esto mientras estaba en Roma, pero más tarde repudió esta versión, argumentando que los copistas habían reintroducido lecturas erróneas.

La traducción de Jerónimo, la Vulgata, se convirtió en la edición definitiva del texto bíblico y fue la más influyente en la sociedad de Europa occidental. Para la mayoría de los cristianos occidentales, la Vulgata fue la única versión de la Biblia que se ha encontrado. Un milenio después, por ejemplo, Martín Lutero, aunque conocía el hebreo y el griego, citó la Vulgata de Jerónimo durante toda su vida. La Vulgata gozó de gran prestigio entre los eruditos y sirvió de base para las traducciones a otras lenguas durante mil años. El Concilio de Trento, en 1546, declaró que la Vulgata era el único texto latino auténtico de las Escrituras.

La Vulgata continuó siendo considerada como la Biblia académica estándar durante la mayor parte del siglo 17. El Concilio de Trento (1545-1563) otorgó a la Vulgata una capacidad oficial como piedra angular del canon bíblico con respecto a qué partes de los libros son canónicas. Cuando el consejo enumeró los libros incluidos en el canon, los calificó como «completos con todas sus partes, como se han utilizado para ser leídos en la Iglesia Católica, y como están contenidos en la antigua edición en latín vulgata». La cuarta sesión del Concilio especificó 72 libros canónicos en la Biblia: 45 en el Antiguo Testamento y 27 en el Nuevo Testamento.

Tras veintitrés años de trabajo, Jerónimo terminó su traducción de la Biblia a finales del año 404 o 405. Trabajaba solo, por lo que se entiende el largo periodo de tiempo que tardó en acabar su trabajo. Además, estaba produciendo volúmenes de comentarios y otros escritos, y se involucró en todas las batallas teológicas de la época, contribuyendo con algunas cartas elocuentes, a menudo cáusticas.

Al principio, Jerónimo trabajó a partir del Antiguo Testamento griego, la Septuaginta. Pero entonces sentó un precedente para todos los buenos traductores: el Antiguo Testamento tendría que traducirse del hebreo original. En su búsqueda de exactitud, Jerónimo consultó a rabinos judíos.

Al traducir el Antiguo Testamento, algo llamó la atención de Jerónimo: los libros que los judíos consideraban Sagradas Escrituras no incluían los libros que conocemos como apócrifos. Estos libros habían sido incluidos en la Septuaginta, la base de la mayoría de las traducciones antiguas, y se le sugirió a Jerónimo que los incluyera en su traducción. Pero dejó claro que, en su opinión, los libros apócrifos eran sólo *liber ecclesiastici* (libros eclesiásticos para ser leídos con fines edificantes), en contraposición a los *liber canonici* (libros canónicos para establecer la doctrina) plenamente inspirados. Más de mil años después, los líderes de la Reforma seguirían el ejemplo de Jerónimo y no incluirían los apócrifos en las Biblias protestantes.

En su comentario sobre la Sabiduría de Salomón y el Eclesiástico, Jerónimo afirma: «Así como la Iglesia lee Judit, Tobías y los libros de los Macabeos, pero no los admite entre las Escrituras canónicas, lee también estos dos volúmenes (Sabiduría de Salomón y Eclesiástico) para edificación del pueblo, pero no para dar autoridad a doctrinas de la Iglesia».

Según Jerónimo, estos libros son eclesiásticos, capaces de enseñanza espiritual, pero no pueden utilizarse para apoyar la doctrina de la Iglesia.

Los manuscritos de la Vulgata incluían prólogos, en los que Jerónimo identificaba claramente ciertos libros de la versión más antigua del Antiguo Testamento en latín como apócrifos o no canónicos, a pesar de que podrían leerse como una escritura canónica. Jerónimo afirma en su prólogo a los libros de Samuel y Reyes lo siguiente: «Este prefacio a las Escrituras puede servir de introducción "con casco" a todos los libros que pasamos del hebreo al latín, para que tengamos la seguridad de que lo que no se encuentra en nuestra lista debe colocarse entre los escritos apócrifos. La Sabiduría, por lo tanto, que generalmente lleva el nombre de Salomón, y el libro de Jesús, el Hijo de Sirach, y Judith, y Tobías, y el Pastor no están en el canon».

En su prefacio a Daniel, Jerónimo dice: «Digo esto para mostraros cuán difícil es dominar el Libro de Daniel, que en hebreo no contiene ni la historia de Susana, ni el himno de los tres jóvenes, ni las fábulas de Bel y el Dragón; como, sin embargo, se encuentran en todas partes, los hemos formado en un apéndice, anteponiéndoles un obelus, para que no parezca a los no informados haber cortado una gran parte del volumen».

Aquí hay que señalar varias cosas. Jerónimo llama a Bel y el Dragón una «fábula», lo cual sugiere su posición escéptica respecto a la veracidad de las historias antiguas donde aparecen seres sobrehumanos. Después dice que estas adiciones fueron marcadas con un *obelus*, que es un símbolo crítico usado en manuscritos antiguos para marcar un pasaje dudoso. Parece claro, pues, que Jerónimo no era partidario de incluir textos apócrifos en el canon oficial, y mucho menos los que contenían «fábulas» de seres no humanos.

Resulta incluso más llamativo examinar las creencias que tenía Jerónimo respecto al matrimonio y las relaciones entre hombre y mujer. En su obra apologética *La Perpetua Virginidad de María*, Jerónimo sostiene que la virginidad es mejor que el estado de casado, justificando su creencia en Corintios 7:32 «El soltero se preocupa de las cosas que son del Señor...». De igual manera, justifica otras creencias similares con versículos del Nuevo Testamento. En sus escritos sostiene que la corrupción se adhiere a toda relación sexual, incluso en un matrimonio legítimo, que el esposo y la esposa deben imitar la incorrupción virginal por medio de la abstinencia sexual o que la virginidad pertenece al paraíso y el matrimonio comenzó después de la caída.

Ante este tipo de sorprendentes creencias podemos entender por qué Jerónimo descartaría textos como el Libro de Enoc, que describe relaciones sexuales entre ángeles caídos y mujeres humanas.

MARTÍN LUTERO

Más tarde aparecería Martín Lutero (1483-1546), conocido teólogo, filósofo y fraile católico agustino que comenzó e impulsó la Reforma protestante en Alemania y cuyas enseñanzas inspiraron la doctrina del luteranismo. Lutero tradujo la Biblia al alemán y, gracias a la imprenta, sus escritos se leyeron en toda Alemania y ejercieron influencia sobre muchos otros reformadores y pensadores, dando origen a diversas tradiciones protestantes en Europa y en el resto del mundo. La Biblia oficial de ese entonces era la Vulgata Latina, traducida del hebreo, arameo y griego al latín por San Jerónimo. Lutero quería traducirla del hebreo, arameo y griego directamente al alemán, con la intención de hacerla accesible al pueblo.

Lutero tenía una mala percepción de los libros de Ester, Hebreos, Santiago, Judas y del Apocalipsis. Llamaba a la epístola de Santiago una «epístola de paja», debido a la falta de referencia a Cristo y su obra salvadora. También tenía duras palabras para el Apocalipsis, del que decía que no podía «de ninguna forma detectar que el Espíritu Santo lo haya producido». Aun así, Lutero no los eliminó de su edición de las Escrituras e incluyó como apócrifos aquellos pasajes que, encontrándose en la Septuaginta griega, no estaban en los textos masoréticos (versión hebrea del Tanaj) disponibles en aquella época. Lutero incluyó los libros deuterocanónicos en su traducción de la Biblia alemana, pero los reubicó y los puso después del Antiguo Testamento, llamándolos «apócrifos, que son libros que no se consideran iguales a las Sagradas Escrituras, pero son útiles y buenos para leer». En cuanto al Libro de Enoc y otros libros similares, ni siquiera se incluyeron en esta sección de apócrifos en la Biblia de Lutero, lo cual contribuyó a su desaparición de las Escrituras.

Como dato curioso y posiblemente relevante en esta historia de descarte del Libro de Enoc, Martín Lutero compartía la costumbre medieval de rechazar todo indicio de brujería, considerándola contraria al cristianismo. En su *Catecismo Menor*, Lutero enseña que la brujería es un pecado contra el segundo mandamiento.

Teniendo esto en cuenta, quizá Martín Lutero ignoró el Libro de Enoc y otros escritos apócrifos similares por su rechazo a cualquier indicio de brujería. En el Libro de Enoc se menciona precisamente que los ángeles caídos enseñaron, entre otras cosas, brujería a los seres humanos.

KING JAMES BIBLE

Luego aparecería la versión King James Bible (KJV) o Biblia del rey Jacobo, en 1611, la cual siguió el ejemplo de la Biblia de Lutero al usar una sección intertestamentaria etiquetada como «Libros llamados apócrifos» en el encabezado de página, excluyendo también el Libro de Enoc o el Libro de Jubileos. La sección contiene apócrifos como 1 y 2 Esdras, Judit, Baruc o Macabeos.

Más tarde surgió la denominada «controversia apócrifa» en la década de 1820. Se trató de un debate en torno a la Sociedad Bíblica Británica y Extranjera y el tema de la inclusión de los apócrifos en las Biblias que se imprimieron para la obra misionera cristiana. En este caso el debate social se centraba en los mismos apócrifos considerados por Martín Lutero y la KJV, excluyendo por tanto también el Libro de Enoc.

Analizando esta línea de tiempo, podemos ver cómo el Libro de Enoc y otros escritos apócrifos fueron desapareciendo poco a poco del canon oficial, conservándose únicamente en ciertas Iglesias o comunidades. No obstante, el descubrimiento en tiempos recientes de estos libros entre los Manuscritos del mar Muerto en las cuevas de Qumrán, ha despertado gran interés en estos escritos apócrifos o pseudoepígrafos, y ha reavivado el debate acerca de su importancia en relación a las Escrituras.

EL PODER OCULTO DE ENOC

Conviene analizar la similitud oculta entre Enoc, Moisés y Adán, los cuales poseen una serie de características sobrehumanas descritas en los textos bíblicos y apócrifos.

EL PODER OCULTO DE ENOC

La relevancia de Enoc en la literatura bíblica y apócrifa viene, en parte, porque fue el primer humano en «caminar con Dios» (Génesis 5:24) después de la expulsión de Adán del Jardín del Edén. En este viaje de Enoc se relatan cosas que apuntan a la naturaleza sobrehumana del patriarca.

El versículo 1 del Primer Libro de Enoc dice: «Palabras de bendición con las que bendijo Enoc a los elegidos», lo cual se asemeja a Deuteronomio 33:1: «Ésta es la bendición con que Moisés, hombre de Dios, bendijo a los israelitas». Justo después, en 1 Enoc 1:2, se dice: «Yo soy Enoc, un hombre justo, cuyos ojos han sido abiertos por Dios», algo que se puede ver en Números 24:15 con los oráculos de Balaán cuando «se le abren los ojos»: «Oráculo del hombre que ve lo secreto, oráculo del que oye las palabras de Dios, del que conoce la ciencia del Altísimo, del que ve la visión de El Shaddai, del que se le abren los ojos». Enoc, por tanto, puede ver y oír más cosas que los humanos normales y corrientes, al igual que algunos personajes bíblicos como Moisés, Balaán y quizá también Ezequiel, que vio el carro celestial. La autoridad y la información profética de Enoc queda reafirmada al usar el mismo lenguaje que usa la Biblia al hablar de esas tres grandes figuras proféticas, lo cual da cierta credibilidad a las visiones de Enoc.

Más adelante, en los pasajes de 1 Enoc 6-11, se habla de los ángeles caídos o Vigilantes y cómo Enoc era capaz de reprenderlos y comunicarse con ellos, lo cual también podría dar más autoridad a la figura especial de Enoc.

En el Segundo Libro de Enoc, su viaje celestial y las revelaciones que recibe ocupan gran parte de la obra. En repetidas ocasiones se menciona el miedo que sintió Enoc ante el poder y la gloria de Dios. De alguna manera, Enoc se dio cuenta de su insignificancia como humano ante la presencia de Dios, igual que sucedió con Adán y Eva cuando, después de comer de la fruta prohibida, fueron conscientes de su «desnudez». Ese mismo miedo sintieron los humanos presentes en el Monte Sinaí junto a Moisés. Se observa, por tanto, una clara conexión entre la historia de estos tres personajes destacados que aparecen en textos bíblicos y apócrifos.

EL PODER OCULTO DE MOISÉS

En relación a Moisés, en Eclesiástico 45 se dice que Dios «le hizo en gloria comparable a los santos» y «le hizo oír su voz, y cara a cara le dio los mandamientos». En algunos textos encontrados en las cuevas de Qumrán se habla de la posible transfiguración de Moisés durante su ascenso al Monte Sinaí. En 4Q374 fragmento 2 colección 2 se dice que Moisés «se le apareció al Faraón como una teofanía (como un dios)» y también que Dios hace que «su cara brille e inspire temor». Otro fragmento, 4Q377 fragmento 1 columna 2, pone de manifiesto la diferencia entre la gente que estaba cerca del Monte Sinaí y que tenían miedo, y Moisés, que estuvo en una nube con Dios «santificado y hablando con su boca como un ángel».

Otra señal de la transformación de Moisés la vemos en Éxodo 34:29-30: «Y aconteció que, descendiendo Moisés del monte Sinaí con las dos tablas del testimonio en su mano, al descender del monte, no sabía Moisés que la piel de su rostro resplandecía, después que hubo hablado con Dios. Y Aarón y todos los hijos de Israel miraron a Moisés, y he aquí la piel de su rostro era resplandeciente; y tuvieron miedo de acercarse a él».

En la teología samaritana, en el tratado de Memar Marqah, se dice que «la imagen de Dios vivió con Moisés» después de su encuentro en Sinaí y «que terrible para todos aquellos que lo contemplaron, ¡que nadie lo mire directamente!» (Memar Marqah 6:3). Luego, en Memar Marqah 5:3 se dice: «Grande fue la hora en que el profeta Moisés se paró en el Monte Sinaí y todos los ángeles celestiales le honraron. Grande fue la alegría del corazón de Moisés cuando vio a los ángeles alrededor suyo. La Gran Gloria le tomó de la mano derecha y anduvo ante él».

Resulta interesante también que en Memar Marqah 6:3 se menciona que Moisés fue dado la comida de los ángeles: «Se le suministró comida de ángeles. Le sentaron en la mesa de los ángeles y comieron su pan». En la literatura rabínica, en Levítico Rabbah, R. Johanan señala que la comida que le dieron a Moisés en el Sinaí era la luz divina. En Éxodo Rabbah 45:5 se dice que le dieron de comer «el esplendor de la Shejiná».

Viendo las transformaciones de Enoc y Moisés, uno se pregunta cómo puede un ser humano ascender y llegar a ese nivel espiritual.

EL PODER OCULTO DE ADÁN

En los libros apócrifos de La vida de Adán y Eva (también conocido en su versión griega como el Apocalipsis de Moisés) se dice que cuando la mujer comió de la fruta prohibida, se dio cuenta de que «estaba desnuda de la gloria que la vestía». En la versión latina del libro se dice que Dios creó la cara de Adán a su imagen y semejanza y su cara era objeto de alabanza por parte de los ángeles, como si la cara de Adán compartiera el mismo resplandor que el rostro de Dios. Más adelante, se dice que Adán suplicó a Dios para que le devolviera «su gloria, la cual había perdido» por culpa del Diablo. En el Libro de las Revelaciones de Clemente 5:3 se dice que después de comer la fruta mortal «fueron despojados de su gloria y quedaron desnudos de la luz que vestían». Algunos rabinos opinan que la primera cosa que perdieron después de pecar fue la preciada luz primordial que Dios se apresuró a ocultar. Por tanto, la expulsión de la primera pareja del Paraíso implicaba la conciencia de su mortalidad, junto a la pérdida de la intimidad con Dios y la gloria que compartían con él. Este sería el mismo «resplandor, poder y gloria» que experimentó Moisés en el Sinaí y Enoc en su ascenso a los cielos.

INTRODUCCIÓN AL SEGUNDO LIBRO DE ENOC

El Primer Libro de Enoc, el más conocido, habla del funcionamiento de las luminarias y este Segundo Libro de Enoc describe detalladamente lo que hay arriba en los cielos. Habla de las experiencias que tuvo Enoc cuando fue arrebatado y llevado a los siete cielos. El Segundo Libro de Enoc, también conocido como 2 Enoc, el Libro de los Secretos de Enoc o Enoc Eslavo, es una obra considerada pseudoepígrafa y fue preservado únicamente en manuscritos eslavos.

Comienza con la historia del ascenso de Enoc a los cielos acompañado de dos ángeles. Enoc visita 7 cielos (o 10, según algunos manuscritos) donde observa entidades celestiales, ángeles condenados, diferentes luminarias y, finalmente, el propio rostro de Dios, el cual le revela secretos de la Creación. Ordenado por Dios, el arcángel Vereveil le enseña a Enoc el contenido de unos libros, y Enoc le escucha durante 30 días y 30 noches, y anota todo en 360 libros. Después, los ángeles le devuelven a la tierra y Enoc enseña lo que aprendió a sus allegados durante 30 días. La segunda parte de este texto apócrifo contiene las instrucciones de Enoc a sus hijos y una profecía sobre el juicio final.

Los primeros fragmentos de 2 Enoc fueron descubiertos en 1886 por el profesor Matvej Sokolov en los archivos de la Biblioteca Pública de Belgrado. El texto fue preservado en eslavo antiguo, por lo que también se le conoce como Enoc Eslavo. Los fragmentos se publicaron por primera vez en 1862 en San Petersburgo y el primer texto completo fue publicado en 1880 por A. Popov, quien encontró más fragmentos de 2 Enoc en Crónicas rusas, y en 1884 por S. Novakovic, quien encontró un texto bastante más corto que el publicado por Popov.

Poco después se hicieron las primeras traducciones del texto eslavo: en inglés por W. R. Morfill y en alemán por G. N. Bonwetsch.

Un destacado erudito en el tema es Matvej Sokolov, quien dedicó más de 20 años al estudio de 2 Enoc, buscando nuevos manuscritos y preparando la primera reseña del texto eslavo. Sokolov no pudo acabar su trabajo debido a su fallecimiento en 1906 a la edad de 51 años, pero sus ideas sobre la historia del texto apócrifo se presentaron en 1910, entre las cuales está la de que el texto eslavo tenía tres versiones o recensiones diferentes: una corta, una mediana y una larga. Según Sokolov, la larga es la principal y la corta era el resultado de la abreviatura mecánica. Una de las diferencias principales entre las dos es que la versión corta habla de 7 cielos, mientras que la versión larga habla de 10 cielos. Sokolov también concluyó que el texto eslavo era una traducción del griego, aunque todavía no se ha encontrado el texto en griego. Sokolov también supuso que 2 Enoc había sido escrito primero en hebreo.

R. H. Charles también consideró que la recensión larga de 2 Enoc era la más antigua y creía que el texto fue escrito por un judío helenístico en Alejandría sobre el año 30-70 e. c.

Por su parte, N. Schmidt encontró que la recensión larga de 2 Enoc tenía una gran influencia helenística que no se puede detectar en la versión corta del texto. Este hecho, junto con la falta de ideas cristianas en la versión corta, le llevó a la conclusión de que la versión corta era la principal. Schimdt creía que 2 Enoc podría haber sido escrito en un idioma semítico antes del año 70 e. c. y más tarde fue traducido al griego y de ahí surgió, no antes del siglo quinto, la versión larga del texto. Las dos recensiones eslavas, según Schmidt, son traducciones de recensiones griegas.

A. Vaillant también considera que la versión corta del texto es la más original, demostrando la naturaleza secundaria de la versión larga en un estudio publicado en 1952. Vaillant mostró cómo en la versión larga se detectan añadidos posteriores con puntos de vista del autor y posibles errores de interpretación de la versión corta que quedaron plasmados en la larga. El idioma usado en la versión larga tampoco es tan antiguo como el usado en la versión corta, y su fecha no sería anterior a la segunda mitad del siglo trece.

N. Meshcherskii estaba de acuerdo con la conclusión de Vaillant sobre la naturaleza primaria de la versión corta de 2 Enoc, aunque aportó ideas diferentes sobre el origen de la traducción. El erudito ruso creía que 2 Enoc había sido traducido del hebreo al ruso antiguo.

S. Pines también respaldaba la naturaleza primaria de la versión corta, pero añadió un problema potencial: que la versión larga podría contener algunos pasajes del texto original que no aparecen en la versión corta.

A principios de 1980 surgieron nuevas traducciones en inglés por parte de F. Andersen y otra de A. Pennington. Andersen argumentó que todas las copias del texto apócrifo contenían elementos de tradiciones culturales que eran desconocidos para los escribas eslavos (como el calendario solar) y que por tanto era difícil establecer qué versión era la auténtica. Según Andersen, lo más sorprendente de este texto es el fracaso de los eruditos a la hora de decidir si su origen es judío o cristiano, ya que el texto apenas aparece en los cánones oficiales de ninguna de las dos religiones y podría derivar de cualquier región donde se discutieran ideas judías, griegas, egipcias u otras del Este. Andersen concluyó que «en todos los aspectos 2 Enoc es un enigma».

En la década de 1980 el español A. de Santos Otero también publicó una traducción al español del texto eslavo y, al igual que Schmidt, derivó las dos versiones eslavas de dos versiones previas en griego.

E. Turdeanu analizó algunos temas de 2 Enoc y encontró que tenían un origen judío antiguo y posiblemente iraní.

En 1990 C. Böttrich dijo que la versión larga le parecía la primaria, siendo esta más orgánica desde un punto de vista teológico y más completa en general, y concluyó que fue escrita en Alejandría en el primer siglo e. c.

Vemos por tanto que el texto eslavo todavía provoca discusiones sobre su origen y sobre cuál es la versión principal: algunos eruditos consideran que es la larga y otros la corta; y otros simplemente se limitan a decir que se requiere más estudio detallado para poder sacar una conclusión.

Desde entonces, este texto apócrifo ha provocado una larga e interminable discusión sobre su origen y transmisión. Según Liudmila Navtanovich, PhD in Filología por la Saint-Petersburg State University, Russia, y autora de estudios sobre 2 Enoc, la causa de la diversidad de opiniones es el carácter peculiar del propio texto, el cual muchas veces contiene información que no se encuentra en otros apócrifos ni en ningún otro texto antiguo. Por este motivo los investigadores del Libro de los Secretos de Enoc han usado palabras como «enigma» (Andersen), «una obra misteriosa» (Pines) o «un libro curioso» (Venderkam). Incluso en 2009, el *Seminario Enoch* (grupo académico de especialistas internacionales en el judaísmo del Segundo Templo y los orígenes del cristianismo que se reúnen cada dos años para discutir temas de interés común) realizó un congreso enteramente dedicado a 2 Enoc que, a pesar de ser interesante y productivo, no logró dar respuestas definitivas respecto a la historia y procedencia de 2 Enoc.

Según señala Navtanovich, al estudiar 2 Enoc hay que tener en cuenta que es un texto muy complejo y abierto a la diversidad de interpretaciones.

Los eruditos creen que la versión eslava es una traducción de un texto griego, y éste a su vez, es una traducción de un texto original escrito en hebreo o arameo, aproximadamente en el siglo primero. Además, se han encontrado recientemente manuscritos del Segundo Libro de Enoc en Egipto, en idioma copto, los cuales tienen una antigüedad mucho mayor a la versión eslava. Por este motivo, varios estudiosos del tema como Andrei Orlov, creen que el Segundo Libro de Enoc tuvo un uso mucho más extendido de lo que se pensaba hasta ahora.

En 2010, Florentina Badalanova Geller, una experta en filología eslava, tradujo al inglés la redacción búlgara de los siglos 16-17 de Los Libros de los Santos Secretos de Enoc, de la Biblioteca Nacional de Belgrado, algo que no se había hecho antes y que aportaba una nueva traducción de estos textos en inglés. Los comentarios que acompañan a la traducción prestan especial atención a algunos detalles intrincados del texto eslavo original de 2 Enoc, que la escolástica anterior no había captado. Entre ellos, la interpretación del nombre del ángel con el que Enoc se encuentra en el séptimo/décimo cielo, es decir, *Vrevoil*; la etimología del apelativo demoníaco (aplicado al nombre de *Satanael*); la variación opaca de los números de los cielos (siete o diez); y los cálculos astronómicos/calendáricos corruptos.

EL SEGUNDO LIBRO DE ENOC (LOS SECRETOS DE ENOC)

Capítulo 1

1 Había un sabio, un gran escriba, y el Señor concibió amor por él y lo recibió, para que contemplara las moradas superiores y fuera testigo del reino sabio, grande, inconcebible e inmutable del Dios Todopoderoso; y de la maravillosa, gloriosa, brillante y múltiple visión de la posición de los siervos del Señor; y del inaccesible trono del Señor; y de los grados y manifestaciones de las huestes incorpóreas; y de la inefable ministración de la multitud de los elementos; y de la variada aparición e inexpresable canto de la hueste de Querubines; para que pudiera presenciar toda esta luz infinita.[1]

2 Dijo Enoc: En aquel tiempo, cuando se cumplieron mis 165 años, engendré a mi hijo Matusalén.

---

[1] Como en otros textos eslavos medievales, hay cierta ambigüedad respecto a la expresión «luz infinita», ya que la palabra utilizada para designar 'mundo' / 'universo' es homónima no sólo de la palabra 'luz', sino también de la palabra 'santo' / 'divino'; véase Sreznevskii [1903: 295-302] y Dal' [1882: 156-59], así como Andersen [1983: 120, nota 11 d].

3 Después de eso viví otros 200 años,[2] así que, en total, los años de mi vida fueron 365.

4 El primer día del mes estaba solo en mi casa; descansaba en mi cama y dormía.

5 Mientras dormía, una gran tristeza entró en mi corazón y dije: «Mis ojos están llorando en mi sueño»; y no podía entender qué era esta angustia, ni qué me sucedería.

6 Y se me aparecieron dos hombres, muy grandes, como nunca vi en la tierra. Sus rostros brillaban como el sol, sus ojos eran como velas ardientes, y de su boca salía fuego. Su ropa era como espuma y su aspecto tenía muchos colores. Sus alas eran más brillantes que el oro y sus manos más blancas que la nieve.[3]

7 Estaban de pie junto a la cabecera de mi cama y comenzaron a llamarme por mi nombre.

8 Me levanté de mi sueño y vi claramente a esos dos hombres de pie frente a mí.

9 Los miré y me incliné ante ellos; me aterroricé y mi rostro mostró miedo. Y los hombres me dijeron:

---

[2] Existe una discrepancia entre la versión del Génesis 5: 21-24 según la Septuaginta, y la del texto hebreo (masorético) y la Vulgata. La Septuaginta da a Enoc una edad de 165 años cuando engendra a Matusalén, mientras que tanto en el texto hebreo (masorético) como en la Vulgata tiene 100 años menos, es decir, 65 años. El relato de 2 Enoc parece haber seguido la Septuaginta.

[3] Enoc describe unos seres con apariencia humana y con alas, lo cual parece indicar que hay ángeles que pueden aparecer con forma humana, tal y como sucede en algunos versículos bíblicos.

10 «Ánimo, Enoc, no temas; el Dios eterno nos ha enviado a ti, y he aquí que hoy subirás con nosotros al cielo. Di a tus hijos y a toda tu casa lo que deben hacer en tu ausencia aquí en la tierra y en tu casa. Nadie debe buscarte hasta que Dios te devuelva a ellos».

11 Después de escuchar lo que decían salí rápidamente de mi casa y cerré las puertas, como se me había ordenado, y llamé a mis hijos Matusalén, Regim y Gaidad y les conté lo que estos hombres tan maravillosos me dijeron.

Capítulo 2

1 Escuchadme, hijos míos, no sé a dónde voy, ni lo que me sucederá. Ahora, hijos míos, os digo: no neguéis a Dios. No descuidéis las oraciones por vuestra salvación para que Dios no disminuya el trabajo de vuestras manos. No privéis a Dios de ofrendas, y Él no quitará la abundancia y Sus dones de gracia de vuestros depósitos. Bendecid a Dios con los primogénitos de vuestros rebaños y los primogénitos de vuestros bueyes, para que seáis bendecidos para siempre. No reneguéis de Dios y no os inclinéis ante dioses falsos, ante dioses que no crearon ni los cielos ni la Tierra, ni otras criaturas, porque ellos y los que se inclinan ante ellos perecerán. Que Dios fortalezca sus corazones en temor de Él. Ahora, hijos míos, que nadie me busque hasta que Dios me devuelva a vosotros.

Capítulo 3

1 Sucedió que, cuando les decía esto a mis hijos, los ángeles me tomaron en sus alas y me llevaron al Primer Cielo; y me colocaron sobre nubes. Más

arriba vi el aire, y más arriba el éter. Y me colocaron en el Primer Cielo y me mostraron un mar más grande que el de la Tierra.[4]

Capítulo 4

1 Y trajeron ante mí a los ancianos y a los jefes de las filas de estrellas, y me mostraron 200 ángeles que gobiernan las estrellas y la composición de los cielos, y que vuelan con sus alas y dan vueltas alrededor de todas las luminarias flotantes.

Capítulo 5

1 Aquí vi los depósitos de la nieve y del hielo, así como los ángeles que guardan sus increíbles almacenes, y los depósitos en las nubes de donde entran y salen.

Capítulo 6

1 Me mostraron también los almacenes del rocío y un olivo que era semejante al crisma, y su tamaño era mucho mayor que cualquier flor terrenal; y además me mostraron ángeles que guardaban sus depósitos, abriéndolos y cerrándolos

Capítulo 7

1 Y aquellos hombres me tomaron y me elevaron al Segundo Cielo. Me mostraron oscuridad, más profunda que la de la Tierra. Aquí también vi malhechores, colgados de cadenas, esperando el juicio eterno. Estos ángeles

---

[4] El mar que describe en el primer cielo podría ser el equivalente a las aguas que había encima de la bóveda celeste según el relato de la Creación descrito en el Génesis bíblico.

(caídos) tenían un aspecto mucho más oscuro que la oscuridad terrenal y producían un llanto incesante en todo momento.

2 Y dije a los hombres que estaban conmigo: «¿Por qué son torturados incesantemente?». Ellos me respondieron: «Estos son los apóstatas de Dios, que no obedecieron los mandatos de Dios, sino que se aconsejaron con su propia voluntad, y se apartaron (de Dios) con su Príncipe. Estos están sentenciados a estar en el Quinto Cielo».

3 Sentí gran compasión por ellos, y se postraron ante mí, diciendo: «Hombre de Dios, ruega por nosotros al Señor»; y yo les respondí: «¿Quién soy yo, un hombre mortal, para rogar por los ángeles? ¿Quién sabe adónde voy, o qué me sucederá? ¿O quién rezará por mí?».

Capítulo 8

1 Desde allí, los hombres me llevaron al Tercer Cielo y me pusieron en medio del Paraíso. Este lugar es de una inmensa belleza.

2 Vi todo tipo de árboles de flores dulces, y sus frutos estaban maduros y eran aromáticos; y todos los alimentos que llevaban desprendían bellas fragancias.

3 En medio de ese lugar estaba el Árbol de la Vida, justo en el lugar donde descansa Dios cuando va al Paraíso. Este árbol, en su bondad y fragancia, es indescriptiblemente hermoso más allá de todas las demás creaciones existentes. Todo a su alrededor parece dorado y rojo como el fuego, cubriendo todo el Paraíso.

4 Combina propiedades de todos los árboles plantados y todos los frutos. Sus raíces están en el Paraíso, en la salida a la Tierra.

5 El Paraíso está entre la mortalidad y la inmortalidad.

6 De él salen dos manantiales que despiden miel y leche, y aceite y vino. Se separan en cuatro partes, y fluyen con curso tranquilo, y se acercan al Paraíso del Edén, entre la mortalidad y la inmortalidad.[5]

7 Avanzando hacia el otro lado, se dividen en 40 partes y se vierten suavemente sobre la Tierra. Hacen un circuito y giran, como todos los elementos del aire.

8 No hay un solo árbol (en el Paraíso) que no dé fruto y cada árbol proporciona una cosecha abundante.

9 Todo este lugar está bendecido, y 300 ángeles sumamente luminosos que custodian el Paraíso con voces incesantes y cantos melódicos sirven a Dios durante todo el día.

10 Y dije: «¡Qué bonito es este lugar!».

Capítulo 9

1 Los dos hombres me dijeron: «Enoc, este lugar está preparado para los justos que sufrieron todo tipo de desgracias en sus vidas. Cuando sus almas se amargaban, apartaban sus ojos de la iniquidad y juzgaban con justicia. Daban pan a los hambrientos, vestían con ropas a los desnudos, levantaban a los caídos, ayudaban a los oprimidos y a los huérfanos. Caminaban sin vicios ante la faz de Dios y sólo a Él servían. Este lugar está preparado para ellos como herencia eterna».

---

[5] Esto recuerda a Génesis 2:10: «Salía de Edén un río que regaba el jardín, y luego se dividía en cuatro brazos».

Capítulo 10

1 Los dos hombres me condujeron al lado norte y me mostraron allí un lugar terrible, y había toda clase de torturas en aquel lugar: una oscuridad helada y una niebla sin luz. Un fuego oscuro ardía allí dentro, y un río ardiente corría por todo el lugar. A un lado había fuego y al otro, frío hielo, ambos ardiendo y congelándose. También vi una mazmorra bastante escalofriante y ángeles despiadados que llevaban armas crueles que causaban una tortura despiadada.

2 Y yo dije: «¡Ay, ay!, ¡qué terrible es este lugar!».

3 Los dos hombres me dijeron: «Este lugar, oh Enoc, está preparado para aquellos que no obedecen a Dios, que hacen el mal en la Tierra, como la práctica de la magia, los conjuros, la brujería y la adivinación diabólica; y para los que se jactan de sus malas acciones; y para los que, malditos, roban las almas de los hombres, acosan a los pobres, toman su riqueza y se enriquecen con la propiedad de otros; en lugar de alimentar a los hambrientos, los matan de hambre; pudiendo vestirle, despojaron al desnudo; y para los que no conocieron a su creador, y se inclinaron ante los dioses sin alma y sin vida que no pueden ver ni oír, dioses vanos para los que construyeron imágenes talladas y se inclinaron ante obras impuras; para todos estos está preparado este lugar, como herencia eterna».

Capítulo 11

1 Estos hombres me tomaron y me llevaron hasta el Cuarto Cielo, donde me mostraron todos los movimientos, recorridos y todos los rayos de luz del sol y de la luna.

2 Y medí sus movimientos, calculé su luz y vi que la luz del sol es siete veces mayor que la de la luna.

3 (He visto) su órbita y su carro, en el que cada uno cabalga con velocidad portentosa como el viento, sin descanso, día y noche yendo y volviendo

4 Y en el lado derecho del carro del Sol vi cuatro grandes estrellas, cada una de las cuales tenía 1000 estrellas subordinadas; en su lado izquierdo vi otras cuatro estrellas, cada una de las cuales tenía 1000 estrellas subordinadas; en total había 8000 estrellas yendo siempre con el Sol.

5 Durante el día, el Sol es guiado por 15 miríadas de ángeles y durante la noche por 1000 ángeles de seis alas, marchando delante del carro.

6 Y 100 ángeles le dan fuego (al Sol).

Capítulo 12

1 Miré y vi espíritus con apariencia de dos pájaros, Fénix y Chalkydri,[6] maravillosos y admirables; sus caras son como de león y sus pies, colas y cabeza son como de cocodrilo. Su apariencia tenía (muchos) colores como el arco iris celestial, y el tamaño de sus alas angélicas es de 900 medidas; sus alas son angélicas, y cada una de (estas aves) tiene 12 alas; son ellas las que van enjaezadas al carro del Sol, llevando el rocío y el calor (opresivo); y como Dios ordena.

---

[6] La palabra *Chalkydri* significa 'serpientes'. Los traductores eslavos tradujeron la palabra como 'serpiente' en algunas ocasiones y 'serafín' en otras. En la traducción inglesa de 2 Enoc de Florentina Badalanova aparece como «Chalcedra».

2 Así es como giran, descendiendo y ascendiendo a lo largo del cielo y de la Tierra, con la luz de sus rayos.[7]

Capítulo 13

1 Luego, esos dos hombres me llevaron al lado oriental de este Cielo y me mostraron las puertas por las que el Sol pasa rutinariamente a las horas señaladas, de acuerdo con sus rondas mensuales durante todo el año, y con la numeración del horologium,[8] día y noche.

2 Y vi seis grandes puertas abiertas, cada una de las cuales tenía sesenta y un estadios y un cuarto de un estadio;[9] las medí diligentemente y entendí que ese era su tamaño. De ellas sale el sol y va a la Tierra, y se iguala, y entra en cada mes. Desde la primera puerta, (el Sol) sale durante 42 días; de la segunda puerta, 35 días; de la tercera puerta, 35 días; de la cuarta puerta, 35 días; de la quinta puerta, 35 días, y de la sexta puerta, 42 días. Después de eso, (el sol) comienza al revés desde la sexta puerta para un segundo circuito

---

[7] En el tratado judío de Pesajim 94b se discute sobre el recorrido del sol: «Según la Guemará, los sabios judíos dicen que durante el día el sol viaja por debajo del firmamento y, por lo tanto, es visible, y por la noche viaja por encima del firmamento. Y los sabios de las naciones del mundo dicen que durante el día el sol viaja debajo del firmamento, y en la noche viaja debajo de la tierra y alrededor del otro lado del mundo. Rabí Yehuda HaNasi dijo: "La declaración de los sabios de las naciones del mundo parece ser más precisa que nuestra declaración. Prueba de ello es que, durante el día, los manantiales que se originan en las profundidades del suelo están fríos, y durante la noche están calientes en comparación con la temperatura del aire, lo que apoya la teoría de que estos manantiales son calentados por el sol a medida que viaja debajo de la tierra"».

[8] Del latín *horologium*, que significaba 'reloj o cuadrante del sol'. El latín, a su vez, lo tomó del griego antiguo *horólogion*, que significa 'un instrumento que nos dice la hora' o 'un reloj o contador de horas'.

[9] Sesenta y un estadios equivaldría a 185 metros y un cuarto de un estadio a 46,25 metros.

de estaciones, y vuelve por la quinta puerta por 35 días; por la cuarta puerta por 25 días; por la tercera puerta por 35 días y por la segunda puerta por 35 días. Así terminan los días de cada año tras el paso de las cuatro estaciones terrestres.

Capítulo 14

1 Y luego aquellos hombres me llevaron a la parte occidental de este Cielo y me mostraron seis grandes puertas abiertas situadas al otro lado de las puertas celestiales orientales. Por ellas se pone el sol de acuerdo con el cómputo de 365 días y un cuarto.

2 Así es como (el Sol) se pone por las puertas occidentales. Cuando sale por las puertas occidentales, 400 ángeles cogen su corona y se la llevan a Dios, mientras que el sol da media vuelta con su carro y pasa 7 horas de la noche sin luz. En la octava hora de la noche, 400 ángeles traen la corona y coronan (al Sol) con ella, mientras los elementos, llamados Fénix y Chalkydri, cantan.

Capítulo 15

1 Por eso, todos los pájaros baten las alas, se alegran ante el que da la luz y cantan con sus voces: «¡Aquí viene el que da la luz y alumbra a su creación!».

2 Luego, me mostraron el cálculo del itinerario del sol y las puertas por las que sale y se pone el sol.

3 Estas puertas son vastas, porque Dios las creó para el horologio del año. Por eso el sol fue creado tan grande.

Capítulo 16

1 Luego, los dos hombres me mostraron otro cálculo de todo el recorrido de la luna, todos sus movimientos y fases, y 12 grandes puertas eternamente orientadas hacia el este, a través de las cuales la luna entra y sale a intervalos regulares de tiempo.

2 Atraviesa la primera puerta 31 exactos según la posición del sol; atraviesa la segunda puerta, 31 días exactos; atraviesa la tercera, 30 días exactos; atraviesa la cuarta, 30 días exactos; atraviesa la quinta, 31 días exactos; atraviesa la sexta, 31 días exactos; atraviesa la séptima, 30 días exactos, atraviesa la octava, 31 días exactos; atraviesa la novena, 31 exactos; atraviesa la décima, 30 días exactos; atraviesa la undécima, 31 días exactos; atraviesa la duodécima, 28 días exactos.[10]

3 Así, habiendo atravesado todas las puertas occidentales, (la luna) entra por las puertas orientales y así es como termina el año. Los días del sol son 365 y un cuarto, mientras que el año lunar es de 354 días y consta de 12 meses de 29 días cada uno. Hay una discrepancia de 11 días respecto al año solar, que es una epacta lunar anual.[11]

4 Este gran ciclo dura 532 años.

5 Por medio de un cuarto pasa en 3 años, y el cuarto lo cumple con precisión.[12]

---

[10] En otra versión se habla de «22 días» para la duodécima puerta, en lugar de 28.

[11] Una epacta es el número de días en que el año solar excede al año lunar común de doce lunaciones, o el número de días o edad que la luna de diciembre tiene el día uno de enero, contados desde el último novilunio.

[12] Esto significa que el cuarto año constará de 366 días.

6 Por esta razón se restan de los cálculos relativos a cuerpos celestes durante 3 años, hasta que se llene lo que falta. Y no se añaden al número de días, por eso cambian la duración de los años en 2 lunas nuevas para llenar y otras 2 para disminuir.

7 Cuando este (ciclo) termina, las puertas occidentales son atravesadas (y la Luna) regresa a las puertas orientales con su luz. Así es como se mueve día y noche en una órbita celeste; por debajo de todas las demás órbitas celestes va más deprisa que los vientos del cielo.

8 Cuando los espíritus vuelan, cada ángel tiene 6 alas. La órbita lunar tiene 7 divisiones y cada ciclo tiene 19 años.

Capítulo 17

1 En medio de los cielos vi soldados armados sirviendo a Dios, con tambores y órganos, con el sonido incesante del dulce canto; y me deleité escuchándolo.

Capítulo 18

1 Y estos hombres me tomaron y me elevaron en sus alas al Quinto Cielo. Allí vi innumerables soldados llamados Grigori,[13] de apariencia humana. Su inmensidad era tan enorme como la inmensidad de enormes gigantes; sus rostros estaban marchitos y el silencio de sus bocas era perpetuo. No había servicio (divino) en el Quinto Cielo, y pregunté a los hombres que estaban conmigo:

---

[13] «Grigori» viene del griego *Vigiles* (los 'Vigilantes').

2 «¿Por qué están estos tan tristes y sus rostros están melancólicos, con sus bocas silenciadas, y por qué no hay servicio (divino) en este cielo?».

3 Y los hombres me contestaron: «Estos son los Grigori, y 200 miríadas de ellos se separaron de Dios con su príncipe Satanael. Siguiéndoles están los que permanecen colgados de cadenas en el Segundo Cielo, sumidos en una profunda oscuridad. Descendieron a la Tierra desde el trono de Dios, al lugar (llamado Monte) Hermón, y rompieron su pacto (con Dios) en el pie del monte Hermón. La Tierra fue contaminada por sus actos. Las mujeres humanas pecaron grandemente durante esa época, cometiendo sin ley la mezcla, dando a luz gigantes y enormes colosos y (provocando así) una gran maldad.

4 Por ello, Dios los condenó en el Gran Tribunal; y lloran por sus hermanos porque serán juzgados en el Gran Día de Dios».

5 Y dije a los Grigori: «He visto a vuestros hermanos. He visto sus obras, sus grandes tormentos, y sus grandes rezos, y he rezado por ellos; pero el Señor los ha condenado a estar bajo tierra, hasta que el cielo y la tierra existentes terminen para siempre».

6 Y luego dije: «¿Por qué esperáis a vuestros hermanos en lugar de servir ante la faz del Señor, para no enfadar a Dios?».

7 Escucharon mi advertencia y se alinearon en cuatro filas en ese Cielo. Mientras estaba con aquellos dos hombres, cuatro trompetas sonaron a la vez con gran potencia, y los Grigori comenzaron a cantar al unísono, y su voz se elevó ante la faz del Señor.

Capítulo 19

1 Y estos hombres me llevaron y me elevaron al Sexto Cielo. Allí vi siete formaciones de ángeles, muy brillantes y muy gloriosos, y sus rostros brillaban más que los rayos radiantes del sol. No había diferencia en sus rostros, ni en su comportamiento, ni en su forma de vestir. Estas formaciones de ángeles se encargan de los movimientos de las estrellas, las fases de la luna, la órbita del sol; y ven la benevolencia terrenal y la malevolencia.

2 Dan órdenes e instrucciones y cantando con dulces voces (dan) toda alabanza gloriosa.

3 Estos son los arcángeles que están por encima de los ángeles y sobre cualquier otra criatura, ya sea celestial o terrenal; y sobre los ángeles que están designados sobre las estaciones y los años; sobre los ángeles que están sobre los ríos y el mar; sobre los que están sobre los frutos de la tierra; y sobre los ángeles que están sobre toda hierba, dando alimento a todos, a todo ser viviente; y sobre los ángeles que escriben todas las almas de los hombres, y todas sus obras, y sus vidas ante el rostro del Señor. Entre ellos hay siete fénix, siete querubines y siete (ángeles) de seis alas. Todos ellos cantan con una sola voz, y nadie puede describir con palabras su canto. Y Dios se regocijó junto al escabel de sus pies.

Capítulo 20

1 Desde allí estos hombres me trasladaron y me elevaron al Séptimo Cielo. Allí vi una luz muy grande, y tropas ardientes de grandes arcángeles, fuerzas incorpóreas, y dominios, órdenes y gobiernos, Querubines y Serafines, tronos y diez escuadrones de los ángeles de muchos ojos, así como el orden brillante de los Ofanim. Y me asusté, y comencé a temblar con gran terror. Aquellos hombres me tomaron y me llevaron tras ellos, y me dijeron:

2 «¡Ten valor, Enoc, no temas!», y me mostraron a Dios desde lejos, sentado en Su altísimo Trono.

3 Todas las huestes celestiales salieron y se alinearon en diez filas, según su estatus. Y se inclinaron ante Dios, y volvieron a sus lugares con alegría y felicidad, cantando canciones en una luz muy brillante, con voz baja y suave, sirviéndole gloriosamente de día y de noche.

Capítulo 21

1 Y los Querubines y Serafines que están alrededor del trono, los de seis alas y de muchos ojos no se apartan, están ante el rostro del Señor haciendo su voluntad, y cubren todo su trono, cantando con voz suave ante el rostro del Señor: «Santo, Santo, Santo, Señor Gobernante de Sebaot, los cielos y la tierra están llenos de tu gloria».[14]

2 Cuando vi todas estas cosas, aquellos hombres me dijeron: «Enoc, hasta aquí se nos ha ordenado viajar contigo», y esos hombres se alejaron de mí y en ese momento dejé de verlos.

3 Me quedé solo al borde del Cielo. Tuve miedo y caí sobre mi rostro, y me dije: «Ay de mí, ¿qué me ha sucedido?».

4 Y el Señor envió a uno de sus gloriosos, el arcángel Gabriel, y él me dijo: «¡Ten valor, Enoc, no temas! ¡Levántate y ven conmigo ante el rostro de Dios para siempre!».

---

[14] En Isaías 6:3 aparece el mismo canto por parte de los Serafines: «Santo, Santo, Santo es Yahveh Sebaot; toda la tierra está llena de su gloria».

5 Y yo le respondí, y dije en mi interior: «Señor mío, mi alma se ha alejado de mí, del terror y del temblor. Por favor, pide a los hombres que me trajeron aquí que vengan a mí porque confío en ellos; ¡sólo con ellos tendré confianza para ir ante el rostro de Dios!».

6 Y Gabriel me arrebató, como una hoja arrebatada por el viento, y me puso ante el rostro de Dios.

(Los versículos 21:7, 21:8 y 22:1 que hablan sobre el octavo, el noveno y el décimo cielo pertenecen a la versión larga de 2 Enoc, considerada por algunos eruditos como una versión menos fiable que la versión corta del texto. En la versión corta sólo se habla de siete cielos, mientras que en la versión larga de 2 Enoc se habla de diez cielos).

7 Y vi el Octavo Cielo, que en hebreo se llama Muzaloth, el cambiador de las estaciones, de las secas y de las húmedas, y los 12 zodíacos, que están sobre el séptimo cielo.

8 Y vi el Noveno Cielo, que en hebreo se llama Kukhavim, donde están las casas celestiales de los 12 zodíacos.

Capítulo 22

1 Y en el Décimo Cielo, llamado Aravoth, vi la faz de Dios; como hierro puesto al rojo vivo en un fuego, que emite chispas y es incandescente.[15]

2 Miré el rostro de Dios. Su rostro era fuerte y glorioso, maravilloso y asombroso, aterrador y temible.

---

[15] En la versión corta de 2 Enoc la visualización del rostro de Dios sucede en el Séptimo Cielo, que es el último cielo según esa versión.

3 ¿Y quién soy yo para describir el incomprensible Ser Divino? Y Su maravilloso rostro inefable; y el polifónico y supremo Trono de Dios no hecho por mano humana; y la hueste de Serafines y Querubines que lo rodean; y su cantar constante; y la imagen inmutable e indescriptible de Su belleza. ¿Quién va a relatar la grandeza de Su gloria?

4 Caí de bruces y me postré ante Dios, y el Señor me dijo con su boca:

5 «¡Ten valor, Enoc, no temas! ¡Levántate y ponte delante de mi rostro para siempre!».[16]

6 Y el archestrategos[17] de Dios, Miguel, me levantó y me llevó ante el rostro de Dios.

7 Y Dios dijo a sus siervos, tentándolos: «Que Enoc se presente ante mi rostro para siempre». Y los gloriosos se inclinaron ante Dios, y dijeron: «¡Que Enoc vaya de acuerdo con tu palabra!».

---

[16] El erudito Hugo Odeberg, en su sinopsis sobre paralelismos en los pasajes de 2 Enoc y 3 Enoc, argumenta que la frase «ponte delante de mi rostro para la eternidad» no sirve meramente como una expresión hebrea sobre estar en presencia de alguien, sino que establece el estatus angelical de Enoc como Metatrón, el Príncipe de la Presencia. Este título parece conectado con la imagen de Metatrón en la tradición Merkabá, que se plasmó en la literatura clásica Hekhalot. Según la leyenda de la tradición Hekhalot, Enoc «fue ascendido al primer rango entre los ángeles y nombrado "príncipe del rostro divino" o "presencia divina"». El Tercer Libro de Enoc o 3 Enoc tiene una teología bastante desarrollada conectada con este título dado a Enoc-Metatrón.

[17] *Strategos* se utiliza en griego para denominar a un general militar.

8 Y Dios dijo a Miguel: «Acércate y quítale a Enoch sus vestiduras terrenales. Úngelo con mi aceite bendito y vístelo con las vestiduras de mi gloria».[18]

9 Y Miguel hizo lo que Dios le dijo; me ungió y me vistió. El aspecto del aceite era mayor que una gran luz y su lubricante era como el rocío bendito, y su fragancia era como la mirra que brilla como los rayos del sol. Me miré y vi que era como uno de Sus gloriosos y no había ninguna diferencia obvia.

10 Y el Señor llamó a uno de sus arcángeles, cuyo nombre era Pravuil,[19] que era más ágil en sabiduría que los otros arcángeles; era quien anotaba todos los hechos de Dios. Y Dios dijo a Pravuil: «Saca los libros de mis almacenes, y una pluma de escritura rápida,[20] y dásela a Enoc; y entrégale los libros selectos y reconfortantes de tu mano».

Capítulo 23

1 Luego me contó todas las obras del cielo, de la tierra y del mar, y el movimiento de todos los elementos, los trayectos de sus fluctuaciones, y los signos del Zodíaco, el sol y la luna, las estrellas, el cambio de sus movimientos, las estaciones, los años, los días y las horas, la salida de las nubes y del

---

[18] Este fragmento contiene una referencia a las «vestiduras de luz» primordiales con las que Adán y Eva se vistieron en el Edén, y de las que fueron despojados posteriormente.

[19] También llamado Vretiel, Vrevoil, Pravuil, Dabriel, Radweriel, Raduiriel, entre otras formas.

[20] Traducido por Pennington y Andersen como 'pluma'. En otras fuentes (sobre todo apocalipsis indígenas de contenido mesiánico) el término se empleaba para designar el 'bastón del profeta' o el 'cetro del profeta'.

viento, el número de ángeles, canciones de huestes armadas, y todas las cosas humanas, y cantos en varios idiomas, y sobre la vida humana, los mandamientos, las instrucciones, y los cantos de voz dulce, y todo lo que es edificante.

2 Pravuil me decía todo esto durante 30 días y 30 noches sin que su boca dejara de hablar, mientras yo anotaba sin cesar todos los signos de la creación. Cuando completé los 30 días y 30 noches, Pravuil me dijo: «Esto es todo lo que tenía que decirte, lo que has escrito. Ahora siéntate y escribe todas las almas de las personas que están por nacer y también los lugares que están predestinados para ellos para siempre, ya que cada alma está predestinada incluso antes de la creación de la Tierra».

3 Y por 30 días y 30 noches escribí todas las cosas con exactitud, y escribí 366 libros.

Capítulo 24

1 Dios me llamó y me dijo: «Enoc, siéntate a mi izquierda con Gabriel».

2 Y me postré ante Dios, y Dios me dijo: «Enoc, todo lo que ves, ya sea inmóvil o en movimiento, todo ha sido creado por Mí. Te revelaré desde el principio cómo creé lo que existe de lo inexistente, y lo visible de lo invisible.

3 Porque ni a mis ángeles les he contado mis secretos, ni les he explicado su origen, ni Mi infinitud e inefabilidad y creación racional, como hoy te lo doy a conocer.

4 Sin embargo, antes no existían todas las cosas visibles. Yo era el único que se movía dentro de lo invisible, como el sol, de este a oeste y de oeste a este.

5 Pero, mientras el sol tiene reposo, yo no encontré reposo, porque estaba creando todas las cosas; y pensé en crear un comienzo, y creé seres visibles.

Capítulo 25

1 Al principio ordené a uno de los invisibles que descendiera y se hiciera visible; y el gran Adoil descendió; y lo contemplé, y en su abdomen se produjo una gran luminosidad.

2 Y le dije: "¡Líbrate, Adoil, y que nazca de ti lo visible!".

3 Se liberó; y salió una Luz abrumadoramente grande, y yo estaba en medio de esta Luz. Mientras la Luz se perfilaba, un gran eón[21] surgió de ella, haciendo manifiestas todas las criaturas que pensaba crear.

4 Y vi que era bueno.

5 Y puse ahí mi Trono, y me senté en él, y dije a la luz: "Asciende sobre el Trono y mantente firme. Sé el fundamento de lo alto".

6 Por encima de la Luz no había nada más. Entonces me incliné de nuevo, miré hacia abajo desde mi Trono y por segunda vez alcé la voz en el Abismo de abajo y dije:

Capítulo 26

1 "¡Que del firmamento invisible aparezca lo invisible!".

2 Y salió Arkhas, que era duro, pesado y muy rojo.

---

[21] En el gnosticismo, «eón» es cada una de las inteligencias eternas o entidades divinas de uno u otro sexo, emanadas de la divinidad suprema. También se refiere a un periodo de tiempo indefinido de larga duración.

3 Y dije: "¡Libérate, Arkhas, y que nazca de ti lo visible!". Se liberó, y salió un eón muy grande y muy oscuro, que llevaba las criaturas de todos los mundos inferiores. Vi que era bueno y le dije:

4 "¡Desciende y mantente firme!". Y así se convirtió en el fundamento del mundo inferior. Y no había nada debajo de esta oscuridad.

Capítulo 27

1 Y ordené que se tomara de la luz y de las tinieblas, y dije: "Sé espeso y envuélvete de Luz. Lo extendí y se convirtió en agua. La extendí sobre las tinieblas, bajo la Luz. Así fijé las aguas, es decir, el Abismo; y con la Luz rodeé el anillo del agua y dentro hice siete círculos; y les di una apariencia como de cristal, húmedos y secos, es decir, vidrio y hielo, rodeados de aguas y de los demás elementos. Y mostré a cada uno de ellos su camino, con siete estrellas, estando cada una de ellas en su propio cielo, para que se movieran de esta manera.

2 Vi que era bueno; y separé la Luz de la Oscuridad, que estaba en medio de las aguas de aquí y de allá. Y le dije a la Luz que fuera día, y a la Oscuridad que fuera noche, y llegó la tarde y llegó la mañana, el primer día.

Capítulo 28

1 De este modo consolidé los círculos celestiales. Y dije: "Que el agua inferior que está bajo los cielos se junte, y que sus olas se sequen". Y así sucedió.

2 De las olas creé rocas, duras y grandes. Y de las rocas reuní lo seco, y a lo seco lo llamé tierra. En medio de la tierra puse una grieta, es decir, un Abismo. Reuní el mar en un solo lugar y lo até con un yugo.

3 Y le dije al mar: "Te doy este límite interno para que nunca te extiendas más allá de tus aguas".

4 Así establecí la tierra y puse los cimientos del firmamento sobre las aguas. Este día lo llamé "el primero creado" por mí. Luego vino la tarde y la mañana, y fue el segundo día.

Capítulo 29

1 Y para todos mis cielos modelé una forma a partir de la sustancia ardiente,[22] y mi ojo miró el firmamento y la roca muy dura, y de una chispa de Mi ojo, el rayo adquirió propiedades acuáticas. Fuego en el agua y agua en el fuego; ni el agua apagó el fuego ni el fuego secó el agua. Por eso el relámpago es más agudo y brillante que el resplandor del sol, más blando que el agua, y más sólido que la roca más dura.

2 Y de la roca corté un gran fuego, y del fuego creé las formaciones de los ejércitos incorpóreos, la miríada de ángeles. Y sus armas son de fuego y sus ropas son llamas ardientes. Y di orden de que cada uno se situara en su propio rango.

3 Pero uno de la orden de los arcángeles se desvió, junto con la división que estaba bajo su autoridad. Se le ocurrió la idea imposible de colocar su trono más alto que las nubes que están sobre la tierra, y de igualarse a mi poder.

4 Y lo arrojé desde lo alto, junto con sus ángeles. Y estuvo volando por los aires, incesantemente por encima del Abismo.

Capítulo 30

1 Al tercer día ordené a la tierra que hiciera crecer árboles grandes y fructíferos, y a las montañas, toda clase de semilla sembrada. Planté el Paraíso, y

---

[22] En la traducción de Florentina Badalanova: «En todas estas cosas celestiales creé una naturaleza ardiente».

lo rodeé, y puse guardias armados, ángeles en llamas. Y así creé la renovación de la Tierra.

2 Y llegó la tarde y llegó la mañana: el cuarto día.

3 En el cuarto día, ordené que aparecieran grandes luminarias en los círculos celestiales.

4 En el primer círculo, el más alto, coloqué la estrella Cronos; en el segundo círculo, más abajo, coloqué Afrodita; en el tercero Ares; en el cuarto el Sol; en el quinto Zeus, en el sexto Hermes, en el séptimo, el más bajo, la Luna: y adorné el éter inferior con estrellas más pequeñas.

5 Y puse al sol para iluminar el día, y a la luna y a las estrellas para la iluminación de la noche.

6 Y ordené al Sol que avanzara por cada signo del Zodíaco, habiendo también 12 signos del Zodíaco en la órbita de la Luna. Di nombres a los signos del Zodíaco, cuando entran al nacer, sus horóscopos y cómo giran.

7 Luego llegó la noche y la mañana; el quinto día.

8 En el quinto día ordené al mar que diera a luz peces y toda clase de aves, todos los animales que se arrastran sobre la tierra, los que caminan sobre la tierra a cuatro patas y los que vuelan en el aire, de sexo masculino y femenino, y toda alma que respira el espíritu de la vida.

9 Y llegó la tarde, y llegó la mañana; el sexto día.

10 En el sexto día ordené a mi sabiduría que creara al hombre a partir de siete elementos: uno, su carne de la tierra; dos, su sangre del rocío; tres, sus

ojos del sol; cuatro, sus huesos de la piedra; cinco, su inteligencia de la presteza de los ángeles y de las nubes; seis, sus venas y su cabello de la hierba de la tierra; siete, su alma de mi aliento y del viento.[23]

11 Y le di (al hombre) siete propiedades: a la carne el oído, a los ojos la vista, al alma el olfato, a las venas el tacto, a la sangre el gusto, a los huesos la resistencia, a la inteligencia el placer.[24]

12 Concebí decir estas sabias palabras: Yo creé al hombre a partir de la naturaleza invisible y de la visible. De ambas naturalezas vienen la muerte y la vida. Y, como imagen mía, conoce la palabra como ninguna otra criatura. Pero incluso en lo más grande es pequeño y también en lo más pequeño es grande.

13 Y lo puse en la Tierra como un segundo ángel; honorable, grande y glorioso. Y lo puse como rey en la Tierra, teniendo Mi sabiduría, y no hubo igual a él en la Tierra entre Mis criaturas. Y le asigné un nombre a partir de los cuatro componentes: del este, del oeste, del norte y del sur. Le di cuatro

---

[23] El orden de los elementos enumerados en este pasaje varía según la traducción. Por ejemplo, en algunas versiones la sangre está hecha «del rocío y de los ojos del Abismo».

[24] La idea de las 7 propiedades dadas al hombre en su creación aparece también en el apócrifo *Testamentos de los Doce Patriarcas*, en concreto en el Testamento de Rubén: «También se le dieron siete espíritus en la Creación para que fueran el medio de hacerlo todo. El primero es el espíritu de la vida, con el que se crea la sustancia del hombre. El segundo es el espíritu de la vista, con el que nace el deseo. El tercero es el espíritu del oído, con el que se da la enseñanza. El cuarto es el espíritu del olfato, con el que se da a aspirar el aire y el aliento. El quinto es el espíritu de la palabra, con el que viene el conocimiento. El sexto es el espíritu del gusto, con el que se come y se bebe; y por medio de ellos se construye la fuerza del hombre (pues el alimento es la base de la fuerza). El séptimo es el espíritu de la procreación y de las relaciones sexuales, en el que entra el pecado por el amor al placer».

estrellas especiales y le llamé 'Adán'. Y le di su libre albedrío; y le señalé los dos caminos: la luz y la oscuridad. Y le dije:

14 "Esto es bueno, y esto es malo", para que yo llegue a saber si me ama o me aborrece, y para que quede claro quién me ama entre los de su raza.

15 Mientras que yo he llegado a conocer su naturaleza, él no conoce su propia naturaleza. Y esta falta de conocimiento le causó una grave transgresión, ya que estaba en él pecar. Y le dije que después de la transgresión, no hay nada más que la muerte.

16 Y le asigné una sombra; y le impuse sueño, y se durmió. Y mientras dormía, tomé de él una costilla. Y creé para él una esposa, para que la muerte le llegara por su mujer. Y tomé su última letra, y la llamé Madre, es decir, Eva.

Capítulo 31

1 Adán y Madre, Tierra y Vida. Y creé un jardín en Edén, al este, para que cumpliera el acuerdo y preservara el mandamiento.

2 Y abrí los cielos sobre él para que viera a los ángeles cantando la canción de la gloria, y había luz eterna sin oscuridad en el Paraíso.

3 Y el Diablo comprendió que yo quería crear otro mundo, que debía obedecer a Adán en la Tierra y ser gobernado por él.

4 Siendo el demonio del Mundo Inferior, el Diablo, al huir de los Cielos, se convirtió en Sotona, ya que inicialmente su nombre era Sotana-il (Satanail). En esto se diferenciaba de los ángeles. Su naturaleza no cambió, pero su pensamiento sí, ya que su conciencia de las cosas justas y pecaminosas cambió.

5 Y se dio cuenta de su condena y del pecado que había cometido anteriormente. Y por eso ideó el plan contra Adán. Entró en el Paraíso y sedujo a Eva, pero no tocó a Adán.

6 Pero a causa de su ignorancia los maldije. No obstante, a los que antes había bendecido, a ellos no los maldije; y a los que antes no había bendecido, tampoco a ellos los maldije; ni a la humanidad maldije, ni a la tierra, ni a ninguna otra criatura, sino sólo a la maldad de los frutos de la humanidad. Por eso el fruto de hacer el bien es el sudor y el esfuerzo.

Capítulo 32

1 Le dije: "Tierra eres, y a la tierra volverás, porque te tomé de ella. Y no te destruiré, sino que te enviaré a aquello de donde te saqué.

2 Entonces podré recibirte de nuevo en mi segunda presencia".

3 Y bendije a todas mis criaturas, visibles e invisibles. Y Adán estuvo cinco horas y media en el Paraíso.

4 Y bendije el séptimo día, que es el sábado, en el que descansé de todas mis obras.

Capítulo 33

1 En el octavo día, Yo también designé el mismo octavo día para ser el primer día de Mi primera semana creada. Para que gire a imagen de 7 miríadas, y 8000 puedan estar al principio; y que el primer día y el octavo día giren así para siempre. Fue el comienzo de disparidades de tiempo ilimitado, independientemente de años, meses, semanas, días, u horas.

2 Ahora, Enoc, todo lo que te he dicho, todo lo que has entendido y has visto en los cielos, todo lo que has visto en la tierra, y todo lo que has escrito

en libros, por mi suprema sabiduría todas estas cosas planeé realizar. Y las creé desde el fundamento más alto hasta el más bajo, y hasta el fin.

3 No hay consejero ni heredero para mi Creación. Yo mismo soy eterno y no he sido hecho por manos.

4 Mi pensamiento es inmutable, Mi sabiduría es Mi consejera, y Mi palabra es un hecho. Mis ojos lo ven todo, y todo aquello a lo que dirijo Mi mirada permanece quieto y tiembla de miedo.

5 Si vuelvo mi rostro, entonces todas las cosas serán destruidas.

6 ¡Enoch, emplea tus facultades y reconoce al que habla! Toma los libros que tú mismo escribiste.

7 Te doy a Samuil y a Raguil, que te han guiado hasta mí. Baja a la tierra y diles a tus hijos todo lo que te he contado, y todo lo que has visto desde el Cielo Inferior hasta Mi Trono.

8 Yo he creado todas las huestes y todos los poderes. Nadie me desafía ni me desobedece. Todos se someten a Mi gobierno autocrático y trabajan sólo para Mi poder.

9 Dales los libros escritos por tu mano, para que puedan leerlos y aprender a adorarme y a reconocerme a Mí, el Creador de todo; y para que comprendan que no hay otro Dios que yo mismo.

10 Que distribuyan los libros escritos por tu mano; los descendientes a sus descendientes, los parientes a sus parientes, de generación en generación.

11 Y te daré a ti, Enoc, mi 'archestrategos' Miguel como intercesor, a causa de tu pacto y a causa de los pactos de tus abuelos Adán, Set, Enós, Cainán, Mahaleleel y Jared, tu padre.

12 No voy a exterminarlos hasta la Última Edad, como ordené a mis ángeles Ariukh y Pariukh, a quienes puse en la Tierra como sus guardianes. Les ordené que los vigilaran por el momento para que no perecieran en el futuro Diluvio que crearé en vuestra generación. Porque he llegado a reconocer la malevolencia humana, ya que no pueden tolerar el yugo que les impuse.

Capítulo 34

1 Y plantaron la semilla de la devastación, y se inclinaron ante dioses vanos. Repudiaron Mi Unicidad y toda la Tierra fue contaminada por iniquidades, ofensas, fornicación y mal servicio.

2 Y por eso haré descender un Diluvio sobre la tierra, y la tierra misma se derrumbará en una gran oscuridad.

Capítulo 35

1 Dejaré un hombre justo de tu descendencia, junto con toda su casa, que actuará conforme a Mi voluntad. Y de su descendencia surgirá otra gran generación, pero muchos de ellos serán codiciosos.

2 Y haré que los libros escritos por ti y por tus antepasados aparezcan entre los descendientes de esta parentela; y les mostraré a los guardianes terrenales, Mis fieles piadosos, que no invocarán Mi nombre en vano.

3 Y ellos lo contarán a su parentela y se volverán gloriosos; y serán más glorificados al final que al principio.

Capítulo 36

1 Ahora, Enoc, te doy el plazo de treinta días para que te quedes en tu casa, y comuniques a tus hijos y a toda tu casa todo esto de mi parte, para que lean y entiendan que no hay otro Dios sino yo.

2 Para que guarden siempre mis mandamientos, y comiencen a leer los libros escritos de tu puño y letra.

3 Después de treinta días enviaré a mi ángel por ti, y te llevará de la tierra y de tus hijos a mí».

Capítulo 37

1 El Señor llamó a uno de los ángeles mayores, imponente y aterrador, y lo puso junto a mí. Su aspecto era blanco como la nieve y sus manos eran como el hielo, extremadamente frías. Y me congeló el rostro, porque no pude soportar el terror del Señor, como no es posible soportar el fuego de una estufa, ni el calor del sol, ni la helada de la intemperie.[25]

2 Y el Señor me dijo: «Enoc, si tu cara no se hubiera enfriado aquí, ningún ser humano sería capaz de mirarte a la cara».

Capítulo 38

1 Luego el Señor dijo a aquellos hombres que me habían subido anteriormente: «Dejad que Enoc baje a la tierra con vosotros, y esperadle hasta el día fijado».

2 Y me colocaron a la hora señalada en mi lecho.

---

[25] En la traducción de F. Badalanova: "Mi rostro se enfrió de tal manera que no tuve miedo de Dios y no fue posible sentir el fuego ardiente, y el calor del sol y el aire helado".

3 Y Matusalén, que esperaba mi llegada, velando de día y de noche junto a mi lecho, se llenó de temor cuando oyó mi llegada, y le dije: «Que se reúnan todos los de mi casa, para que les cuente todo».

Capítulo 39

1 Prestad atención, hijos míos, a la advertencia de vuestro padre, a todo lo que está de acuerdo con la voluntad de Dios.

2 He sido enviado a vosotros en el día de hoy de parte del Señor para anunciaros todo cuanto ha ocurrido, ocurre actualmente y ocurrirá hasta el día del juicio.

3 Porque el Señor me ha enviado a vosotros es que podéis oír las palabras de mis labios, de un hombre hecho grande para vosotros, pero yo soy alguien que ha visto el rostro del Señor, como el hierro incandescente que, al sacarlo del fuego, despide chispas y abrasa.

4 Ahora miráis mis ojos, los de un hombre con gran significado para vosotros, pero yo he visto los ojos del Señor, que brillan como los rayos del sol y llenan de asombro los ojos del hombre.[26]

5 Vosotros veis ahora, hijos míos, la diestra de un hombre que os ayuda, pero yo he visto la diestra de Dios llenando el cielo mientras me ayudaba.

6 Vosotros veis que el alcance de mi trabajo es como el vuestro, pero yo he visto el alcance ilimitado y perfecto del Señor, que no tiene fin.

---

[26] En relación a los ojos brillantes de Dios, en Eclesiástico 23:19 se dice: «No sabe que los ojos del Señor, mil veces más brillantes que el sol, contemplan todos los caminos de los hombres y observan los lugares más recónditos».

7 Vosotros escucháis las palabras de mis labios, como yo escuché las palabras del Señor, que son como un gran trueno incesante en medio de las nubes.

8 Y ahora, hijos míos, oíd los discursos del padre de la tierra. Temible y terrible es presentarse ante la faz del gobernante de la tierra; cuánto más terrible y espantoso es presentarse ante la faz del gobernante del cielo, el juez de vivos y muertos, y de las tropas celestiales. ¿Quién puede soportar ese dolor interminable?

Capítulo 40

1 Ahora bien, hijos míos, yo conozco todas las cosas, ya sea de los labios del Señor o porque lo han visto mis ojos, de principio a fin.

2 Yo conozco todas las cosas, y he escrito todas las cosas en los libros; los cielos y su final, su plenitud, y todos los ejércitos y sus marchas.

3 He registrado las estrellas, la gran multitud incontable de ellas.

4 ¿Qué hombre puede ver sus ciclos y fases? Porque ni siquiera los ángeles ven su número, mientras que yo he escrito todos sus nombres.

5 Y medí el círculo del sol, y medí sus rayos, conté las horas, y sus entradas en todos los meses, y sus salidas, y todos sus movimientos, sus nombres he escrito.

6 He medido el círculo lunar, y sus movimientos que están de acuerdo con cada día, y la disminución que experimenta durante cada día y noche de acuerdo con todas las horas. Designé 4 estaciones, y a partir de las estaciones creé 4 ciclos, y en los ciclos designé el año, y designé los meses, y a partir de los meses conté los días, y a partir de los días medí las horas y las conté y las escribí.

7 Y todo lo que se alimenta en la tierra lo he investigado y anotado, y toda semilla, sembrada y no sembrada, que crece de la tierra, y todas las plantas del jardín, y todas las hierbas, y todas las flores, y sus deliciosas fragancias y sus nombres.

8 Y las moradas de las nubes, su organización y sus alas, y cómo llevan la lluvia y las gotas de lluvia; todo esto investigué. Y anoté el estruendo del trueno y del relámpago: y me mostraron las llaves y sus guardianes, y los lugares por donde van, por donde entran y por donde salen, por medida. Se elevan por medio de una cadena, y se bajan por medio de una cadena, para que no deje caer las nubes de la ira con terribles heridas y violencia, y destruya todo lo que hay sobre la tierra.

9 Anoté los depósitos de la nieve, y los almacenes del frío, y los vientos helados. Y observé cómo, según la estación, sus custodios llenan las nubes con ellos, y sus tesoros no se vacían. Anoté las cámaras de dormir de los vientos, y observé y vi cómo sus custodios llevan balanzas y medidas. Y primero los colocan en la balanza, y segundo en la medida, y es mi medida que los suelten hábilmente en toda la tierra, para que la tierra no sea sacudida por violentas ráfagas.

10 Medí toda la tierra, y sus montañas y colinas y campos y bosques y piedras y ríos, y todo lo que existe. Anoté la altura desde la tierra hasta el séptimo cielo, y la profundidad hasta el infierno más bajo, y el lugar de la condenación, y el infierno supremamente grande, abierto y sollozante.

11 Y vi cómo los prisioneros sufrían, esperando un castigo interminable; y registré a todos los que han sido condenados por el juez, y todas sus sentencias y todos sus hechos correspondientes.

Capítulo 41

1 Vi a todos los de la época de mis antepasados, con Adán y Eva. Suspiré y rompí a llorar. Y dije acerca de su depravación:

2 «¡Oh!, ¡qué miserable es para mí mi incapacidad y la de mis antepasados!».

3 Y reflexioné en mi corazón y dije: «Cuán dichosa es la persona que no ha nacido, o que, habiendo nacido, no ha pecado ante la faz de Dios, de modo que no entrará en este lugar ni llevará el yugo de este lugar».

Capítulo 42

1 Y vi a los que guardan las llaves y a los guardianes de las puertas del infierno de pie, grandes como serpientes, con sus rostros como lámparas que se han apagado, y sus ojos encendidos, y sus dientes al descubierto hasta sus pechos.

2. Y ascendí al este, al paraíso de Edén, donde el descanso está preparado para los justos. Y está abierto hasta el tercer cielo; pero está cerrado a este mundo.

3. Y en las grandes puertas del oriente del sol están destinados los guardianes, ángeles de llama, que entonan cantos de victoria, sin callarse nunca, regocijándose por la llegada de los justos.

4. Y yo os digo, hijos míos: Dichoso el que reverencia el nombre de Dios, y sirve siempre delante de su rostro; y organiza sus dones con temor, ofrendas de vida, y que en esta vida vive y muere correctamente. Dichoso el que lleva a cabo un juicio justo, no por amor al pago, sino por justicia, sin esperar nada en absoluto como resultado; y el resultado será que le seguirá un juicio sin favoritismos. Dichoso el que viste con su manto al desnudo y

da su pan al hambriento. Dichoso el que juzga con justicia al huérfano y a la viuda, y ayuda a quien ha sido tratado injustamente. Dichoso el que se aparta del camino secular de este mundo vano, y camina por las sendas rectas, y el que vive esa vida que no tiene fin. Dichoso el que siembra la buena semilla, porque cosechará siete veces más. Dichoso aquel en quien está la verdad, para que diga la verdad a su prójimo. Dichoso el que tiene compasión en los labios y mansedumbre en el corazón. Dichoso el que comprende todas las obras de Dios, realizadas por Dios, y le glorifica. Porque las obras de Dios son rectas, pero las obras de los hombres, unas son buenas, pero otras son malas; y por sus obras son reconocidos los que dicen blasfemias mentirosas.

Capítulo 43

1 Yo, hijos míos, medí y escribí toda obra y toda medida y todo juicio justo.

2 Así como un año es más honorable que otro, así es más honorable un hombre que otro. Unos por sus grandes bienes, otros por su sabiduría de corazón, otros por su particular intelecto, otros por su astucia, uno por su silencio de labios, otro por su limpieza, uno por su fuerza, otro por su belleza, uno por su juventud, otro por su agudo ingenio, uno por su físico, otro por la exuberancia de sentimientos que le lleva a ser escuchado en todas partes. Pero no hay nadie mejor que el que teme a Dios: él será más glorioso en el tiempo venidero.

Capítulo 44

1 Dios creó con sus manos al hombre a semejanza de su rostro; pequeños y grandes, Dios los creó.

2 Y quien insulta el rostro de una persona, insulta el rostro de un rey, y trata con repugnancia el rostro de Dios. El que trata con desprecio el rostro de cualquier persona, trata con desprecio el rostro de Yahveh. El que expresa ira a cualquier persona sin provocación cosechará ira en el gran juicio. El que escupe en la cara de cualquier persona, insultándola, cosechará lo mismo en el gran juicio de Dios.

3 Bienaventurado el hombre que no dirige su corazón con malicia contra nadie, y ayuda a los heridos y condenados, y levanta a los quebrantados, y practica la caridad con los necesitados, porque en el día del gran juicio todo peso, toda medida y todo peso de compensación será como en el mercado, es decir, estarán colgados en balanzas y estarán en el mercado, y cada uno conocerá su propia medida, y según su medida recibirá su recompensa.

Capítulo 45

1 Quien se apresure a hacer ofrendas ante la faz del Señor, el Señor por su parte acelerará la cosecha de su trabajo.

2 Si alguien hace que las lámparas sean numerosas ante la faz de Dios, entonces Dios hará que sus almacenes de tesoros sean numerosos en el reino más alto.

3 ¿Exige el Señor pan o lámparas u ovejas o bueyes o sacrificios de algún tipo? Esto no es nada, él exige corazones puros, y por medio de todas esas cosas prueba el corazón de la gente.

Capítulo 46

1 Escuchad, pueblo mío, y prestad atención a las palabras de mis labios.

2 Si alguno trae algún regalo a un gobernante terrenal, y tiene pensamientos desleales en su corazón, y el gobernante lo percibe, ¿no se enojará con él, y no rechazará sus regalos, y no lo entregará al juicio?

3 O bien si uno se hace pasar por bueno ante otro con el engaño de la lengua, pero tiene maldad en su corazón, ¿no se percatará de ello en su propio corazón, y se juzgará a sí mismo por no haber obrado justamente?

4 Y cuando el Señor envíe una gran luz, entonces habrá juicio para los justos y los injustos, y entonces nadie podrá esconderse.

Capítulo 47

1 Y ahora, hijos míos, reflexionad en vuestros corazones, y fijaos bien en las palabras de vuestro padre, que os llegan de los labios de Dios.

2 Tomad estos libros escritos por vuestro padre y leedlos.

3 Porque los libros son muchos, y en ellos aprenderéis todas las obras del Señor, todo lo que ha habido desde el principio de la creación, y lo que habrá hasta el final de los tiempos.

4 Y si observáis mi escritura, no pecaréis contra el Señor, porque no hay otro sino el Señor, ni en el cielo, ni en la tierra, ni en los lugares más bajos, ni en los cimientos.

5 Dios es quien puso los cimientos sobre lo desconocido, y quien extendió los cielos sobre lo visible y lo invisible. Y la tierra la solidificó sobre las aguas, y las aguas las basó sobre las cosas no fijas; y él creó las innumerables

criaturas. ¿Quién ha contado el polvo de la tierra, la arena del mar, las gotas de lluvia, el rocío de las nubes o el soplo del viento?[27]

6 Él talló las estrellas del fuego, y decoró el cielo, y puso el sol en medio de ellas.

Capítulo 48

1 Él puso el sol para que pueda recorrer los siete círculos celestiales, que están designados con 182 tronos para que pueda descender hasta el día más corto, y una vez más 182 para que pueda descender hasta el día más largo. También tiene dos grandes tronos donde se detiene cuando gira en esta dirección y en la otra, más altos que los tronos lunares. Desde el mes Tsivan, a partir del día 17, desciende hasta el mes Theved; y a partir del día 17 de Theved asciende.

2 Y de esta manera el sol se mueve a lo largo de todos los círculos celestiales. Cuando se acerca a la tierra, ésta se alegra y hace crecer sus frutos. Pero cuando se va, entonces la tierra se lamenta, y los árboles y todos los frutos no tienen productividad.

3 Todo esto está medido con la medida más precisa de las horas. Lo fijó con medida, por su propia sabiduría, visible e invisible.

4 De lo invisible y de lo visible creó todas las cosas visibles; y él mismo es invisible.

[27] En Eclesiástico 1 se menciona algo similar sobre los conocimientos inalcanzables para el ser humano: "1) Toda sabiduría viene del Señor, y con él está por siempre. 2) La arena de los mares, las gotas de la lluvia, los días de la eternidad, ¿quién los puede contar? 3) La altura del cielo, la anchura de la tierra, la profundidad del abismo, ¿quién los alcanzará?". Esto nos da a entender que hay cosas que no están hechas para el conocimiento humano.

5 Así os lo hago saber, hijos míos; |y debéis entregar los libros a vuestros hijos y a lo largo de todas vuestras generaciones, y entre todas las naciones perspicaces para que teman a Dios, y para que los acepten. Y serán más agradables que cualquier alimento delicioso de la tierra. Y los leerán y se adherirán a ellos.

6 Y a los que no entienden al Señor, a los que no temen a Dios, a los que no aceptan, sino que rechazan los libros, les espera un juicio terrible.

7 Bienaventurado el hombre que aguante su yugo y los lleve con él, porque será liberado en el día del gran juicio.

Capítulo 49

1 Os lo juro, hijos míos, pero no juro por ningún juramento, ni por el cielo ni por la tierra, ni por ninguna otra criatura que Dios haya creado.

2 El Señor dijo: «No hay en mí juramento ni injusticia, sino verdad».

3 Si no hay verdad en los hombres, que juren por medio de las palabras: Sí, sí, o bien: No, no.

4 Y os juro, sí, sí, que incluso antes de que cualquier persona estuviera en el vientre de su madre, preparé individualmente un lugar para cada alma, y una medida fijada sobre cuánto se pretende que el hombre sea puesto a prueba en este mundo.

5 Sí, hijos, no os engañéis, pues ha habido un lugar preparado previamente para el alma de cada hombre.[28]

Capítulo 50

1 Yo he puesto por escrito las obras de cada hombre, y ninguno de los nacidos en la tierra puede permanecer oculto ni sus obras permanecer escondidas.

2 Yo veo todas las cosas.

3 Ahora, pues, hijos míos, gastad con paciencia y mansedumbre el número de vuestros días, para que heredéis la vida eterna.

4 Todo ataque, toda persecución y toda mala palabra, soportadla por causa del Señor.

5 Si os suceden males y persecuciones por causa de Dios, soportadlas todas por amor a Dios. Y si podéis vengaros con una venganza centuplicada, no os venguéis ni de uno que esté cerca de vosotros ni de uno que esté lejos de vosotros. Porque el Señor es el que toma venganza, y él será el vengador por vosotros en el día del gran juicio, para que no haya aquí actos de retribución por parte de los seres humanos, sino sólo de parte del Señor.

6 Cualquiera de vosotros que gaste oro o plata por el bien de su hermano, recibirá un amplio tesoro en el mundo venidero.

---

[28] Según creencias judías, todas las almas fueron creadas en el comienzo de los tiempos y son almacenadas en un depósito celestial hasta el momento del nacimiento. El alma tiene su primer contacto con el cuerpo en el momento de la concepción y permanece con éste hasta el momento de la muerte.

7 No hagáis daño a las viudas, ni a los huérfanos, ni a los extranjeros, para que no caiga sobre vosotros la ira de Dios.

Capítulo 51

1 Extended vuestras manos a los pobres según vuestras capacidades.

2 No escondáis vuestra plata en la tierra.

3 Ayudad al hombre creyente en la aflicción, y la aflicción no os encontrará en vuestros tesoros y en el tiempo de vuestro trabajo.

4 Todo yugo doloroso y cruel que os sobrevenga, aguantadlo todo por amor al Señor, y así encontraréis vuestra recompensa en el día del juicio.

5 Es bueno ir por la mañana, al mediodía y al atardecer a la morada del Señor, para gloria de vuestro creador.

6 Porque todo espíritu lo glorifica y toda criatura, visible e invisible, lo alaba.

Capítulo 52

1 Bienaventurado el hombre que abre sus labios en alabanza al Dios de Sabaoth y alaba al Señor con su corazón.

2 Maldito todo aquel que abre sus labios para despreciar y calumniar a su prójimo, porque desprecia a Dios.

3 Bienaventurado el que abre sus labios bendiciendo y alabando a Dios.

4 Maldito sea ante el Señor, todos los días de su vida, el que abre sus labios para maldecir y abusar.

5 Bienaventurado el que bendice todas las obras del Señor.

6 Maldito el que desprecia la creación del Señor.

7 Bienaventurado el que mira hacia abajo y levanta a los caídos.

8 Maldito el que mira y está ansioso por la destrucción de lo que no es suyo.

9 Bienaventurado el que guarda los fundamentos de sus padres hechos firmes desde el principio.

10 Maldito el que pervierte los decretos de sus antepasados.

11 Bienaventurado el que imparte paz y amor.

12 Maldito el que moleste a los que aman a su prójimo.

13 Bienaventurado el que habla con lengua y corazón humildes a todos.

14 Maldito el que habla de paz con su lengua, mientras que en su corazón no hay paz, sino espada.

15 Pues todas estas cosas serán pesadas en la balanza y expuestas en los libros el día del gran juicio.

Capítulo 53

1 Y ahora, hijos míos, no digáis: «Nuestro padre está con Dios, y se pondrá delante de Dios por nosotros, y orará por nosotros por nuestros pecados». Porque allí no hay nadie que ayude al hombre que ha pecado.

2 Veis cómo he anotado todas las obras de todos los hombres, antes de su creación, y todo lo que hacen todos los hombres desde siempre. Y nadie puede contradecir mi escritura, porque Dios ve todos los malos pensamientos de la humanidad, cuán vanos son, dónde yacen en los tesoros del corazón.

3 Y ahora, hijos míos, observad bien todas las palabras de vuestro padre, todo cuanto os estoy diciendo, para que no os arrepintáis diciendo:

Capítulo 54

1 «Nuestro padre nos advirtió en ese momento sobre nuestra ignorancia, para que sean para vuestra herencia de paz». Los libros que os he dado, no los ocultéis.

2 Entregadlos a todos los que los quieran, e instruidlos, para que vean las obras tan grandes y maravillosas del Señor.

Capítulo 55

1 Hijos míos, he aquí que el día de mi emplazamiento y mi tiempo se ha acercado.

2 Porque los ángeles que irán conmigo están delante de mí y me urgen a marcharme; están aquí en la tierra, esperando sus órdenes.

3 Porque mañana subiré al cielo, a la Jerusalén más alta, a mi herencia eterna.

4 Por lo tanto, os ordeno que obréis ante la faz del Señor según su beneplácito.

Capítulo 56

1 Matusalén, respondiendo a su padre Enoc, dijo: «¿Qué es agradable a tus ojos, padre, que pueda hacer ante tu rostro para que bendigas nuestras moradas, y a tus hijos, y para que tu pueblo se haga glorioso a través de ti, y que luego puedas partir tal y como dijo el Señor?».

2 Enoc respondió a su hijo Matusalén y le dijo: «Escucha, hijo, desde que el Señor me ungió con el ungüento de su gloria, no ha habido alimento en mí, y mi alma no recuerda el disfrute terrenal, ni quiero nada terrenal.

Capítulo 57

1 Mi hijo, Matusalén, convoca a todos tus hermanos y a toda tu casa y a los ancianos del pueblo, para que hable con ellos y parta, como está previsto para mí».

2 Y Matusalén se apresuró a convocar a sus hermanos Regim, Riman, Uchan, Chermion, Gaidad, y a todos los ancianos del pueblo ante su padre Enoc; los bendijo y les dijo:

Capítulo 58

1 «Escuchadme hoy, hijos míos.

2 En aquellos días en que el Señor descendió a la tierra por causa de Adán, y visitó a todas sus criaturas, que él mismo creó, después de todo esto creó a Adán. Y el Señor llamó a todas las bestias de la tierra, a todos los reptiles y a todas las aves que vuelan por los aires, y los llevó a todos ante la faz de nuestro padre Adán.

3 Y Adán dio los nombres a todas las cosas que viven en la tierra.

4 Y el Señor lo nombró rey de todas las cosas, y le sometió todo en servidumbre bajo su mano, tanto a los mudos como a los sordos, para ser mandados, para sumisión y para toda servidumbre.

5 Dios creó al ser humano para que fuera señor de todas sus posesiones.

6 Dios no juzgará ni una sola alma animal por causa del hombre; pero a las almas humanas las juzgará por causa de las almas de sus animales.

7 Y así como cada alma humana es según su número, así también sucede con las almas de los animales. Y ni una sola de las almas que Dios ha creado

perecerá hasta el gran juicio. Y toda clase de alma animal acusará a los seres humanos que las han alimentado mal.

Capítulo 59

1 Quien degrada el alma de las bestias, degrada su propia alma.

2 Porque el hombre trae animales limpios para hacer sacrificios por el pecado, para curar su alma.

3 Y trayendo para el sacrificio animales limpios y aves, el hombre asegura la curación de su alma.

4 Todo aquello que os sea ofrecido para comer, atadlo por las cuatro extremidades; para poder realizar la curación correctamente. Así habrá curación y sanaréis vuestra alma.

5 Y quien da muerte a cualquier clase de animal sin ataduras, da muerte a su propia alma y actúa ilícitamente con su propia carne.

6 Y el que hace cualquier tipo de daño a cualquier tipo de animal en secreto, es una mala costumbre, y actúa ilegalmente con su propia alma.

Capítulo 60

1 Quien lleva a cabo el asesinato de un alma humana causa la muerte de su propia alma, y asesina su propio cuerpo; y no hay curación para él por toda la eternidad.

2 Quien acecha a una persona con cualquier tipo de trampa, él mismo quedará enredado en ella; y no habrá curación para él por toda la eternidad.

3 Aquel que acecha a una persona en el juicio, su retribución no será aflojada en el gran juicio por la eternidad.

4 Aquel que actúa perversamente o dice algo en contra de cualquier alma: la justicia no será creada para él por toda la eternidad.

Capítulo 61

1 Y ahora, hijos míos, guardad vuestros corazones de toda injusticia, cosa que el Señor aborrece. De la misma manera que un hombre pide algo para su propia alma a Dios, que lo haga para toda alma viviente, porque yo sé todas las cosas, cómo en el gran tiempo que viene hay mucha herencia preparada para los hombres, buena para los buenos y mala para los malos en cantidad innumerable.

2 Bienaventurado el que entra en las casas benditas, porque en las malas no hay descanso ni hay retorno de ellas.

3 ¡Oíd, hijos míos, pequeños y grandes! Cuando el hombre pone un buen pensamiento en su corazón, trae ofrendas de su propio trabajo ante la faz del Señor, pero sus manos no los hicieron, entonces el Señor apartará su rostro de la obra de sus manos, y ese hombre no podrá encontrar el trabajo de sus manos.

4 Y si sus manos lo hicieron, pero su corazón se queja, y su corazón no cesa de murmurar incesantemente, no tendrá ningún éxito.

Capítulo 62

1 Bienaventurado el que, en su paciencia, lleva sus dones con fe ante la faz del Señor, porque encontrará el perdón de los pecados.

2 Pero si se retracta de sus palabras antes de tiempo, no habrá arrepentimiento para él; y si pasa el tiempo y no hace por su propia voluntad lo prometido, no habrá arrepentimiento después de la muerte.

3 Porque toda obra que el hombre hace antes de tiempo, es un engaño ante los hombres, y pecado ante Dios.

Capítulo 63

1 Cuando una persona viste al desnudo y alimenta al hambriento, encuentra recompensa de Dios.

2 Pero si su corazón murmura, es un doble mal que crea para sí mismo. Es una pérdida que crea con respecto a lo que da, y no tendrá ninguna remuneración por ello.

3 Y el pobre, cuando su corazón esté satisfecho o su cuerpo esté vestido, y realice un acto de desprecio, entonces arruinará lo que sufrió durante su pobreza, y no obtendrá la recompensa por sus buenas acciones.

4 Porque Dios detesta toda clase de persona despreciativa, y toda persona que se hace pasar por grande, y toda palabra falsa, estimulada por la injusticia; y será cortada con la hoja de la espada de la muerte, y arrojada al fuego. Y arderá; y este corte no tiene cura hasta la eternidad».

Capítulo 64

1 Cuando Enoc dijo estas palabras a sus hijos, toda la gente cercana y lejana escuchó cómo el Señor llamaba a Enoc. Se reunieron en consejo diciendo:

2 «Vayamos a besar a Enoc». Y se reunieron dos mil hombres y llegaron al lugar de Akhuzan,[29] donde estaba Enoc con sus hijos.

---

[29] Algunos autores han relacionado este lugar con el altar en el Monte Sion y con el trono de Dios en la roca eterna.

3 Los ancianos del pueblo y toda la asamblea llegaron y se inclinaron, comenzaron a besar a Enoc y le dijeron:

4 «Padre nuestro, Enoc, que seas bendecido por el Señor, el gobernante eterno, y ahora bendice a tus hijos y a todo el pueblo, para que seamos glorificados hoy ante tu rostro.

5 Porque serás glorificado ante la faz del Señor para siempre, ya que el Señor te eligió a ti antes que a todos los hombres de la tierra y te designó para ser el que deja constancia escrita de toda su creación, visible e invisible, y eres el que se llevó el pecado de la humanidad y el ayudante de tu propia casa».

Capítulo 65

1 Enoc respondió a todo su pueblo diciendo: «¡Oíd, hijos míos! Antes de que existiera nada y antes de que fueran creadas todas las criaturas, el Señor creó las cosas visibles e invisibles.

2 Y transcurrió ese tiempo. Comprended cómo, después de eso, creó al hombre a su imagen y semejanza, y le dotó de ojos para ver, de oídos para oír, de corazón para reflexionar y de intelecto para deliberar.

3 Y el Señor dispuso todo por el bien del hombre, y creó toda la creación por su causa. Y lo dividió en tiempos: del tiempo fijó los años, y de los años fijó los meses, y de los meses fijó los días, y de los días fijó siete.

4 Y en ellos señaló las horas, las midió con exactitud para que el hombre reflexionara sobre el tiempo y contara los años, los meses y las horas, su alternancia, el principio y el fin, y para que contara su propia vida, desde el principio hasta la muerte, y reflexionara sobre su pecado y escribiera su obra mala y buena; porque ninguna obra está oculta ante el Señor, para

que todo hombre conozca sus obras y no transgreda nunca todos sus mandamientos, y guarde mi letra de generación en generación.

5 Y cuando toda la creación, visible e invisible, que Yahveh ha creado, llegue a su fin, entonces cada persona irá al gran juicio de Dios. Y entonces todo el tiempo perecerá, y después no habrá ni años, ni meses, ni días, ni horas. Serán disipados, y después de eso no serán contados.

6 Y constituirán un solo eón. Y todos los justos que escapen del gran juicio de Dios serán reunidos en la gran edad. Y la gran edad se producirá para los justos, y será eterna. Y después de eso no habrá entre ellos ni cansancio ni enfermedad ni aflicción ni preocupación ni carencia ni debilitamiento ni noche ni oscuridad.

7 Sino que tendrán una gran luz, una gran luz indestructible, y el paraíso, grande e incorruptible. Porque todo lo corruptible pasará, y lo incorruptible nacerá, y será el refugio de las residencias eternas.

Capítulo 66

1 Y ahora, hijos míos, guardad vuestras almas de toda injusticia, de todo cuanto aborrece el Señor.

2 Caminad con temor ante su faz y servidle sólo a él.

3 Inclinaos ante el Dios verdadero, no ante los ídolos mudos, y traed todas las ofrendas justas ante la faz del Señor. El Señor odia lo que es injusto.

4 Porque el Señor ve todas las cosas; lo que el hombre piensa en su corazón, lo que su intelecto le aconseja, y todo pensamiento está siempre delante del Señor, que hizo firme la tierra y puso en ella todas las criaturas.

5 Si miras al cielo, allí está el Señor; si meditas en el fondo del mar y en todo lo que hay debajo de la tierra, allí está el Señor. Porque el Señor creó todas las cosas.

6 No os inclinéis ante nada creado por el hombre, ni ante nada creado por Dios, cometiendo así apostasía contra el Señor de toda la creación.[30] Porque ninguna obra puede quedar oculta ante el rostro del Señor.

7 Caminad, hijos míos, en la paciencia, en la mansedumbre, en la honestidad, en la provocación, en el dolor, en la fe y en la verdad, en la confianza en las promesas, en la enfermedad, en el abuso, en las heridas, en la tentación, en la desnudez, en la privación, amándoos los unos a los otros, hasta que salgáis de esta edad de sufrimiento, para que lleguéis a ser herederos de la edad sin fin.

8 Bienaventurados los justos que escapen del gran juicio, porque brillarán siete veces más que el sol, pues en esa edad todo se estima siete veces: la luz, la oscuridad, el alimento, el disfrute, el dolor, el paraíso, la tortura, el fuego, la escarcha y otras cosas; todo esto lo he puesto por escrito, para que lo leáis y entendáis».

Capítulo 67

1 Cuando Enoc habló con su pueblo, Dios envió la oscuridad sobre la Tierra y cayó la oscuridad, cubriendo a los hombres que estaban de pie con Enoc.

2 Los ángeles se apresuraron a tomar a Enoc y lo elevaron al Cielo, donde Dios lo recibió y lo puso ante Su rostro para siempre.

---

[30] La apostasía es la negación o la renuncia de la fe en una religión.

3 Luego, la oscuridad se disipó de la Tierra y se convirtió en luz. Y la gente miró, pero no pudieron comprender cómo se habían llevado a Enoc. Tras alabar a Dios, regresaron a sus hogares.

Capítulo 68

1 Enoc nació el sexto día del mes de Tsivan,[31] y vivió 365 años.

2 Fue llevado al cielo el primer día del mes de Nisán,[32] y permaneció en el cielo 60 días, durante los cuales escribió todas las maravillas creadas por Dios.

3 Y escribió 366 libros, y los entregó a sus hijos; y después de eso permaneció en la tierra 30 días hablando con ellos. Y fue llevado de nuevo al cielo el sexto día del mes de Tsivan, el mismo día 6 en que nació y a la misma hora.

4 Y así como cada persona tiene como naturaleza la oscuridad de esta vida presente, así también tiene su concepción y nacimiento y partida de su vida.

5 En la hora en que fue concebido, en esa hora también nace, y en esa hora también parte.

6 Matusalén, sus hermanos y todos los hijos de Enoc se apresuraron a erigir un altar en aquel lugar llamado Akhuzan, donde Enoc había sido llevado al cielo.

---

[31] *Tsivan* es el tercer mes del calendario hebreo. Comienza alrededor de la tercera semana de mayo, hacia el final de la primavera. De mayo a junio en el calendario gregoriano.

[32] *Nisán* es el primer mes del calendario hebreo bíblico, que comienza su cuenta a partir de la salida de los hebreos de la esclavitud en Egipto. Fue el primer mes en ser santificado en la historia del pueblo judío y es considerado el mes de la Redención del pueblo judío.

7 Consiguieron ovejas y bueyes, convocaron a todo el pueblo y ofrecieron sacrificios ante Dios.

8 Todo el pueblo, los ancianos del pueblo y toda la asamblea vinieron a la fiesta[33] y trajeron regalos para los hijos de Enoc.

9 E hicieron una gran fiesta, regocijándose y festejando durante tres días, alabando a Dios que les había dado tal señal a través de Enoc, su siervo, para que pudieran transmitirla a sus propios hijos, de generación en generación, de edad en edad. Amén.

(Aquí termina la versión corta de 2 Enoc, pero la versión larga continúa desde el capítulo 69 en adelante).

Capítulo 69

1 Al tercer día, al atardecer, los ancianos del pueblo le dijeron a Matusalén: «Comparece ante la faz del Señor, ante la faz de toda la gente y ante la faz del altar del Señor, y serás glorificado entre tu gente». Y Matusalén respondió a su gente: «Esperad, oh varones, hasta que el Señor, el Dios de mi padre Enoc, levante un sacerdote en medio de su propio pueblo».

2 Y la gente esperó hasta esa noche en balde, en un lugar llamado Akhuzan.

3 Y Matusalén se quedó junto al altar y rezó a Dios y dijo: «Oh Dios de todas las edades, único de todo el mundo, que has arrebatado a mi padre Enoc, suscita tú un sacerdote para tu pueblo, y da a su corazón entendimiento para temer tu gloria y realizar todo conforme a tu voluntad». Matusalén se durmió y el Señor se le apareció en una visión nocturna y le dijo: «¡Escucha, Matusalén! Yo soy el Señor, el Dios de tu padre Enoc. Atiende

[33] 'Fiesta' / 'festividad' / 'jolgorio'/'regocijo'.

a la voz de este pueblo y ponte delante de mi altar, y yo te glorificaré delante de todo el pueblo, y serás glorificado todos los días de tu vida, y yo te bendeciré».

4 Y Matusalén se levantó de su sueño y bendijo al Señor que se le apareció. Los ancianos del pueblo se apresuraron hacia Matusalén y el Señor Dios dirigió el corazón de Matusalén para prestar atención a la voz de la gente. Y les dijo: «El Señor Dios es quien ha bendecido a esta gente hoy delante de mis ojos».

5 Y Sarkhasan, Kharmis y Zazas, los ancianos del pueblo, se apresuraron a vestirlo con las vestimentas designadas y le colocaron una corona de fuego en la cabeza. Y el pueblo se apresuró a traer ovejas, bueyes y algunas aves, todos ellos habiendo pasado la inspección, para que Matusalén los sacrificara en nombre del Señor y en nombre del pueblo. Y Matusalén subió al altar del Señor, y su rostro estaba radiante, como el sol que sale a mediodía, con toda la gente en procesión detrás suyo.

6 Y Matusalén se puso ante el altar del Señor, con todo el pueblo de pie alrededor del lugar del sacrificio. Cuando los ancianos del pueblo tomaron las ovejas y los bueyes, ataron sus cuatro patas y los colocaron a la cabeza del altar. Y le dijeron a Matusalén: «¡Coge el cuchillo! Y sacrifica en la forma requerida ante la faz del Señor».

7 Y Matusalén extendió sus manos al cielo y clamó al Señor diciendo: «¡Acéptame, oh Dios! ¿Quién soy yo para estar a la cabeza de tu lugar de sacrificio y sobre la cabeza de esta gente?

8 Y ahora, oh Señor, mira a tu siervo y a todo este pueblo. Ahora todas las indagaciones, ¡que se cumplan! Y da una bendición a tu siervo ante la faz

de todo el pueblo, para que se den cuenta de que eres tú quien me ha designado para ser sacerdote sobre tu pueblo». Y sucedió que, cuando Matusalén había rezado, el altar se estremeció y el cuchillo se levantó del altar y cayó en la mano de Matusalén delante de toda la gente. Y la gente tembló y glorificó a Dios. Y Matusalén fue honrado ante la faz del Señor y ante la faz de todo el pueblo desde aquel día.

9 Matusalén tomó el cuchillo y sacrificó todo lo que la gente había traído. Y la gente se regocijó mucho y se alegraron ante la faz del Señor y ante la faz de Matusalén. Y luego la gente se fue a sus aposentos, cada uno de ellos.

Capítulo 70

1 A partir de ese día, Matusalén comenzó a servir en el altar ante la faz de Dios y de todo el pueblo. Durante un período de diez años, estuvo animándolos con respecto a su herencia eterna y guio bien a toda la Tierra y a todo su pueblo. No hubo ni una sola persona que apartara su rostro de Dios en absoluto, durante todos los días de la vida de Matusalén.

2 Y Dios bendijo a Matusalén y aceptó con gracia sus sacrificios y ofrendas y todo el servicio que realizó ante la faz de Dios.

3 Cuando llegaron los días de la partida de Matusalén, el Señor apareció ante él en una visión nocturna y le dijo: «¡Escucha, Matusalén! Yo soy el Señor, el Dios de tu padre Enoc. Quiero que sepas que los días de tu vida han llegado a su fin, y el día de tu descanso se acerca. Llama a Nir, el segundo hijo de tu hijo Lamec, nacido después de Noé, y revístelo con la ropa de tu consagración, ponle en mi altar y dile todo lo que sucederá en sus días, porque el tiempo de la destrucción de toda la Tierra, de todos los seres humanos y de todo lo que vive sobre la tierra se acerca.

4 Porque en sus días habrá una gran agitación en la Tierra, porque cada uno ha empezado a odiar a su prójimo, y pueblo contra pueblo han destruido las fronteras, y la nación hace la guerra. Y toda la tierra está llena de vileza y de sangre y de toda clase de maldad.

5 Más aun, han abandonado a su Señor y adoran a dioses irreales, al firmamento celestial, a lo que se mueve sobre la tierra y a las olas del mar. Y el adversario se engrandecerá y se deleitará con sus obras, para mi gran provocación. Y toda la Tierra cambiará de aspecto, y cada árbol y cada fruto cambiará su naturaleza, anticipando el tiempo de la destrucción. Y todas las naciones de la Tierra cambiarán, a Mi pesar. Entonces daré la orden. El Abismo será derramado sobre la Tierra, y los grandes almacenes de las aguas del cielo descenderán a la Tierra en gran cantidad y de acuerdo con la sustancia primigenia. Y todo el revestimiento de la tierra perecerá, y toda la tierra temblará y será privada de su fuerza desde ese día.

6 Entonces salvaré a Noé, el primogénito de tu hijo Lamec, y de su descendencia crearé otro mundo. Su semilla perdurará por siglos, hasta la segunda destrucción, cuando la humanidad también peque de la misma manera ante mi rostro». Matusalén salió de su sueño y sus sueños lo entristecieron mucho. Convocó a todos los ancianos del pueblo y les contó lo que Dios le había anunciado, así como toda la visión que Dios le había presagiado.

7 La gente se entristeció a causa de su visión y le dijo: «Se hará según la voluntad de Dios el Gobernante. En cuanto a ti, Matusalén, haz hoy lo que Dios te dijo que hicieras». Matusalén llamó a Nir, hijo de Lamec, el hermano menor de Noé, y lo vistió con ropas sacerdotales ante todo el pueblo. Lo colocó junto al capitel del altar y le enseñó todo lo que debía hacer ante el pueblo. Y Matusalén dijo al pueblo: «De ahora en adelante, Nir será príncipe y gobernante para vosotros». El pueblo respondió a Matusalén:

«Que esto sea conforme a tus palabras. Y que tú seas la voz de Dios, ya que Dios habló contigo». Y mientras Matusalén hablaba a la gente delante de la faz del altar, su espíritu se turbó y, mientras seguía arrodillado, enderezó las manos hacia el cielo y oró a Dios; y mientras oraba, su espíritu partió hacia Dios.

8 Y entonces Nir se fue con mucha gloria y el pueblo trasladó el cuerpo de Matusalén y, glorificándolo, lo pusieron en la tumba que fue creada para él, y lo cubrieron y dijeron: «¡Que Matusalén sea bendecido ante la faz de Dios y ante la faz del pueblo!». Cuando quisieron partir para ir a sus propios lugares, Nir dijo al pueblo: «Apresuraos hoy y traed ovejas y bueyes jóvenes y tórtolas y palomas, para que los sacrifiquemos hoy ante la faz de Dios, y después os vais a vuestras casas».

9 Y la gente obedeció a Nir el sacerdote, y se apresuraron a traer los animales y los ataron al capitel del altar.

10 Y Nir tomó el cuchillo sacerdotal y sacrificó todo lo que le trajeron ante la faz de Dios.

11 Y todo el pueblo se regocijó ante la faz de Dios, y aquel día alabaron al Señor, Dios del cielo y de la Tierra, en la que Nir moraba. A partir de ese día, hubo paz y armonía en toda la Tierra durante los días de Nir, que fueron 202 años. Después, los pueblos se apartaron de Dios y comenzaron a tener celos unos de otros, y se levantaron pueblos contra pueblos y naciones hicieron la guerra contra naciones. Aunque tenían una sola boca, sus corazones entendían de manera diferente.

12 Porque el Diablo se hizo gobernador por tercera vez. La primera vez fue antes del Paraíso; la segunda fue en el Paraíso; y la tercera fue después

(fuera) del Paraíso y duró hasta el Diluvio. Y surgió disputa y gran turbulencia. Y Nir el sacerdote escuchó y se afligió mucho, y dijo en su corazón: «En verdad, comprendí que el tiempo del que Dios hablaba a Matusalén, el padre de mi padre Lamech, se ha acercado».

Capítulo 71

1 He aquí que la mujer de Nir, llamada Sopanima (Sopanim), era estéril y nunca pudo parir un hijo de Nir. Pero, encontrándose Sopanima ya en edad avanzada y en el día de su muerte, concibió en su vientre. Pero Nir el sacerdote no había dormido con ella, ni la había tocado desde el día en que Dios le había encomendado su ministerio ante el pueblo. Cuando Sopanima vio su embarazo se avergonzó y ruborizó y se mantuvo escondida todos los días hasta que dio a luz. Y nadie supo de ello.

2 Cuando se completaron 282 días y el día del nacimiento se acercaba, Nir se acordó de su mujer y la llamó para que fuera a su casa para conversar con ella. Sopanima acudió a Nir, su marido; y he aquí que estaba encinta, y se acercaba el día señalado para dar a luz. Nir la vio y se sintió muy avergonzado y le dijo: «¿Qué has hecho, mujer, y por qué me has humillado delante de esta gente? Ahora aléjate de mí y ve donde comenzaste la desgracia de tu seno, para que yo no manche mis manos por tu culpa y peque ante la faz del Señor». Y Sopanima le habló a Nir, su marido, diciendo: «¡Oh dios mío! Es el tiempo de mi vejez y el día de mi muerte ha llegado. No entiendo cómo mi menopausia y la esterilidad de mi vientre se han invertido». Pero Nir no creyó a su mujer, y por segunda vez le dijo: «Aléjate de mí o de lo contrario podría atacarte y cometer un pecado ante la faz del Señor». Y así sucedió, cuando Nir habló con su esposa Sopanima, que Sopanima cayó ante los pies de Nir y murió. Nir estaba muy afligido y se dijo en su corazón: «¿Pudo esto haber pasado a causa de mi palabra, puesto

que por palabra y pensamiento una persona puede pecar ante la faz del Señor? ¡Que el Señor tenga piedad de mi ahora! Sé de seguro en mi corazón que mi mano no la tocó. Por ello digo: "Gloria a ti, oh Señor, porque nadie entre la humanidad sabe de esta obra que Dios ha hecho"». Nir se apresuró y cerró la puerta de su casa, y fue hacia Noé, su hermano, y le informó de todo lo que había pasado con su mujer.

3 Noé se apresuró y fue con Nir, su hermano, y entró a su casa por la muerte de Sopanima, y hablaron entre ellos sobre cómo estaba su seno al dar a luz.

4 Noé le dijo a Nir: «¡No te entristezcas, Nir, hermano mío! Porque hoy el Señor ha tapado nuestro escándalo, ya que nadie del pueblo sabe esto. Ahora, vayamos rápido a enterrarla en secreto y el Señor tapará el escándalo de nuestra vergüenza».

5 Y pusieron a Sopanima sobre la cama y la envolvieron con ropa negra y la encerraron en la casa, preparada para el entierro. Cavaron una tumba en secreto.

6 Y un niño salió de la fallecida Sopanima, y se sentó en la cama a su lado. Noé y Nir fueron a enterrar a Sopanima y vieron al niño sentado junto a la fallecida Sopanima, limpiando su ropa.

7 Y Noé y Nir estaban aterrorizados y con un gran miedo porque el niño estaba completamente desarrollado físicamente, como un niño de tres años. Y habló con sus labios y bendijo al Señor.

8 Y Noé y Nir le miraron y, he aquí, la insignia del sacerdocio estaba en su pecho, y era gloriosa en apariencia. Noé y Nir dijeron: «He aquí que Dios renueva el sacerdocio a partir de la sangre emparentada con nosotros, como a él le place».

9 Noé y Nir se apresuraron y lavaron al niño, le vistieron con la ropa de sacerdocio y le dieron el pan sagrado y se lo comió. Y lo llamaron Melquisedec. Noé y Nir levantaron el cuerpo de Sopanima y le quitaron la ropa negra y la lavaron. La vistieron con ropa excepcionalmente brillante y construyeron un santuario para ella. Fueron Noé, Nir y Melquisedec y la enterraron públicamente. Noé le dijo a su hermano Nir: «Cuida de este niño en secreto hasta que llegue el tiempo, porque la gente se volverá traicionera en toda la tierra, y comenzarán a alejarse de Dios, y habiéndose vuelto totalmente ignorantes, lo matarán». Y entonces Noe se marchó a sus aposentos. Y una gran anarquía comenzó a ser abundante en toda la tierra en los días de Nir.

10 Y Nir comenzó a preocuparse excesivamente, especialmente por el niño, diciendo: «Cuán miserable es para mí, eterno Señor, que en mis días toda la iniquidad ha comenzado a ser abundante sobre la Tierra. Y me doy cuenta de lo cerca que está nuestro fin sobre toda la Tierra a causa de la iniquidad de los pueblos. Y ahora, Señor, ¿cuál es la visión sobre este niño, y cuál es su destino, y qué haré por él? ¿Es posible que él también se una a nosotros en la destrucción?».

11 Y el Señor atendió a Nir, y se le apareció en una visión nocturna. Le dijo: «Nir, la gran anarquía que se ha producido en la Tierra entre la multitud no la voy a tolerar. Y he aquí, deseo ahora enviar una gran destrucción sobre la Tierra, y todo lo que está en la Tierra perecerá. Pero en lo que respecta al niño, no te angusties, Nir, porque dentro de poco enviaré a mi archistrategos, Miguel. Y él tomará al niño, y lo pondrá en el paraíso de Edén, en el Paraíso donde Adán estuvo antiguamente durante 7 años, teniendo el cielo abierto todo el tiempo hasta cuando pecó. Y este niño no

perecerá junto con los que perecen en esta generación, como lo he revelado, de modo que Melquisedec será el sacerdote de todos los sacerdotes santos, y lo estableceré de modo que él será el líder de los sacerdotes del futuro».

12 Y Nir se levantó de su sueño y bendijo al Señor que se le había aparecido, diciendo: «Bendito sea el Señor, el Dios de mis padres, que me ha dicho cómo ha hecho un gran sacerdote en mi día, en el seno de Sopanima, mi mujer. Porque no tenía ningún hijo en esta tribu que pudiera convertirse en el gran sacerdote, pero este es mi hijo y tu servidor, y tú eres el gran Dios. Por lo tanto, honradlo junto con vuestros siervos y grandes sacerdotes, con Set, Enós, Rusi, Amilam, Prasidam, Maleleil, Seroc, Arusan, Aleem, Enoc, Matusalén, y yo, vuestro siervo Nir. Y he aquí que Melquisedec será el líder de los 13 sacerdotes que existían antes.

13 Y después, en la última generación, habrá otro Melquisedec, el primero de los 12 sacerdotes. Y el último será el líder de todos, un gran arcipreste, la Palabra y el Poder de Dios, que realizará milagros, más grandes y gloriosos que todos los anteriores.

14 Él, Melquisedec, será sacerdote y rey en el lugar de Akhuzan, es decir, en el centro de la tierra, donde Adán fue creado, y allí estará su tumba final.

15 Y en conexión con ese arcipreste está escrito cómo él también será enterrado allí, donde está el centro de la tierra, así como Adán también enterró a su propio hijo allí, Abel, a quien su hermano Caín asesinó; porque él yació por 3 años insepulto, hasta que vio a un ave llamada Grajilla, cómo enterraba a sus propias crías. Sé que ha llegado una gran confusión y que en la confusión llegará a su fin esta generación; y todos perecerán, excepto Noé, mi hermano, que será preservado. Y después habrá una siembra de su

tribu, y habrá otros pueblos, y habrá otro Melquisedec, jefe de los sacerdotes que reinará sobre el pueblo y realizará la liturgia para Dios».

Capítulo 72

1 Cuando el niño llevaba 40 días en la casa de Nir, Dios le dijo a Miguel: «Desciende a la Tierra, al sacerdote Nir, y toma a mi hijo Melquisedec, que está con él, y colócalo en el paraíso de Edén para preservarlo. Porque el tiempo se acerca, y derramaré toda el agua sobre la tierra, y todo lo que hay en la tierra perecerá». Miguel se apresuró y bajó cuando era de noche y Nir dormía en su cama. Miguel se le apareció y le dijo: «Así dice el Señor: "¡Nir! Envíame al niño que te encomendé"». Pero Nir no se dio cuenta de quién le estaba hablando y su corazón estaba confundido. Y dijo: «Cuando el pueblo se entere de lo del niño, le asaltarán y le matarán, porque el corazón de esta gente es engañoso ante la faz del Señor». Nir le dijo al que estaba hablando: «El niño no está conmigo y no sé quién eres». Y el que hablaba le dijo: «¡No te asustes, Nir!, soy el archistrategos de Dios. El Señor me ha enviado y me llevaré a tu hijo hoy. Iré con él y le colocaré en el paraíso del Edén, y allí se quedará eternamente. Cuando llegue la decimosegunda generación y hayan transcurrido 1070 año, nacerá un hombre justo en esa generación. Y Dios le dirá que salga al monte donde está el arca de Noé, tu hermano. Y allí hallará a otro Melquisedec, quien habrá vivido siete años consecutivos en este mismo lugar, escondido del pueblo idólatra, para que éste no le dé muerte. Le sacará de allí y éste será sacerdote y primer rey en la ciudad de Salim (Jerusalén), origen de los sacerdotes al estilo de este Melquisedec. Y transcurrirán 3432 años, partiendo desde el principio y la creación de Adán, hasta que llegue esta época.

2 Y desde ese Melquisedec los sacerdotes serán 12 en número, hasta que el gran Higúmeno, esto es, Líder, revele todo lo visible e invisible». Nir entendió el primer sueño y lo creyó. Y habiendo contestado a Miguel dijo: «¡Bendito sea el Señor que te ha glorificado hoy para mí! ¡Y ahora bendice a mi sirviente Nir! Porque nos acercamos al momento de la partida de este mundo. Y llévate al niño y hazle tal y como te ha dicho el Señor».

3 Y Miguel se llevó al niño la misma noche en que había bajado; y se lo llevó en sus alas y lo puso en el paraíso del Edén.

4 Nir se levantó por la mañana y fue a su casa y no encontró al niño. Y en vez de alegría hubo una gran pena, porque no tenía ningún otro hijo excepto este.

5 Así terminó Nir su vida. Y después de él no hubo sacerdote en el pueblo. Y desde entonces surgió gran confusión en la Tierra.

Capítulo 73

1 Y el Señor citó a Noé en el monte Ararat, entre Asiria y Armenia, en la tierra de Arabia, junto al océano. Y le dijo: «Haz allí un arca de 300 codos de largo, 50 de ancho y 30 de alto. Con dos pisos en medio y sus puertas de un codo. Y de sus codos 300, pero de los nuestros también 15000; y así de los suyos 50, pero de los nuestros 2000 y 500, y así de los suyos 30, pero de los nuestros 900, y de los suyos un codo, pero de los nuestros 50».

2 De acuerdo con este numeral los judíos mantienen sus medidas del arca de Noé, tal como el Señor le dijo a él, y llevan a cabo todas sus medidas de la misma manera, y todas sus regulaciones, incluso hasta el día de hoy. El Señor Dios abrió las puertas del cielo. La lluvia cayó sobre la tierra durante 150 días, y toda carne murió. Y Noé estaba en el año 500. Tuvo 3 hijos: Sem, Cam y Jafet.

3 Después de 100 años, tras el nacimiento de sus tres hijos, entró en el arca el día 18 del mes de Yuars según los hebreos, y Famenoth según los egipcios. Y el arca flotó durante 40 días. Y en total estuvieron en el arca 120 días. Y entró en el arca, un hijo de 600 años, y en el año 601 de su vida salió del arca en el mes de Farmuti[34] según los egipcios, pero según los hebreos Nisán, el día 28. Después del Diluvio vivió 350 años y murió. Vivió en total 950 años, según el Señor nuestro Dios.

Toda gloria para Él, desde el principio y desde ahora hasta el fin de toda la era. Amén.

[34] El mes egipcio llamado *Farmuti* va del del 27 de marzo al 25 de abril.

LA CREACIÓN Y LOS CIELOS

LA CREACIÓN DEL MUNDO SEGÚN 2 ENOC

En el Segundo Libro de Enoc se presenta un relato de la Creación fascinante con unos detalles que no aparecen en el Génesis bíblico.

Este manuscrito comienza explicando el ascenso de Enoc a los cielos y todo lo que vio ahí arriba. Al llegar al último cielo, Dios le reveló todos los secretos de la Creación, algo que ni siquiera los ángeles conocen. Empieza diciendo lo siguiente:

«Enoc, todo lo que ves, ya sea inmóvil o en movimiento, todo ha sido creado por Mí. Te revelaré desde el principio cómo creé lo que existe de lo inexistente, y lo visible de lo invisible.

Porque ni a mis ángeles les he contado mis secretos, ni les he explicado su origen, ni Mi infinitud e inefabilidad y creación racional, como hoy te lo doy a conocer.

Sin embargo, antes no existían todas las cosas visibles. Yo era el único que se movía dentro de lo invisible, como el sol, de este a oeste y de oeste a este.

Pero, mientras el sol tiene reposo, yo no encontré reposo, porque estaba creando todas las cosas; y pensé en crear un comienzo, y creé seres visibles».

Es decir, que las cosas físicas fueron creadas a partir de lo invisible. Y aquí es cuando aparecen dos figuras cosmogónicas muy interesantes, llamadas Adoil y Arkhas, una especie de seres primordiales que Dios utilizó en la Creación del mundo. Dios ordenó que descendiera de lo invisible un ser visible, llamado Adoil, grande en extremo, y en su vientre tenía una gran luz:

«Al principio ordené a uno de los invisibles que descendiera y se hiciera visible; y el gran Adoil descendió; y lo contemplé, y en su abdomen se produjo una gran luminosidad.

Y le dije: "¡Líbrate, Adoil, y que nazca de ti lo visible!".

Se liberó; y salió una Luz abrumadoramente grande, y yo estaba en medio de esta Luz. Mientras la Luz se perfilaba, una un gran eón surgió de ella, haciendo manifiestas todas las criaturas que pensaba crear».

Esto recuerdo a la teoría moderna del Big Bang en la que todo surgió de una "implosión" original. Luego continúa el relato diciendo:

«Y puse ahí mi Trono, y me senté en él, y dije a la luz: "Asciende sobre el Trono y mantente firme. Sé el fundamento de lo alto". Por encima de la Luz no había nada más».

Aquí se dice que hay una luz por encima del trono de Dios y que más allá de esta luz no existe ninguna otra cosa. Sería como una especie de límite de todo lo existente. El texto sigue diciendo:

«¡Que del firmamento invisible aparezca lo invisible!

Y salió Arkhas, que era duro, pesado y muy rojo.

Y dije: "¡Libérate, Arkhas, y que nazca de ti lo visible!". Se liberó, y salió un eón muy grande y muy oscuro, que llevaba las criaturas de todos los mundos inferiores. Vi que era bueno y le dije:

4 "¡Desciende y mantente firme!". Y así se convirtió en el fundamento del mundo inferior. Y no había nada debajo de esta oscuridad».

Varios eruditos señalan que la palabra *arkas* o *arukas* podría venir de la palabra hebrea 'extendido', así como también de la palabra aramea 'inferior'. Por tanto, podría representar algo extendido en la parte inferior del mundo, quizá haciendo referencia a una superficie terrestre extendida.

Luego dice que por debajo de las tinieblas no existe ninguna otra cosa; es decir, que en las regiones inferiores también habría una especie de límite de todo lo existente. Arriba habría un límite de luz y debajo de tinieblas. Sigue explicando el texto:

«Y ordené que se tomara de la luz y de las tinieblas, y dije: "Sé espeso y envuélvete de Luz". Lo extendí y se convirtió en agua. La extendí sobre las tinieblas, bajo la Luz. Así fijé las aguas, es decir, el Abismo; y con la Luz rodeé el anillo del agua y dentro hice siete círculos; y les di una apariencia como de cristal, húmedos y secos, es decir, vidrio y hielo, rodeados de aguas y de los demás elementos. Y mostré a cada uno de ellos su camino, con siete estrellas, estando cada una de ellas en su propio cielo, para que se movieran de esta manera».

Lo interesante aquí es que, al parecer, el agua sería una combinación de luz y tinieblas. Además, dice que la extendió, como si estuviera hablando de una extensión sobre un plano. Respecto al círculo de luz, cabe mencionar una interesante nota a pie de página que aparece en una versión inglesa moderna de 2 Enoc: «El fundamento de luz alrededor del agua, que es como cristal y vidrio, es probablemente una referencia al cielo. Una creencia típica de la época era que el cielo era una expansión de agua, como un mar inmenso». Curiosamente esto cuadra con lo que vio Enoc en el primer cielo: un mar inmenso, mucho más grande que cualquier mar que hay en la Tierra.

LA CREACIÓN DEL MUNDO SEGÚN EL MIDRASH BERESHIT

En el Midrash Bereshit se relata una historia de la Creación muy interesante que se puede relacionar con la historia descrita en 2 Enoc. Antes de ver lo que dice, conviene saber qué es el Midrash y cuál es su contexto histórico.

Midrash (en hebreo 'explicación', plural *midrashim*) es un término hebreo que designa un método de exégesis de un texto bíblico, dirigido al estudio o investigación que facilite la comprensión de la Torá. El término *midrash* también puede referirse a una compilación de enseñanzas midrásicas en forma de comentarios legales, exegéticos u homiléticos del Tanaj y del Talmud. El Midrash toma elementos actuales para ejemplificar de un modo comprensible los textos antiguos. Su etimología proviene del verbo hebreo *daras*, que significa 'buscar, investigar, estudiar'.

En el judaísmo existe la Torá oral y la Torá escrita, ambas fueron dadas a Moisés por Dios en el Monte Sinaí. Todo precepto, toda interpretación, toda filosofía judaica se desprende de esas dos fuentes. La Torá escrita permanece como siempre ha sido a través de los *Sifrei Torá* (rollos de Torá) que se encuentran en cada sinagoga.

Sin embargo, la Torá oral consiste en enseñanzas diseñadas para ser trasmitidas de padres a hijos y se admite que podría haber llegado a sufrir algún cambio mínimo con el tiempo.

Había una prohibición explícita de escribirla, pero debido a la persecución que vivieron nuestros sabios en la diáspora se corrió el riesgo de perder toda la Torá oral y sus enseñanzas. Por eso se decidió escribirla y fijar así su significado a lo largo de los años. El resultado es lo que conocemos actualmente como Talmud.

Los *midrashim* (plural de midrash) son parte de la Torá oral; son enseñanzas contadas en forma de historias, que explican pasajes y leyes relacionadas con la Torá. Se encuentran por toda la literatura rabínica: en el Talmud, en textos previos y posteriores al mismo y en recopilaciones especiales.

Fragmento sobre la Creación del Mundo según el Midrash Bereshit:

«El primer día Hashem creó la materia prima a partir de la cual construiría todo en el mundo. Por lo tanto, desde el primer día, el sol, la luna, el zodíaco, los árboles, el pasto, el Gan Edén y el Guehinam, todos existieron como una materia pura sin forma. Los días posteriores de la Creación, Hashem formó y moldeó la materia que compondría cada entidad hasta conformar el objeto tal como lo conocemos. La sustancia de los cielos fue creada el primer día, pero existió solamente en estado fluido. El segundo día, Hashem solidificó el líquido del cielo y dijo: "Que el firmamento se estabilice (1:6)"».

Un concepto sorprendente que aparece explicado en el Midrash Bereshit es el de la «luz original», esa primera luz que aparece en la Creación del mundo. Según este texto, la luz original no es como la que vemos nosotros de día, sino que era mucho más potente:

«En realidad, tal como lo explicamos, la esencia de todos los cuerpos celestiales fue creada desde el primer día. Sin embargo, la forma y apariencia de los cuerpos celestes solo se manifestó en el cuarto día, cuando Hashem los colocó en su lugar en el cielo. La luz creada el primer día no es la luz que conocemos hoy en día. Ese día, Hashem creó una luz tan radiante que nuestra luz es oscuridad en comparación con ella. Por lo tanto, Hashem ocultó esta luz superlativa del primer día y en el cuarto día proveyó al mundo con la luz del sol y de la luna. ¿Por qué Hashem ocultó la luz original? Dijo: "Los malvados del futuro, las generaciones del Diluvio y de la Dispersión, no merecerán recibir la luz intensa creada el primer día". Entonces la reservó para los tzadikim en el olam haba. Adam en el Gan Edén podía beneficiarse de la luz del primer día. Por medio de ella, podía ver desde un extremo del mundo al otro. Esta luz especial era espiritual, emanaba de la gloria de la Shejiná, de la que gozaran los tzadikim en el futuro. Serán recompensados con el privilegio de gozar de la luz de la Shejiná por haber estudiado la Torá, que es comparada con la luz».

Respecto al segundo día de la Creación y la consolidación del cielo, el Midrash Bereshit dice lo siguiente:

«Al comienzo del segundo día, el firmamento (*Raqia*) existía, pero estaba inmerso en agua, al igual que la tierra. Hashem luego ordenó que el firmamento se estabilizara. Como consecuencia, las aguas que había por encima del firmamento se dividieron de las aguas que había por debajo del firmamento. Las aguas por encima del firmamento se evaporaron con el calor del firmamento, que es el fuego, y las mismas luego se condensaron para formar la lluvia. Al culminar el firmamento, Hashem lo denominó Shamaim/cielo. El nombre shamaim revela el secreto de las sustancias con las cuales fue formado el fuego/esh y agua/maim, cuya combinación forma la palabra shamaim/cielo. El fuego representa el Atributo de la Justicia. El Agua representa la cualidad de la Misericordia. El cielo, que es la residencia de la gloria de Hashem, está compuesto por una combinación de estos dos atributos».

Según este fragmento del Midrash Bereshit, el firmamento estaba inmerso en un líquido y luego fue estabilizado por Dios, lo cual se relaciona con otros textos antiguos que relatan una historia similar respecto al cielo.

LOS LÍMITES DEL CIELO Y LA BÓVEDA CELESTE

Las antiguas civilizaciones creían que había un límite en el cielo que separaba el plano terrestre de las regiones celestiales. El concepto de domo, firmamento o bóveda celeste aparece en antiguas escrituras y libros apócrifos.

En la Biblia se dice que Dios extiende los cielos como un toldo, los despliega como tienda que se habita. También dice que el Firmamento es algo sólido, como espejo de metal fundido. Según El Libro de los secretos de Enoc, Dios puso un fundamento de luz al círculo del agua, formando algo parecido al cristal, como un vidrio. Además, dice que forjó un firmamento y lo fijó sobre las aguas (*forjar* significa trabajar un metal y darle una forma definida). Incluso el Corán dice que el cielo es como un techo protegido: «Hice del cielo un techo protegido, pero ellos se desvían de sus signos» (Sura 21-Los profetas [Al Anbiya] Verso-32). Todo esto sugiere que los antiguos creían en una especie de límite en el cielo, algo que los humanos no podrían atravesar.

En el Zohar, que junto al Séfer Ietzirá es el libro central de la corriente cabalística, se dice lo siguiente respecto al firmamento:

«Ese firmamento se llama 'huerto cerrado', porque en él está todo encerrado y abarcado. Se llama 'fuente sellada' porque la corriente superior, al correr, entra, pero no puede salir, congelándose las aguas. Porque sopla sobre ellas el viento del norte, y así se congelan y no pueden salir, habiéndose convertido en hielo; y nunca podrían salir si no fuera por un viento del sur que rompe el hielo. La apariencia de este firmamento más alto es como la del hielo que reúne todas las aguas. De manera similar junta aguas y separa las aguas superiores de las inferiores. Cuando dijimos antes "fue en el medio", ello se refiere a ese firmamento que fue producido por éste, pero este está encima y reposa sobre las cabezas de las Jayot».

Aquí vemos otra mención que indica la posible naturaleza del firmamento, el cual estaría «cerrado» y además el firmamento más alto tendría apariencia de hielo.

Para los sumerios, el Universo se reducía a la fórmula de «cielo y tierra» y sus historias relatan cómo «bajaban los dioses del cielo a la tierra».

¿Y qué hay en este límite del cielo? Según el Libro de Enoc el cielo tiene un final. Habla de un sitio en los confines de la tierra donde hay grandes montañas. Y al oriente de este lugar, estaría el final de la tierra, donde el cielo descansa. Es decir, que podría haber un sitio donde el cielo acaba tocando de alguna manera con la tierra. Como si fuera una especie de cúpula o domo. Además, dice que en estos límites es donde se abren los portales del cielo. A través de estos portales entran y salen las luminarias, como el sol, la luna y las estrellas.

EL FIRMAMENTO SEGÚN EL PESAJIM 94B

En el tratado judío de Pesajim 94b hay una discusión interesante sobre el firmamento. Pesajim o *Pesahim* es el tercer tratado del orden Moed de la Mishná y el Talmud de Babilonia. El tratado desarrolla principalmente los aspectos generales y las ordenanzas particulares de la Pascua judía prescritas en el Tanaj, pero en este caso se discute sobre el firmamento:

«Desde la tierra hasta el primer firmamento de siete (ver Ḥagiga 12b) hay una distancia a pie de quinientos años, y el grosor del firmamento es una distancia a pie de quinientos años, lo que equivale a aproximadamente 1,8 millones de parasangs y entre cada firmamento hay otra distancia a pie de quinientos años, y así también entre todos y cada uno de los firmamentos. Entonces, ¿cómo puedes tú, Nabucodonosor, esperar alcanzar los cielos en tu vida, de modo que digas: "Seré como el Altísimo"? Más bien, como continúa el versículo: "Sin embargo, serás derribado al inframundo, a lo último del abismo" (Isaías 14:15). En cualquier caso, esta es una refutación concluyente de la opinión de Rava de que el espesor del firmamento es de solo mil parasangs».

Antes que nada, conviene saber que el *parasang* es una unidad de medida histórica iraní de distancia recorrida a pie y su longitud varía de acuerdo al terreno y velocidad de desplazamiento. En términos modernos un parasang equivaldría a entre 4,8 y 5,6 km. Por tanto, si equiparamos un parasang a unos 5 km, esos 1,8 millones de parasang equivaldrían a 9.000.000 km. Esa sería la distancia entre la tierra y el primer firmamento, entre cada uno de los 7 firmamentos y también el grosor de cada firmamento, y se tardaría 500 años en recorrer esa distancia a pie, según el texto judío.

No obstante, el texto sigue diciendo: «En cualquier caso, esta es una refutación concluyente de la opinión de Rava de que el espesor del firmamento es de solo mil parasangs».

En Pesajim 94 se habla también del grosor del firmamento: «El rabino Yehuda dice: "El grosor del firmamento es solo una décima parte de la distancia que recorre el sol durante el día"».

Como vemos, hay opiniones muy diferentes entre los rabinos judíos. En este caso, el rabino mencionado cree que el espesor del firmamento es de tan sólo 1000 parasangs, lo que equivaldría a 5000 km.

En Pesajim 94b se discute también sobre la «esfera celestial», con diferentes puntos de vista entre los sabios y rabinos:

«En una discusión relacionada con la estructura del mundo natural, los Sabios enseñaron: Los Sabios judíos dicen que la esfera celestial del zodíaco está estacionaria y que las constelaciones giran en su lugar dentro de la esfera; y los sabios de las naciones del mundo dicen que toda la esfera celestial gira, y las constelaciones están estacionarias dentro de la esfera. El rabino Yehuda HaNasi dijo: "Una refutación de sus palabras de que toda la esfera se mueve puede derivarse del hecho de que nunca hemos encontrado la constelación de Osa Mayor en el sur o Escorpio en el norte. Esto indica que son las estrellas mismas las que giran en su lugar y no la esfera celeste en su conjunto, porque de lo contrario sería imposible que la Osa Mayor permaneciera en el norte y Escorpio en el sur".

Rav Aḥa bar Ya'akov se opone enérgicamente a esta prueba: "Tal vez las estrellas estén estacionarias dentro de la esfera base de acero de un molino, que permanece estacionaria mientras las piedras del molino giran a su alrededor. Alternativamente, quizá estén estacionarios como el pivote de una puerta, que permanece estacionario mientras la puerta da amplias vueltas a su alrededor; o quizá las constelaciones estén estacionarias dentro de una esfera, y haya una esfera exterior dentro de la cual el sol gira alrededor de todas las constelaciones". Por lo tanto, la declaración del rabino Yehuda HaNasi no es necesariamente cierta».

LAS COMPUERTAS DEL CIELO

Otra cosa que llama mucho la atención son las compuertas del cielo que se mencionan en la historia del Diluvio Universal. En la época de Noé se corrompieron todos los seres vivientes que había sobre la tierra y Dios decidió reiniciar el mundo con un gran Diluvio. Según Génesis, aquel día fueron rotas todas las fuentes del gran abismo y las cataratas de los cielos fueron abiertas. Cabe mencionar que, dependiendo de la versión de la Biblia, en vez de cataratas dice compuertas o ventanas del cielo. Algo que también se menciona en el Segundo Libro de Enoc, cuando dice que Dios abrió las cataratas del cielo y llovió sobre la tierra.

Otro libro apócrifo, el Libro de los Jubileos, aporta más detalles interesantes acerca del Diluvio. Dice que Dios abrió las 7 cataratas del cielo y las 7 bocas de las fuentes del gran abismo. El número 7 es un patrón que aparece bastante en las Escrituras. Luego comenzaron las cataratas a soltar agua desde el cielo, cuarenta días y cuarenta noches, y también las fuentes del abismo hicieron subir agua desde abajo, hasta llenarse todo el mundo de líquido. El agua creció sobre la tierra, elevándose 15 codos por encima de todos los montes altos.

Si tratamos de imaginar la historia del Diluvio, vemos que realmente no tiene mucho sentido en una tierra esférica giratoria, por varios motivos. Primero, nunca hemos visto como se inunda una esfera. Por mucha agua que le tiremos encima, la esfera no se va a inundar. Para que haya una inundación, hace falta un sistema cerrado, o unos límites que hagan de contenedor del agua.

En segundo lugar, tenemos las aguas de arriba. En el modelo oficial lo único que hay son partículas de agua en la atmósfera, pero las Escrituras hablan de algo parecido a los océanos que vemos en la tierra. En el momento de la creación, Dios separó las aguas de arriba de las aguas de abajo. De hecho, en el Segundo Libro de Enoc se dice claramente que en el primer cielo existe un mar mucho más grande que cualquier mar que hay en la tierra. Y aquí sí tiene sentido que se abran unas compuertas y caiga el agua sobre la tierra, como si esas aguas de arriba estuvieran retenidas por algo.

Luego están las compuertas del cielo, inexistentes en el modelo oficial, ya que el cielo sería únicamente una atmósfera gaseosa donde no hay ni compuertas, ni portales ni ventanas. Sin embargo, un límite en el cielo sí podría tener portales, compuertas y ventanas.

En un texto hebreo encontrado en Qumrán se dice que Azael suplantó a Shemihaza como líder de los ángeles caídos, y que el propio Shemihaza tuvo una lucha contra el arcángel Miguel. Se menciona también la segunda tablilla que Enoc escribió para los Vigilantes o los ángeles caídos. Y en esta tablilla hay un dato muy interesante. Al parecer, Enoc dijo a los ángeles caídos que serían juzgados junto a sus hijos por toda la maldad que habían generado en la tierra. A causa de esta maldad toda la tierra se quejaba y su voz ascendía «a los portales del cielo». Esta es una clara referencia a los portales celestiales mencionados en los textos de Enoc.

LAS FUENTES DEL GRAN ABISMO

Otro concepto muy interesante es el de las fuentes del gran abismo, las cuales hicieron subir el agua desde abajo. Es decir que caía agua desde las compuertas del cielo, pero también salía agua de las fuentes del gran abismo, por lo tanto, era imposible escapar de ese Diluvio, ya que el agua venía tanto de arriba como de abajo.

Después llegó un momento en que se cerraron las fuentes del abismo y las cataratas de los cielos; y la lluvia de los cielos fue detenida. El Libro de los Jubileos añade un detalle muy llamativo: dice que se abrieron todas las bocas de las «simas de la tierra» y el agua comenzó a descender al abismo inferior. Una *sima* es un pozo muy profundo formado a partir de una fisura o grieta en el terreno, que generalmente comunica la superficie con corrientes o cavernas subterráneas". Es decir, que existirían agujeros muy profundos que conectan la superficie terrestre con el abismo inferior. Algo realmente fascinante.

Todo esto nos lleva a pensar que puede haber un límite físico en el cielo, así como también debajo de la tierra. O, al menos, una especie de límite que los seres humanos todavía no hemos podido atravesar.

¿Qué altura alcanzan los cielos o qué profundidad tienen las regiones inferiores? Al respecto resulta interesante lo que dice Eclesiástico 1, que habla de la Sabiduría, y enumera una serie de cosas que, por el contexto, se entiende que son imposibles de conocer por el ser humano: «La arena de los mares, las gotas de la lluvia, los días de la eternidad, ¿Quién los puede contar? La altura del cielo, la anchura de la tierra, la profundidad del abismo, ¿Quién los alcanzará?».

Aquí da a entender que ningún ser humano conoce realmente la altura de los cielos, la profundidad del abismo y otros misterios de la Creación. Lo que sí podemos extraer de los textos antiguos como Enoc es que podría haber ciertos límites en el cielo y en los confines de la tierra, donde podemos encontrar portales, ventanas y compuertas. Cosas realmente sorprendentes que sin duda merecen ser investigadas.

LOS DEPÓSITOS DEL CIELO Y LOS FENÓMENOS METEOROLÓGICOS

Grant Macaskill, de la Universidad de Aberdeen, señala un paralelismo interesante sobre los fenómenos meteorológicos y los depósitos del cielo mencionados en el Libro etiópico de las Parábolas de Enoc y 2 Enoc (Enoc eslavo). Ambos textos desarrollan el tema de los depósitos del cielo y su mecanismo de control sobre la meteorología de la tierra con más detalle y énfasis que textos bíblicos y posbíblicos. Estos últimos engloban el tema de los depósitos del cielo y la meteorología en un contexto más amplio centrado en otras figuras como la luz, las luminarias o en el caso de 3 Enoc, en Metatrón (para más información sobre Metatrón, ver el capítulo específico de «Metatrón»).

Tanto las Parábolas de Enoc como 2 Enoc relacionan los conceptos de depósitos celestiales con las balanzas de justicia y los fenómenos meteorológicos. Y todo esto se relaciona a su vez con la actividad de figuras angélicas que son responsables de la supervisión y control de los elementos meteorológicos. Esto diferencia ambos textos de los textos bíblicos, que representan el manejo de los elementos como algo hecho por Dios mismo. No obstante, puede ser que los textos bíblicos no concreten los mecanismos que utiliza Dios para manejar su creación, y es en estos textos apócrifos o pseudoepigráficos donde se entra en más detalle.

En 3 Enoc se puede ver un interés similar en los ángeles custodio, que son responsables de cada elemento en particular, a veces alternando esa responsabilidad con el propio Enoc-Metatrón.

Otro dato interesante que apunta Federico Lara Peinado en su libro *Mitos Sumerios y Acadios (Madrid, 1984)*, es que, según el concepto mesopotámico, los planetas eran imaginados a modo de corderos u ovejas que, por su vivacidad, precisaban de un pastor para que no descarriaran. Marduk, un dios de la antigua Mesopotamia y deidad patrona de Babilonia, representaba dicho pastor, ya que la posición de su planeta (Nibiru) era la más preeminente del cielo.

En las historias de los sumerios se habla de dioses encargados de diferentes fenómenos meteorológicos y celestiales, estableciendo un paralelismo con los ángeles que mencionan los textos enoquianos.

Se observa también cierta relación entre las Parábolas de Enoc y el Evangelio de Mateo, como la representación del Hijo del Hombre sentado en el trono de su gloria. A su vez, hay similitud en el uso extendido de la beatitud (en las religiones cristianas, la beatitud es la bienaventuranza que logran las almas al compartir la vida eterna en compañía de Dios) en el Evangelio de Mateo y 2 Enoc. La creencia popular es que tanto 2 Enoc como el Evangelio de Mateo tienen orígenes sirios en su composición, por lo que varios autores sugieren que Siria juega un papel importante en esta historia.

INTRODUCCIÓN AL TERCER LIBRO DE ENOC

El Libro Hebreo de Enoc o 3 Enoc es una obra pseudoepigráfica que fue traducida por primera vez por el teólogo y profesor universitario Hugo Odeberg en 1928, en la Universidad de Cambridge, Reino Unido. Odeberg juntó los diversos fragmentos del texto y publicó la primera versión completa traducida de la fuente hebrea original, junto con sus propias anotaciones.

Igual que sucede con 1 Enoc, la fecha exacta de este libro es difícil de saber, aunque algunos especialistas creen que se completó alrededor del siglo quinto e. c.

3 Enoc se escribió originalmente en hebreo (de ahí el nombre alternativo de Libro Hebreo de Enoc), aunque contiene palabras griegas y latinas.

Parte del libro presenta muchas similitudes con los otros dos Libros de Enoc, sobre todo en cuanto a la descripción de los cielos y la revelación dada a Enoc de lo que hay en ellos, lo que demuestra que su autor estaba familiarizado con los textos enoquianos.

3 Enoc se diferencia de los dos primeros Libros en que no se atribuye directamente su autoría al patriarca Enoc y no consiste en revelaciones hechas a él durante su vida en la tierra, sino que en este caso el que recibe tales revelaciones es Rabbi Ishmael Ben Elisha, el Gran Sacerdote. Este rabino habría recibido las revelaciones del propio Metatrón en una serie de visiones donde asciende a los cielos y ve todo lo que allí sucede. El rabino Ismael habría sido contemporáneo del rabino Akiva ben Iosef, uno de los sabios

tanaim que fue una gran autoridad en materia de Mishná, Midrashim, halajá, la ley y la tradición judía, aproximadamente en el siglo II e. c.

EL TERCER LIBRO DE ENOC (EL LIBRO HEBREO DE ENOC)

Por Rabbi Ishmael Ben Elisha, El Gran Sacerdote

Capítulo 1

INTRODUCCIÓN: El Rabino Ismael asciende al cielo para contemplar la visión del Merkabá y es entregado a cargo de Metatrón.

Y ENOC CAMINÓ CON DIOS: Y DESAPARECIÓ, PORQUE DIOS SE LO LLEVÓ.

El Rabino Ismael dijo:

1 Ascendí a lo alto para contemplar la visión del Merkabá[1] y entré en las seis Salas, una dentro de otra.

2 Tan pronto como llegué a la puerta de la séptima Sala, me paré a rezar ante el Santo, bendito sea Él. Miré a lo alto hacia la Divina Majestad y dije:

---

[1] Merkabá o *Merkavah* viene del hebreo y significa 'carro'. En el misticismo judío se habla de un carro que permite al ser humano acceder al mundo divino, o a otros planos de conciencia.

3 «Señor del Universo, rezo a ti, que el mérito de Aarón, el hijo de Amram, el que ama y busca la paz, que recibió la corona del sacerdocio de parte de Tu Gloria en el monte Sinaí, sea válido para mí en esta hora, para que Cassiel, el príncipe,[2] y los ángeles que van con él no obtengan poder sobre mí ni me hagan caer de los cielos».

4 Entonces, el Santo, bendito sea, me envió a Metatrón, su Siervo ('Ebed) el ángel, el Príncipe de la Presencia, y él, desplegando sus alas, con gran alegría vino a mi encuentro para salvarme de su mano.

5 Y me tomó de la mano a la vista de ellos, diciéndome: «Entra en paz ante el alto y exaltado Rey y contempla la imagen del Merkabá».

6 Entonces entré en la séptima Sala, y me condujo al campo de la Shejiná[3] y me puso ante el Santo, bendito sea, para contemplar el Merkabá.

7 Cuando los príncipes del Merkabá y los flamantes Serafines me percibieron, fijaron sus ojos en mí. Al instante se apoderó de mí el temblor y el estremecimiento, y caí rendido ante la imagen radiante de sus ojos y la espléndida apariencia de sus rostros; hasta que el Santo, bendito sea, los reprendió, diciendo:

---

[2] *Cassiel* significa 'cubierta de Dios' y es un ángel que aparece en escritos místicos judíos, cristianos e islámicos extra canónicos, a menudo como uno de los arcángeles.

[3] *Shejiná* es una palabra hebrea que significa 'la radiancia' o 'la presencia' de Dios. El sustantivo *shejiná* se deriva del verbo *shaján*, que en hebreo bíblico significa 'residir', y se usa con frecuencia en la Biblia hebrea. Representa el don que Dios dio a la humanidad después de la destrucción del primer Templo: su Presencia, que a partir de entonces residió con el pueblo de Israel en el exilio. En el pensamiento judío clásico, se refiere a la morada de la presencia divina.

8 «¡Mis siervos, mis Serafines, mis Querubines y mis Ofanim! Cubrid vuestros ojos ante Ismael, mi hijo, mi amigo, mi amado y mi gloria, para que no tiemble ni se estremezca».

9 En seguida vino Metatrón, el Príncipe de la Presencia, y restauró mi espíritu y me puso en pie.

10 Después de ese momento no hubo en mí fuerza suficiente para pronunciar una canción ante el Trono de la Gloria del Rey glorioso, el más poderoso de todos los reyes, el más excelente de todos los príncipes, hasta que pasó la hora.

11 Después de que hubiera pasado una hora, el Santo, bendito sea, me abrió las puertas de Shejiná, las puertas de la Paz, las puertas de la Sabiduría, las puertas de la Fuerza, las puertas del Poder, las puertas de la Palabra, las puertas de la Canción, las puertas de Kedushá, las puertas del Canto.[4]

12 E iluminó mis ojos y mi corazón con palabras de salmo, canto, alabanza, exaltación, acción de gracias, exaltación, glorificación, himno y elogio. Y mientras abría mi boca, pronunciando una canción ante el Santo, bendito sea, el Santo Chayyoth[5] debajo y encima del Trono de la Gloria respondió

---

[4] La *Kedushá* proviene del hebreo 'santificación' y es el nombre que reciben diversas oraciones que son recitadas durante los servicios de rezo judíos. Tienen en común la recitación de dos versos bíblicos: Isaías 6:3 y Ezequiel 3:12. Estos versos provienen de visiones proféticas en las que los ángeles cantan los versos «Santo, Santo, Santo» como alabanzas a Dios.

[5] En el judaísmo, el ángel Chayot o Chayyot es el rango de ángel más alto. Son conocidos por su iluminación y por mantener el trono de Dios, así como por mantener a la tierra en su posición correcta. Los Chayot también aparecen como ángeles Merkabá que guían a los místicos en sus viajes celestiales durante el rezo y la meditación.

y dijo: «¡SANTO!» y «¡Bendita sea la gloria de YHWH desde su lugar!» (es decir, recitaron la Kedushá).

Capítulo 2

Las clases más altas de ángeles hacen preguntas sobre R. Ismael, que son respondidas por Metatrón

R. Ismael dijo:

1 En esa hora las águilas del Merkabá, los flameantes Ofanim y los Serafines de fuego consumido preguntaron a Metatrón:

2 «¡Joven! ¿Por qué permites que un nacido de mujer entre y contemple el Merkabá? ¿De qué nación, de qué tribu es éste? ¿Cuál es su carácter?».

3 Metatrón les respondió: «De la nación de Israel que el Santo, bendito sea, eligió para su pueblo de entre setenta lenguas (naciones), de la tribu de Leví, a la que apartó como contribución a su nombre y de la descendencia de Aarón a la que el Santo, bendito sea, eligió para su siervo y le puso la corona del sacerdocio en el Sinaí».

4 A continuación, hablaron y dijeron: «Ciertamente, éste es digno de contemplar el Merkabá». Y dijeron: «¡Feliz es el pueblo que se encuentra en tal caso!» (Salmo 144:15).

Capítulo 3

Metatrón tiene 70 nombres, pero Dios le llama «Joven»

R. Ismael dijo:

1 En esa hora le pregunté a Metatrón, el ángel, el Príncipe de la Presencia: «Cuál es tu nombre?».

2 Él me respondió: «Tengo setenta nombres, correspondientes a las setenta lenguas del mundo y todas ellas están basadas en el nombre Metatrón, ángel de la Presencia; pero mi Rey me llama 'Joven' (*Na'ar*)».

Capítulo 4

Metatrón es idéntico a Enoc, que fue trasladado al cielo en el momento del Diluvio

R. Ismael dijo:

1 Le pregunté a Metatrón y le dije: «¿Por qué eres llamado por el nombre de tu Creador, por setenta nombres? Eres más grande que todos los príncipes, más alto que todos los ángeles, más amado que todos los siervos, honrado por encima de todos los poderosos en realeza, grandeza y gloria: ¿por qué te llaman "Joven" en los altos cielos?».

2 Él me respondió: «Porque yo soy Enoc, hijo de Jared.

3 Porque cuando la generación del Diluvio pecó y se aturdió en sus actos, diciendo a Dios: "Apártate de nosotros, pues no deseamos el conocimiento de tus caminos (Job 21:14)", entonces el Santo, bendito sea, me quitó de en medio de ellos para ser testigo contra ellos en los altos cielos a todos los habitantes del mundo, para que no digan: "El Misericordioso es cruel".

4 ¿Qué pecados habían cometido todas esas multitudes? O bien, si pecaron, ¿en qué pecaron sus hijos y sus hijas, sus mulas y su ganado? ¿Y de la misma manera, todos los animales, domésticos y salvajes, y las aves del mundo que Dios destruyó? ¿En qué habían pecado para tener que morir con ellos?

5 Por eso el Santo, bendito sea, me levantó mientras ellos todavía vivían ante sus ojos para ser un testigo contra ellos para el mundo futuro. Y el

Santo, bendito sea, me asignó como príncipe y gobernante entre los ángeles ministrantes.

6 En esa hora tres de los ángeles ministradores, 'UZZA, 'AZZA y 'AZZAEL salieron y presentaron cargos contra mí en los altos cielos, diciendo ante el Santo, bendito sea: "No dijeron los Antiguos (Primeros) correctamente ante Ti: '¡No crees al hombre!'. El Santo, bendito sea, respondió y les dijo "Yo he hecho y llevaré, sí, llevaré y entregaré". (Is. 46:4.)

7 En cuanto me vieron, dijeron ante Él: "¡Señor del Universo! ¿Quién es éste para que suba a la altura de las alturas? ¿No es uno de los hijos de los que perecieron en los días del Diluvio? ¿Qué hace él en el Raqia?".[6]

8 De nuevo el Santo, bendito sea, respondió y les dijo: "¿Quiénes sois vosotros, que entráis y habláis en mi presencia? Yo me deleito en este más que en todos vosotros, y por eso será un príncipe y un gobernante sobre vosotros en los altos cielos".

9 Entonces todos se levantaron y salieron a mi encuentro, se postraron ante mí y dijeron: "Feliz eres tú y feliz es tu padre porque tu Creador te favorece".

10 Y como soy pequeño y joven entre ellos en días, meses y años, por eso me llaman "Joven" (*Na'ar*)».

---

[6] Según el diccionario Concordancia de Strong, *Raqia* significa 'expansión, firmamento, superficie extendida o expansión del cielo'. Esta palabra hebrea aparece en Génesis 1:6-8 y se traduce como 'firmamento' en la King James Bible o 'expansión' en la mayoría de diccionarios hebreos y traducciones modernas. La Septuaginta Griega tradujo *Raqia* como la palabra griega *stereoma*, que significa 'estructura firme o sólida'. La Vulgata Latina usó el término latino *firmamentum*, que también denota algo sólido y firme.

Capítulo 5

La idolatría de la generación de Enós hace que Dios elimine la Shejiná de la tierra. La idolatría inspirada por 'Azza, 'Uzza y 'Azziel

R. Ismael dijo: Metatrón, el Príncipe de la Presencia, me dijo:

1 «Desde el día en que el Santo, bendito sea, expulsó al primer Adán del Jardín del Edén, la Shejiná habitaba en un Kerub bajo el Árbol de la Vida.[7]

2 Y los ángeles ministradores se reunían y bajaban del cielo en grupos, de la Raqia (bajaban) en compañías y de los cielos en campamentos para hacer su voluntad en todo el mundo.

3 El primer hombre y su generación estaban sentados fuera de la puerta del Jardín para contemplar la radiante aparición de la Shejiná.

4 Pues el esplendor de la Shejiná atravesó el mundo de un extremo a otro con un esplendor 365.000 veces el del orbe del sol. Y todo aquel que utilizó el esplendor de la Shejiná, sobre él no se posaron ni moscas ni mosquitos, ni estuvo enfermo ni sufrió dolor alguno. Ningún demonio tuvo poder sobre él, ni pudo herirlo.

5 Cuando el Santo, bendito sea, salió y entró del Jardín al Edén, del Edén al Jardín, del Jardín a Raqia y de Raqia al Jardín del Edén, entonces todos y cada uno de ellos contemplaron el esplendor de Su Shejiná y no fueron heridos.

---

[7] Según el *Diccionario Bíblico Easton* publicado en 1897, los judíos tardíos utilizaban la palabra *Shejiná* para denominar la presencia de Dios en el Tabernáculo, y después en el Templo de Salomón. Se identifica también con la columna de nube o fuego que iba delante del pueblo de Israel cuando Dios los sacó de Egipto.

6 Hasta el tiempo de la generación de Enós,[8] que era el jefe de todos los adoradores de ídolos del mundo.

7 ¿Y qué hizo la generación de Enós? Fueron de un extremo a otro del mundo, y cada uno trajo plata, oro, piedras preciosas y perlas en montones como montañas y colinas haciendo ídolos con ellos en todo el mundo. Y levantaron los ídolos en todos los rincones del mundo: el tamaño de cada ídolo era de 1000 parasangs.[9]

8 E hicieron descender el sol, la luna, los planetas y las constelaciones, y los colocaron ante los ídolos a su derecha y a su izquierda, para atenderlos como atienden al Santo, bendito sea, como está escrito (1 Reyes 22:19): "Y todo el ejército del cielo estaba junto a él, a su derecha y a su izquierda".

9 ¿Qué poder había en ellos para que pudieran derribarlos? No habrían podido derribarlos de no ser por 'UZZA, 'AZZA y 'AZZIEL que les enseñaron "hechizos con los que los derribaron y se sirvieron de ellos".

10 En ese momento los ángeles ministradores presentaron cargos contra ellos ante el Santo, bendito sea, diciendo ante él: "¡Amo del mundo! ¿Qué tienes que hacer con los hijos de los hombres? Como está escrito (Sal. 8:4): '¿Qué es el hombre para que te acuerdes de él?'.

11 ¿Por qué te has ido y habitas con los hijos de los hombres que adoran a los ídolos y te igualan a los ídolos?

---

[8] Enós o Enosh es el primer hijo de Set que figuraba en las generaciones de Adán en el libro del Génesis de la Biblia.

[9] *Parasang* es una unidad de medida histórica iraní de distancia recorrida a pie y su longitud varía de acuerdo al terreno y velocidad de desplazamiento. En términos modernos, un *parasang* equivaldría a entre 4,8 y 5,6 km.

12 Ahora tú estás en la tierra y los ídolos también. ¿Qué tienes que hacer con los habitantes de la tierra que adoran a los ídolos?".

13 Y el Santo, bendito sea, levantó su Shejiná de la tierra, de entre ellos.

14 En ese momento vinieron los ángeles ministradores, las tropas de los ejércitos y los ejércitos de Araboth (el cielo más alto)[10] en mil campamentos y diez mil ejércitos: tomaron las trompetas y los cuernos en sus manos y rodearon a la Shejiná con toda clase de cantos. Y subió a los altos cielos, como está escrito (Sal. 47:5): "Dios subió con un grito, el Señor con el sonido de una trompeta"».

Capítulo 6

Enoc elevado al cielo junto con la Shejiná. Protestas de los ángeles respondidas por Dios

R. Ismael dijo: Metatrón, el Ángel, el Príncipe de la Presencia, me dijo:

1 «Cuando el Santo, bendito sea, quiso elevarme a lo alto, primero envió a Anaphiel YHWH, el Príncipe,[11] y me quitó de en medio a la vista de ellos

---

[10] Según el Talmud [Chagigah 12b], *Araboth* es el firmamento que contiene «justicia, bondad, caridad, los depósitos de vida, de paz y de bendición, el alma de los justos, los espíritus y almas que van a ser creadas y el rocío que el Santo, bendito sea, usará para revivir a los muertos». A menudo se cita a *Araboth* como el séptimo cielo, donde vive Dios junto a los Serafines, Querubines, Ofanines y los Tronos.

[11] Anaphiel o Anafiel, 'rama de Dios', es el jefe de los 8 grandes ángeles del Merkabá, guardián de las llaves de las Salas celestiales.

y me llevó en gran gloria sobre un carro de fuego con caballos de fuego, servidores de la gloria. Y me elevó a los altos cielos junto con la Shejiná.[12]

2 Tan pronto como llegué a los altos cielos, los Santos Chayot, los Ofanim, los Serafines, los Querubines, las Ruedas del Merkabá (los Galgallim) y los ministros del fuego consumidor, percibiendo mi olor desde una distancia de 365.000 miríadas de parasangs, dijeron: "¿Qué olor de uno nacido de mujer y qué sabor a gota blanca es este que asciende a lo alto, y que no es más que un mosquito entre los que dividen llamas de fuego?".

3 El Santo, bendito sea, respondió y les habló: "¡Mis servidores, mis huestes, mis Querubines, mis Ofanines, mis Serafines! ¡No os disgustéis por esto! Puesto que todos los hijos de los hombres me han negado a mí y a mi gran Reino y se han ido a adorar ídolos, he quitado mi Shejiná de entre ellos y la he levantado en alto. Pero éste que he tomado de entre ellos es un ELEGIDO entre los habitantes del mundo y es igual a todos ellos en fe, justicia y perfección de hechos y lo he tomado como un tributo de mi mundo bajo todos los cielos"».

Capítulo 7

Enoc elevado sobre las alas de la Shejiná hacia el lugar del Trono, el Merkabá y las huestes angélicas

R. Ismael dijo: Metatrón, el Ángel, el Príncipe de la Presencia, me dijo:

---

[12] El tetragrámaton es la combinación de cuatro letras hebreas transliterada como YHVH o YHWH, que la Biblia hebrea emplea como nombre propio del Dios único de judíos, samaritanos y cristianos. Los judíos observantes y aquellos que siguen las tradiciones talmúdicas no leen en voz alta su nombre ni sus variantes (Yahweh o Yahveh), sino que lo reemplazan por términos como *Adonai* 'Mi Señor', *HaShem* 'El Nombre' y *Hakadohs Baruch hu* 'El Santo, Bendito Sea'.

«Cuando el Santo, bendito sea, me sacó de la generación del Diluvio, me elevó en las alas del viento de Shejiná hasta el cielo más alto y me llevó a los grandes palacios de los Araboth Raqia en las alturas, donde están el glorioso Trono de Shejiná, el Merkabá, las tropas de la cólera, los ejércitos de la vehemencia, los ardientes Shinanim,[13] los flamantes Querubines, y los ardientes Ofanines, los flamantes servidores, los centelleantes Chashmallim[14] y los relampagueantes Serafines. Y me colocó (allí) para asistir al Trono de la Gloria día tras día».

Capítulo 8

Las puertas del cielo abiertas a Metatrón

R. Ismael dijo: Metatrón, el Ángel, el Príncipe de la Presencia, me dijo:

1 «Antes de que me designara para asistir al Trono de la Gloria, el Santo, bendito sea, me abrió

trescientas mil puertas de Entendimiento

trescientas mil puertas de Sutileza

trescientas mil puertas de Vida

trescientas mil puertas de "gracia y bondad amorosa"

trescientas mil puertas de amor

trescientas mil puertas de Torá

trescientas mil puertas de mansedumbre

---

[13] Los *Shinamim* son ángeles de rango similar a los Serafines.

[14] Los *Chashmallim* son ángeles conocidos por su amor, generosidad y gracia.

trescientas mil puertas de mantenimiento

trescientas mil puertas de misericordia

trescientas mil puertas de temor al cielo.

2 En esa hora, el Santo, bendito sea, añadió en mí sabiduría a la sabiduría, entendimiento a la comprensión, sutileza a la sutileza, conocimiento a la sabiduría, misericordia a la misericordia, instrucción a la instrucción, amor a la amorosa bondad, bondad a la bondad, mansedumbre a mansedumbre, poder a poder, fuerza a fuerza, poder a poder, brillo a brillo, belleza a belleza, esplendor a esplendor, y fui honrado y adornado con todas estas cosas buenas y loables más que todos los hijos del cielo».

Capítulo 9

Enoc recibe las bendiciones del Altísimo y es adornado con atributos angélicos

R. Ismael dijo: Metatrón, el Ángel, el Príncipe de la Presencia, me dijo:

1 «Después de todas estas cosas el Santo, bendito sea, puso su mano sobre mí y me bendijo con 5360 bendiciones.

2 Y fui elevado y engrandecido al tamaño de la longitud y anchura del mundo.

3 E hizo que me crecieran 72 alas, 36 a cada lado. Y cada ala era como el mundo entero.

4 Y fijó en mí 365 ojos: cada ojo era como la gran luminaria.

5 Y no hubo ningún tipo de esplendor, brillo, resplandor o belleza de todas las luces del universo que no fijara en mí».

Capítulo 10

Dios establece a Metatrón en un trono en la séptima Sala como gobernante

R. Ismael dijo: Metatrón, el Ángel, el Príncipe de la Presencia, me dijo:

1 «Todas estas cosas el Santo, bendito sea, las hizo para mí: Me hizo un Trono, similar al Trono de la Gloria. Y extendió sobre mí una cortina de esplendor y apariencia brillante, de belleza, gracia y misericordia, similar a la cortina del Trono de Gloria; y sobre ella se fijaron toda clase de luces en el universo.

2 Y la colocó en la puerta de la Séptima Sala y me sentó en ella.

3 Y el heraldo llegó a cada uno de los cielos, diciendo: "Este es Metatrón, mi siervo. Lo he convertido en príncipe y gobernante sobre todos los príncipes de mis reinos y sobre todos los hijos del cielo, excepto los ocho grandes príncipes, los honrados y reverenciados que se llaman YHWH, por el nombre de su Rey".

4 Y todo ángel y todo príncipe que tenga una palabra que decir en mi presencia irá a su presencia y le hablará.

5 Y todo mandato que él os diga en mi nombre, observadlo y cumplidlo. Porque le he encomendado al Príncipe de la Sabiduría y al Príncipe del Entendimiento que le instruya en la sabiduría de las cosas celestiales y de las terrenales, en la sabiduría de este mundo y del mundo venidero.

6 Además, lo he puesto sobre todos los tesoros de los palacios de Araboth y sobre todos los almacenes de vida que tengo en los altos cielos».

Capítulo 11

Dios revela todos los misterios y secretos a Metatrón

R. Ismael dijo: Metatrón, el Ángel, el Príncipe de la Presencia, me dijo:

1 «A partir de entonces, el Santo, bendito sea, me reveló todos los misterios de la Torá y todos los secretos de la sabiduría y todas las profundidades de la Ley Perfecta; y todos los pensamientos del corazón de los seres vivos y todos los secretos del universo y todos los secretos de la Creación me fueron revelados tal como se revelan al Hacedor de la Creación.

2 Y observé atentamente para contemplar los secretos de la profundidad y el maravilloso misterio. Antes de que un hombre pensara en secreto, yo lo vi, y antes de que un hombre hiciera algo, yo lo vi.

3 Y no hubo nada en lo alto ni en lo profundo del mundo que se me ocultara».

Capítulo 12

Dios viste a Metatrón con un manto de gloria, le pone una corona real en la cabeza y lo llama "el YHWH menor"

R. Ismael dijo: Metatrón, el Ángel, el Príncipe de la Presencia, me dijo:

1 «Por el amor con que el Santo, bendito sea, me amó más que a todos los hijos del cielo, me hizo un vestido de gloria en el que estaban fijadas toda clase de luces, y me vistió con él.

2 Y me hizo una túnica de honor en la que se fijaron toda clase de belleza, esplendor, brillo y majestad.

3 Y me hizo una corona real en la que estaban fijadas cuarenta y nueve piedras preciosas como la luz del orbe del sol.

4 Porque su esplendor se extendió por las cuatro partes del Araboth Raqia, a través de los siete cielos, y en las cuatro partes del mundo. Y lo puso sobre mi cabeza.

5 Y me llamó EL MENOR YHWH en presencia de toda su casa celestial; como está escrito (Ex. 23:21): "Porque mi nombre está en él"».[15]

Capítulo 13

Dios escribe con un estilo flameante en la corona de Metatrón las letras cósmicas mediante las cuales se crearon el cielo y la tierra

R. Ismael dijo: Metatrón, el Ángel, el Príncipe de la Presencia, me dijo:

1 «Debido al gran amor y misericordia con que el Santo, bendito sea, me amó y cuidó más que a todos los hijos del cielo, escribió con su dedo con estilo flameante en la corona de mi cabeza las letras mediante las cuales se crearon el cielo y la tierra, los mares y los ríos, las montañas y las colinas, los planetas y las constelaciones, los relámpagos, los vientos, los terremotos y los truenos, la nieve y el granizo, el viento de tormenta y la tempestad; las letras con las cuales fueron creadas todas las necesidades del mundo y todos los órdenes de la Creación.

2 Y cada palabra salía una y otra vez como relámpagos, una y otra vez como antorchas, una y otra vez como llamas de fuego, una y otra vez rayos como los de la salida del sol y la luna y los planetas».

---

[15] El término «MENOR YHWH» no quiere decir que Metatrón sea YHWH, sino que el nombre de Dios forma parte de Metatrón, como el Ángel del Señor en el Éxodo bíblico.

Capítulo 14

Todos los príncipes superiores, los ángeles elementales y los ángeles planetarios y siderales temen y tiemblan al ver a Metatrón coronado

R. Ismael dijo: Metatrón, el Ángel, el Príncipe de la Presencia, me dijo:

1 «Cuando el Santo, bendito sea, puso esta corona sobre mi cabeza, entonces temblaron ante mí todos los Príncipes de los Reinos que están en la altura de Araboth Raqia y todas las huestes de todos los cielos y hasta los príncipes de los Elim, los príncipes de los Erelim y los príncipes de los Tafsarim,[16] que son más grandes que todos los ángeles ministrantes que ministran ante el Trono de la Gloria, se estremecieron, temieron y temblaron ante mí cuando me vieron.

2 Incluso Samael, el Príncipe de los Acusadores, que es más grande que todos los príncipes de los reinos de las alturas, temió y tembló ante mí.

3 Incluso el ángel del fuego, y el ángel del granizo, y el ángel del viento, y el ángel del rayo, y el ángel de la ira, y el ángel del trueno, y el ángel de la nieve, y el ángel de la lluvia; y el ángel del día, y el ángel de la noche, y el ángel del sol, y el ángel de la luna, y el ángel de los planetas, y el ángel de las constelaciones que gobiernan el mundo bajo sus manos, temieron y temblaron y se espantaron ante mí cuando me vieron.

---

[16] Los *Tafsarim* son una clase de ángeles del Merkabá agrupados normalmente con los Elim y los Erelim. Los Erelim estarían compuestos de fuego blanco y estarían establecidos entre el tercer, cuarto y quinto cielo. En la obra *The Legend of the Jews* se dice que los Erelim se encargan de la hierba, los árboles, las frutas y los granos. Según la Revelación de Moisés, fueron señalados a Moisés por Metatrón cuando Moisés visitó el Paraíso. Según el *Maseket Azilut*, los Erelim son «uno de los 10 tipos de ángeles bajo el mandato de Miguel». El filósofo Maimonides (1138-1204) los incluyó en sus diez órdenes o rangos de ángeles.

4 Estos son los nombres de los gobernantes del mundo: Gabriel, el ángel del fuego, Baradiel, el ángel del granizo, Ruchiel que controla el viento, Baraqiel que controla los relámpagos, Zamiel que controla la vehemencia, Ziqiel que controla las chispas, Ziel que controla la conmoción, Zaphiel que controla el viento de tormenta, Ramiel que controla los truenos, Rashiel que controla el terremoto, Shalgiel que controla la nieve, Matariel que controla la lluvia, Shimshiel que controla el día, Lailiel que controla la noche, Galgalliel que controla el orbe del sol, Ofaniel que controla el orbe de la luna, Kokbiel que controla los planetas, Rahatiel que controla las constelaciones.

5 Todos cayeron postrados cuando me vieron. Y no pudieron contemplarme a causa de la majestuosa gloria y belleza de la apariencia de la luz resplandeciente de la corona de gloria que había sobre mi cabeza».

Capítulo 15

Metatrón es transformado en fuego

R. Ismael dijo: Metatrón, el Ángel, el Príncipe de la Presencia, me dijo:

1 «Tan pronto como el Santo, bendito sea, me tomó en (Su) servicio para atender el Trono de Gloria y las Ruedas (Galgallim) del Merkabá y las necesidades de la Shejiná, inmediatamente mi carne se transformó en llamas, mis tendones en fuego ardiente, mis huesos en carbones de enebro ardiendo, la luz de mis párpados en esplendor de relámpagos, mis ojos en tizones, el pelo de mi cabeza en llamas, todas mis extremidades en alas de fuego ardiente y todo mi cuerpo en fuego resplandeciente.

2 A mi derecha había divisiones de llamas ardientes, a mi izquierda ardían llamas de fuego, a mi alrededor soplaban vientos de tormenta y tempestades, y delante y detrás de mí había rugido de truenos con terremotos».

Capítulo 15B (Este capítulo no aparece en todos los manuscritos y parece ser una adición posterior)

1 R. Ismael dijo: Me dijo Metatrón, el Príncipe de la Presencia y el príncipe sobre todos los príncipes que está delante de Aquel que es más grande que todos los Elohim. Y entra bajo el Trono de la Gloria. Y tiene un gran tabernáculo de luz en lo alto. Y saca el fuego de la sordera y lo pone en los oídos de los Santos Chayot, para que no oigan la voz de la Palabra (Dibbur) que sale de la boca de la Majestad Divina.

2 Y cuando Moisés subió a lo alto, ayunó 121 ayunos, hasta que se le abrieron las moradas del chashmal; y vio que era blanco como el corazón del León, y vio las innumerables compañías de los ejércitos que lo rodeaban. Y deseaban quemarlo. Pero Moisés rogó por misericordia, primero por Israel y después por él mismo: y Aquel que está sentado en el Merkabá abrió las ventanas que están sobre las cabezas de los Querubines. Y una hueste de 1800 ayudantes junto al Príncipe de la Presencia, Metatrón, salió al encuentro de Moisés. Y tomaron las oraciones de Israel y las pusieron como una corona sobre la cabeza del Santo, bendito sea.

3 Y dijeron (Deut. 6:4): «Escucha, Israel; el Señor nuestro Dios es un solo Señor». Y su rostro brilló y se alegró por la Shejiná, y le dijeron a Metatrón: «¿Qué es esto? ¿Y a quién le dan todo este honor y gloria?». Y ellos respondieron: «Al Glorioso Señor de Israel». Y hablaron: «Escucha, oh Israel: el Señor, nuestro Dios, es un solo Señor. ¿A quién se le dará abundancia de honor y majestad sino a ti YHWH, la Divina Majestad, el Rey, vivo y eterno?».

4 En ese momento habló Akatriel Yah Yehod Sebaoth (un nombre del Altísimo) y dijo a Metatrón, el Príncipe de la Presencia: «Que ninguna oración que rece ante mí vuelva a él vacía. Escucha su oración y cumple su deseo, ya sea grande o pequeño».

5 Entonces Metatrón, el Príncipe de la Presencia, dijo a Moisés: «¡Hijo de Amram! No temas, pues ahora Dios se deleita en ti. Y pide tu deseo de la Gloria y la Majestad. Pues tu rostro brilla desde un extremo del mundo hasta el otro». Pero Moisés le respondió «Temo traer la culpa sobre mí». Metatrón le dijo: «Recibe las letras del juramento, por las que hay un pacto que no puede romperse».

Capítulo 16 (Probablemente también es una adición posterior)

Metatrón despojado de su privilegio de presidir un Trono propio a causa de la equivocación de Acher al tomarlo por un segundo Poder Divino

R. Ismael dijo: Metatrón, el Ángel, el Príncipe de la Presencia, la gloria de todo el cielo, me dijo:

1 «Al principio estaba sentado en un gran Trono a la puerta de la Séptima Sala. Allí juzgaba a los hijos del cielo y a la casa de lo alto por autoridad del Santo, bendito sea. Y repartí la Grandeza, la Realeza, la Dignidad, el Gobierno, el Honor y la Alabanza, y la Diadema y la Corona de Gloria a todos los príncipes de los reinos, mientras presidía en la Corte Celestial (Yeshivá), y los príncipes de los reinos estaban de pie ante mí, a mi derecha y a mi izquierda por autoridad del Santo, bendito sea.

2 Pero cuando Acher llegó a contemplar la visión del Merkabá y fijó sus ojos en mí,[17] temió y tembló ante mí y su alma se atemorizó incluso hasta apartarse de él, a causa del miedo, el horror y el pavor que le producía, cuando me vio sentado en un trono como un rey con todos los ángeles ministradores de pie junto a mí como mis sirvientes y todos los príncipes de los reinos adornados con coronas rodeándome.

3 En ese momento abrió la boca y dijo: "¡En efecto, hay dos poderes divinos en el cielo!".

4 A continuación, Bath Qol (la Voz Divina) salió del cielo desde la Shejiná y dijo: "¡Volved, hijos descarriados (Jer. 3:22), excepto Acher!".

5 Entonces vino Aniyel, el Príncipe, el honrado, glorificado, amado, maravilloso, venerado y temible, en comisión del Santo, bendito sea, y me dio sesenta golpes con latigazos de fuego y me hizo ponerme de pie».

Capítulo 17

Los príncipes de los siete cielos, del sol, la luna, los planetas y las constelaciones y sus conjuntos de ángeles

R. Ismael dijo: Metatrón, el Ángel, el Príncipe de la Presencia, la gloria de todo el cielo, me dijo:

---

[17] *Acher* significa 'El Otro' en hebreo y fue el nombre que se le atribuyó al rabino y autoridad religiosa judía Elisha ben Abuyah, nacido en Jerusalén en el año 70 e. c. Según el Talmud, Acher entró al Paraíso y vio a Metatrón sentado en el cielo, un acto sólo permitido al Divino. Por esto, Acher consideró a Metatrón una deidad. Después de adoptar una visión considerada herética por sus compañeros Tannaim, los rabinos del Talmud se abstuvieron de relatar enseñanzas en su nombre y pasaron a llamarlo 'El Otro' o *Acher*. Los rabinos explican que Metatrón tenía permiso para sentarse en el cielo por su función de escriba, anotando las obras de Israel.

1 «Siete son los príncipes, los grandes, hermosos, reverenciados, maravillosos y honrados que son designados gobernantes sobre los siete cielos. Y estos son: MIKAEL (Miguel), GABRIEL, SHATQIEL, SHACHAQIEL, BAKARIEL, BADARIEL, PACHRIEL.[18]

2 Y cada uno de ellos es el príncipe de la hueste de un cielo. Y cada uno de ellos está acompañado por 496.000 miríadas de ángeles ministradores.

3 MIKAEL, el gran príncipe, es designado gobernante del séptimo cielo, el más alto, que está en el Araboth. GABRIEL, el príncipe del ejército, es designado sobre el sexto cielo que está en Makon. SHATAQIEL, príncipe del ejército, es designado gobernante del quinto cielo que está en Ma'on. SHAHAQI'EL, príncipe del ejército, es designado gobernante del cuarto cielo que está en Zebul. BADARIEL, príncipe del ejército, es designado gobernante del tercer cielo que está en Shehaqim. BARAKIEL, príncipe del ejército, es designado gobernante del segundo cielo que está en la altura de (Merom) Raqia. PAZRIEL, príncipe del ejército, es designado gobernante del primer cielo que está en Wilon, que está en Shamayim.

4 Debajo de ellos está GALGALLIEL, el príncipe designado gobernante sobre el orbe del sol, y con él están 96 grandes y honrados ángeles que mueven el sol en Raqia.

5 Debajo de ellos está OPHANNIEL, el príncipe designado gobernante sobre el orbe de la luna. Y con él hay 88 ángeles que mueven el orbe de la luna 354 mil parasangs cada noche en el momento en que la luna se sienta en el Este en su punto de inflexión. ¿Y cuándo se encuentra la luna en el

[18] Otra versión del texto omite a Pachriel y añade a Sidriel.

Este en su punto de inflexión? Respuesta: en el decimoquinto día de cada mes.

6 Debajo de ellos está RAHATIEL, el príncipe designado gobernante sobre las constelaciones. Y le acompañan 72 grandes y honrados ángeles. ¿Y por qué se le llama RAHATIEL? Porque él hace que las estrellas circulen (marhit) en sus órbitas y recorridos 339 mil parasangs cada noche de Oriente a Occidente, y de Occidente a Oriente. Porque el Santo, bendito sea, ha hecho una tienda para todos ellos, para el sol, la luna, los planetas y las estrellas en la que viajan por la noche de Occidente a Oriente.

7 Bajo ellos está KOKBIEL, el príncipe que designado gobernante sobre todos los planetas. Y con él hay 365.000 miríadas de ángeles ministradores, grandes y honrados que mueven los planetas de ciudad en ciudad y de provincia en provincia en la Raqia de los cielos.

8 Y sobre ellos hay setenta y dos príncipes de reinos en lo alto que corresponden a las 72 lenguas del mundo. Y todos ellos están coronados con coronas reales y vestidos con ropas reales y envueltos en mantos reales. Y todos ellos están montando en caballos reales y están sosteniendo cetros reales en sus manos. Y ante cada uno de ellos, cuando viajan por Raqia, van siervos reales con gran gloria y majestad, así como en la tierra ellos (los príncipes) viajan en carros con jinetes y grandes ejércitos y en gloria y grandeza con alabanza, canto y honor».

Capítulo 18

El orden de los rangos de los ángeles y el homenaje que reciben los rangos superiores de los inferiores

R. Ismael dijo: Metatrón, el Ángel, el Príncipe de la Presencia, la gloria de todo el cielo, me dijo:

1 «LOS ÁNGELES DEL PRIMER CIELO, cuando ven a su príncipe, desmontan de sus caballos y caen de bruces. Y EL PRÍNCIPE DEL PRIMER CIELO, cuando ve al príncipe del segundo cielo, desmonta, se quita la corona de gloria de la cabeza y cae de bruces. Y EL PRÍNCIPE DEL SEGUNDO CIELO, cuando ve al príncipe del tercer cielo, se quita la corona de gloria de la cabeza y cae de bruces. Y EL PRÍNCIPE DEL TERCER CIELO, cuando ve al príncipe del cuarto cielo, se quita la corona de gloria de la cabeza y cae de bruces. Y EL PRÍNCIPE DEL CUARTO CIELO, cuando ve al príncipe del quinto cielo, se quita la corona de gloria de la cabeza y cae de bruces. Y EL PRÍNCIPE DEL QUINTO CIELO, cuando ve al príncipe del sexto cielo, se quita la corona de gloria de la cabeza y cae de bruces. Y EL PRÍNCIPE DEL SEXTO CIELO, cuando ve al príncipe del séptimo cielo, se quita la corona de gloria de la cabeza y cae de bruces.

2 Y EL PRÍNCIPE DEL SÉPTIMO CIELO, cuando ve a los SETENTA Y DOS PRÍNCIPES DE REINOS, se quita la corona de gloria de la cabeza y cae de bruces.

3 Y los setenta y dos príncipes de los reinos, cuando ven a LOS PORTEROS DE LA PRIMERA SALA DE LA ARABOTH RAQIA en lo más alto, se quitan la corona real de la cabeza y caen de bruces. Y LOS PORTEROS DE LA PRIMERA SALA, cuando ven a los porteros de la segunda Sala, se quitan la corona de gloria de la cabeza y caen de bruces. Y LOS PORTEROS DE LA SEGUNDA SALA, cuando vean a los porteros de la tercera Sala, se quitarán la corona de gloria de la cabeza y caerán sobre sus rostros. Y LOS PORTEROS DE LA TERCERA SALA, cuando vean a los porteros de la cuarta sala, se quitarán la corona de gloria de la cabeza y caerán sobre sus rostros. Y LOS PORTEROS DE LA CUARTA SALA,

cuando ven a los porteros de la quinta sala, se quitan la corona de gloria de la cabeza y caen de bruces. Y LOS PORTEROS DE LA QUINTA SALA, cuando vean a los porteros de la sexta sala, se quitarán la corona de gloria de la cabeza y caerán sobre sus rostros. Y LOS PORTEROS DE LA SEXTA SALA, cuando ven a los porteros de la SEPTIMA SALA, se quitan la corona de gloria de la cabeza y caen de bruces.

4 Y los porteros de la séptima Sala, cuando ven a LOS CUATRO GRANDES PRÍNCIPES, los honrados, que son nombrados sobre los cuatro CAMPOS DE SHEJINÁ, se quitan las coronas de gloria de la cabeza y caen de bruces.

5 Y los cuatro grandes príncipes, cuando ven a TAGAS,[19] el príncipe, grande y honrado con cantos y alabanzas, a la cabeza de todos los hijos del cielo, se quitan la corona de gloria de la cabeza y caen de bruces.

6 Y Tagas, el gran y honrado príncipe, cuando ve a BARATTIEL, el gran príncipe de los tres dedos en la altura de Araboth, el cielo más alto, se quita la corona de gloria de la cabeza y cae de bruces.

7 Y Barattiel, el gran príncipe, cuando ve a HAMON, el gran príncipe, el temible y honrado, agradable y terrible que hace temblar a todos los hijos del cielo, cuando se acerca el tiempo (que está fijado) para el dicho del 'Tres veces Santo', como está escrito (Isa. 33:3): "Al ruido del tumulto (hamon) huyen los pueblos; cuando te levantas se dispersan las naciones", se quita la corona de gloria de la cabeza y cae de bruces.

8 Y Hamon, el gran príncipe, cuando ve a TUTRESIEL, el gran príncipe, se quita la corona de gloria de la cabeza y cae de bruces.

---

[19] Tagas es un gran príncipe angélico, maestro celestial del canto y director de coros.

9 Y Tutresiel H', el gran príncipe, al ver a ATRUGIEL, el gran príncipe, se quita la corona de gloria de la cabeza y cae de bruces.

10 Y Atrugiel, el gran príncipe, al ver a NA'ARIRIEL YHWH, el gran príncipe, se quita la corona de gloria de la cabeza y cae de bruces.

11 Y Na'aririel YHWH, el gran príncipe, al ver a SASNIGIEL, el gran príncipe, se quita la corona de gloria de la cabeza y cae de bruces.

12 Y Sasnigiel YHWH, al ver a ZAZRIEL YHWH, el gran príncipe, se quita la corona de gloria de la cabeza y cae de bruces.

13 Y Zazriel YHWH, el príncipe, al ver a GEBURATIEL YHWH, el príncipe, se quita la corona de gloria de la cabeza y cae de bruces.

14 Y Geburatiel YHWH, el príncipe, al ver a ARAPHIEL YHWH, el príncipe, se quita la corona de gloria de la cabeza y cae de bruces.

15 Y Araphiel YHWH, el príncipe, cuando ve a ASHRUYLU, el príncipe, que preside en todas las sesiones de los hijos del cielo, se quita la corona de gloria de la cabeza y cae de bruces.

16 Y Ashruylu YHWH, el príncipe, cuando ve a GALLISUR YHWH, EL PRÍNCIPE, QUE REVELA TODOS LOS SECRETOS DE LA LEY (Torá), se quita la corona de gloria de la cabeza y cae de bruces.

17 Y Gallisur YHWH, el príncipe, cuando ve a ZAKZAKIEL YHWH, el príncipe que ha sido designado para anotar los méritos de Israel en el Trono de la Gloria, se quita la corona de gloria de la cabeza y cae de bruces.

18 Y Zakzakiel YHWH, el gran príncipe, cuando ve a ANAPHIEL YHWH, el príncipe que guarda las llaves de las Salas celestiales, se quita la corona de gloria de la cabeza y cae de bruces. ¿Por qué se le llama con el nombre de Anaphiel? Porque la rama de su honor y majestad y su corona

y su esplendor y su brillo cubre todas las cámaras de Araboth Raqia en lo alto, así como el Hacedor del Mundo (las cubre). Tal como está escrito con respecto al Hacedor del Mundo (Hab. 3:3): "Su gloria cubrió los cielos, y la tierra se llenó de su alabanza", así también el honor y la majestad de Anaphiel cubren todas las cámaras de Araboth (el cielo más alto).

19 Y cuando ve a SOTHER ASHIEL YHWH, el príncipe, el grande, temible y honrado, se quita la corona de gloria de la cabeza y cae de bruces. ¿Por qué se le llama Sother Ashiel? Porque es designado gobernador sobre las cuatro cabezas del río ardiente frente al Trono de la Gloria; y todo príncipe que sale o entra ante la Shejiná, sale o entra sólo con su permiso. Porque los sellos del río ardiente le son confiados. Y, además, su altura es de 7000 miríadas de parasangs. Y él agita el fuego del río; y sale y entra ante la Shejiná para exponer lo que está escrito (registrado) concerniente a los habitantes del mundo. Según está escrito (Dan. 7:10): "el juicio fue fijado, y los libros fueron abiertos".

20 Y el príncipe Sother Ashiel, cuando ve a SHOQED CHOZI, el gran príncipe, el poderoso, terrible y honrado, se quita la corona de gloria de la cabeza y cae de bruces. ¿Y por qué se le llama Shoqed Chozi? Porque pesa todos los méritos del hombre en una balanza en presencia del Santo, bendito sea.

21 Y cuando ve a ZEHANPURYU YHWH, el gran príncipe, el poderoso y terrible, honrado, glorificado y temido en toda la casa celestial, se quita la corona de gloria de la cabeza y cae de bruces. ¿Por qué se le llama Zehanpuryu? Porque reprende al río de fuego y lo empuja a su lugar.

22 Y cuando ve a AZBUGA YHWH, el gran príncipe, glorificado, reverenciado, honrado, adornado, maravilloso, exaltado, amado y temido entre todos los grandes príncipes que conocen el misterio del Trono de la Gloria,

se quita la corona de gloria de la cabeza y cae de bruces. ¿Por qué se le llama Azbuga? Porque en el futuro ceñirá (vestirá) a los justos y piadosos del mundo con las vestiduras de la vida y los envolverá en el manto de la vida, para que vivan en ellas una vida eterna.

23 Y cuando ve a los dos grandes príncipes, los fuertes y glorificados que están de pie sobre él, se quita la corona de gloria de la cabeza y cae de bruces. Y estos son los nombres de los dos príncipes:

SOPHERIEL YHWH (Sopheriel YHWH el Asesino), el gran príncipe, el honrado, glorificado, intachable, venerable, antiguo y poderoso; y SOPHERIEL YHWH (Sopheriel YHWH el Vivificador), el gran príncipe, el honrado, glorificado, intachable, antiguo y poderoso.

24 ¿Por qué se le llama Sopheriel YHWH que mata (Sopheriel YHWH el asesino)? Porque ha sido designado sobre los libros de los muertos: [para que] todos, cuando se acerque el día de su muerte, lo inscriban en los libros de los muertos.

¿Por qué se le llama Sopheriel YHWH que hace vivir (Sopheriel YHWH el que da la vida)? Porque ha sido designado gobernante sobre los libros de la vida, para que todo aquel que el Santo, bendito sea, traiga a la vida, lo escriba en el libro de la vida, por autoridad de la Divina Majestad. Tal vez podría decir: "Puesto que el Santo, bendito sea, está sentado en un trono, ellos también están sentados cuando escriben". (Respuesta): La Escritura nos enseña (Reyes 22:19, 2 Crón. 18:18): "Y todo el ejército del cielo está junto a él". "El ejército del cielo" se dice para mostrarnos que incluso los Grandes Príncipes, ninguno como él en los altos cielos, no cumplen las peticiones de la Shejiná de otra manera que de pie. ¿Pero cómo es posible que ellos puedan escribir, cuando están de pie? Es así:

25 Uno está sobre las ruedas de la tempestad y el otro está sobre las ruedas del viento de la tormenta. Uno está revestido de ropas reales, el otro está revestido de ropas reales. Uno está envuelto en un manto de majestad y el otro está envuelto en un manto de majestad. Uno está coronado con una corona real, y el otro está coronado con una corona real. El cuerpo de uno está lleno de ojos, y el cuerpo del otro está lleno de ojos. El aspecto de uno es semejante al de los relámpagos, y el aspecto del otro es semejante al de los relámpagos. Los ojos de uno son como el sol en su fuerza, y los ojos del otro son como el sol en su fuerza. La altura de uno es como la altura de los siete cielos, y la altura del otro es como la altura de los siete cielos. Las alas de uno son como los días del año, y las alas del otro son como los días del año. Las alas de uno se extienden sobre la anchura de Raqia, y las alas del otro se extienden sobre la anchura de Raqia. Los labios de uno son como las puertas de Oriente, y los labios del otro son como las puertas de Oriente. La lengua del uno es tan alta como las olas del mar, y la lengua del otro es tan alta como las olas del mar. De la boca de uno sale una llama, y de la boca del otro sale una llama. De la boca de uno salen relámpagos y de la boca del otro salen relámpagos. Del sudor de uno se enciende fuego, y del sudor del otro se enciende fuego. De la lengua de uno arde una antorcha, y de la lengua del otro arde una antorcha. En la cabeza de uno hay una piedra de zafiro, y en la cabeza del otro hay una piedra de zafiro. En los hombros de uno hay una rueda de un querubín veloz, y en los hombros del otro hay una rueda de un querubín veloz. Uno tiene en su mano un pergamino ardiente, el otro tiene en su mano un pergamino ardiente. Uno tiene en su mano un estilo flamígero, el otro tiene en su mano un estilo flamígero. La longitud del pergamino es de 3000 miríadas de parasangs; el tamaño del estilo (término confuso; hay traducciones inglesas que dicen

"style" y otras "pen") es de 3000 miríadas de parasangs; el tamaño de cada letra que escriben es de 365 parasangs».

Capítulo 19

Rikbiel, el príncipe de las ruedas del Merkabá. Los alrededores del Merkabá. La conmoción entre las huestes angélicas en el momento de la Kedushá

R. Ismael dijo: Metatrón, el Ángel, el Príncipe de la Presencia, me dijo:

1 «Por encima de estos tres ángeles, de estos grandes príncipes hay un Príncipe, distinguido, honrado, noble, glorificado, adornado, temible, valiente, fuerte, grande, magnificado, glorioso, coronado, maravilloso, exaltado, intachable, amado, señorial, alto y altivo, antiguo y poderoso, no hay ninguno como él entre los príncipes. Su nombre es RIKBIEL YHWH, el gran y venerado príncipe que está junto al Merkabá.

2 ¿Y por qué se le llama RIKBIEL? Porque ha sido designado gobernante sobre las ruedas del Merkabá, y están a su cargo.

3 ¿Y cuántas son las ruedas? Ocho; dos en cada dirección. Y hay cuatro vientos que las rodean. Y estos son sus nombres: "el viento de la tormenta", "la tempestad", "el viento fuerte", y "el viento del terremoto".

4 Y debajo de ellos corren continuamente cuatro ríos de fuego, un río de fuego a cada lado. Y alrededor de ellos, entre los ríos, están fijadas cuatro nubes, y éstas son: "nubes de fuego", "nubes de lámparas", "nubes de carbón", "nubes de azufre", y están junto a sus ruedas.

5 Y los pies del Chayot se apoyan en las ruedas. Y entre una rueda y la otra ruge el terremoto y truena el trueno.

6 Y cuando se acerca el momento de recitar el Cantar, entonces se mueven las multitudes de ruedas, tiembla la multitud de nubes, se asustan todos los jefes (shallishim), se enfurecen todos los jinetes (parashim), se excitan todos los poderosos (gibborim), todos los ejércitos (seba'im) se asustan, todas las tropas (gedudim) tienen miedo, todos los designados (memunnim) se apresuran, todos los príncipes (sarim) y los ejércitos (chayyelim) están consternados, todos los siervos (mesharetim) desfallecen y todos los ángeles (mal'akim) y las divisiones (degalim) se afanan en el dolor.

7 Y una rueda hace un sonido que se oye a la otra y un Kerub a otro, un Chayya a otro, un Serafín a otro (diciendo) (Sal. 17:5) "¡Exalten al que cabalga en Araboth, por su nombre Jah y regocíjense ante él!"».[20]

Capítulo 20

CHAYYLIEL, el príncipe de los Chayot

R. Ismael dijo: Metatrón, el Ángel, el Príncipe de la Presencia, me dijo:

1 «Por encima de ellos hay un príncipe grande y poderoso. Su nombre es CHAYLIEL YHWH, un príncipe noble y venerado, un príncipe glorioso y poderoso, un príncipe grande y venerado, un príncipe ante el cual todos los hijos del cielo tiemblan, un príncipe que es capaz de tragarse toda la tierra en un momento (de un bocado).

2 ¿Y por qué se le llama CHAYYLIEL YHWH? Porque ha sido designado gobernante sobre los Chayot santos y golpea a los Chayot con latigazos de fuego: y los glorifica, cuando dan alabanza y gloria y regocijo y hace que se

[20] Jah o Yah es una forma abreviada de las cuatro letras que forman el tetragrámaton, el nombre personal de Dios: YHWH o Yahweh.

apresuren a decir "¡Santo!" y "¡Bendita sea la Gloria de YHWH desde su lugar!" (es decir, la Kedushá)».

Capítulo 21

Los Chayot

R. Ismael dijo: Metatrón, el Ángel, el Príncipe de la Presencia, me dijo:

1 «Cuatro son los Chayot correspondientes a los cuatro vientos. Cada Chayya es como el espacio del mundo entero. Y cada una tiene cuatro caras; y cada cara es como la cara del este.

2 Cada uno tiene cuatro alas y cada ala es como la cubierta (techo) del universo.

3 Y cada uno tiene caras en medio de las caras y alas en medio de las alas. El tamaño de las caras es (como el tamaño de) 248 caras, y el tamaño de las alas es (como el tamaño de) 365 alas.

4 Y cada uno está coronado con 2000 coronas en su cabeza. Y cada corona es como el arco de la nube. Y su esplendor es como el esplendor del orbe del sol. Y las chispas que salen de todos son como el esplendor de la estrella de la mañana (planeta Venus) en el este».

Capítulo 22

KERUBIEL, el Príncipe de los Querubines; Descripción de los Querubines

R. Ismael dijo: Metatrón, el Ángel, el Príncipe de la Presencia, me dijo:

1 «Por encima de estos hay un príncipe, noble, maravilloso, fuerte, y alabado con toda clase de alabanzas. Su nombre es KERUBIEL YHWH, un príncipe poderoso, lleno de poder y fuerza, un príncipe de alteza, y la alteza

(está) con él, un príncipe justo, y la justicia (está) con él, un príncipe santo, y la santidad (está) con él, un príncipe glorificado (por) mil ejércitos, exaltado por diez mil ejércitos.

2 Ante su ira la tierra tiembla, ante su cólera los campos se conmueven, por su temor los cimientos se tambalean, ante su reprimenda los Araboth tiemblan.

3 Su estatura está llena de carbones (ardientes). La altura de su estatura es como la altura de los siete cielos, la anchura de su estatura es como la anchura de los siete cielos y el grosor de su estatura es como los siete cielos.

4 La apertura de su boca es como una lámpara de fuego. Su lengua es un fuego consumidor. Sus cejas son como el esplendor del relámpago. Sus ojos son como chispas de brillo. Su rostro es como un fuego ardiente.

5 Y hay una corona de santidad sobre su cabeza en la cual está grabado el Nombre Explícito, y los relámpagos salen de ella. Y el arco de la Shejiná está entre sus hombros.

6 Y su espada está sobre sus lomos y sus flechas son como relámpagos en su cinturón. Y un escudo de fuego consumidor (está) en su cuello y carbones de enebro lo rodean.

7 Y el esplendor de Shejiná está en su rostro; y los cuernos de la majestad en sus ruedas; y una diadema real sobre su cráneo.

8 Y su cuerpo está lleno de ojos. Y las alas cubren toda su alta estatura.

9 En su mano derecha arde una llama, y en su izquierda brilla un fuego, del que salen carbones. Y de su cuerpo salen llamas de fuego. Y de su rostro salen relámpagos. Con él siempre hay truenos sobre truenos, a su lado siempre hay terremotos sobre terremotos.

10 Y los dos príncipes del Merkabá están juntos con él.

11 Por qué se le llama KERUBIEL YHWH, el Príncipe. Porque es designado gobernante sobre el carro de los Querubines. Y los poderosos Querubines son entregados a su cargo. Y él adorna las coronas en sus cabezas y pule la diadema sobre su cráneo.

12 Magnifica la gloria de su apariencia. Y glorifica la belleza de su majestad. Y aumenta la grandeza de su honor. Hace que se entone el canto de su alabanza. Él intensifica su hermosa fuerza. Hace brillar el resplandor de su gloria. Él embellece su buena misericordia y su amorosa bondad. Enmarca la equidad de su resplandor. Hace que su belleza misericordiosa sea aún más hermosa. Glorifica su recta majestad. Exalta el orden de su alabanza, para establecer la morada de aquel "que habita en los Querubines".

13 Y los Querubines están de pie junto al Santo Chayot, y sus alas se elevan hasta sus cabezas y la Shejiná está (descansando) sobre ellos y el brillo de la Gloria está sobre sus rostros y canto y alabanza en su boca y sus manos están debajo de sus alas y sus pies están cubiertos por sus alas y cuernos de gloria están sobre sus cabezas y el esplendor de Shejiná en su rostro y Shejiná está (descansando) sobre ellos y piedras de zafiro están alrededor de ellos y columnas de fuego en sus cuatro lados y columnas de barras de fuego a su lado.

14 Hay un zafiro en un lado y otro zafiro en otro lado y bajo los zafiros hay carbones de enebro ardiendo.

15 Y un Querubín está de pie en cada dirección, pero las alas de los Querubines se rodean de gloria por encima de sus cráneos, y las extienden para cantar con ellas una canción al que habita en las nubes y para alabar con ellas la temible majestad del rey de reyes.

16 Y KERUBIEL YHWH, el príncipe que ha sido designado sobre ellos, los dispone en órdenes elegantes, hermosos y agradables y los exalta en toda clase de exaltación, dignidad y gloria. Y los apresura en gloria y poder para hacer la voluntad de su Creador en todo momento. Porque por encima de sus elevadas cabezas mora continuamente la gloria del alto rey "que mora en los Querubines"».

Capítulo 22-B

R. Ismael dijo: Metatrón, el Ángel, el Príncipe de la Presencia, me dijo:

1 «¿Cómo están los ángeles en las alturas? Dijo: Como un puente que se coloca sobre un río para que todos puedan pasar por él, así se coloca un puente desde el principio de la entrada hasta el final.

2 Y tres ángeles ministradores la rodean y entonan un cántico ante YHWH, el Dios de Israel. Y están de pie ante ella señores de temor y capitanes de miedo, mil veces mil y diez mil veces diez mil en número y cantan alabanzas e himnos ante YHWH, el Dios de Israel.

3 Hay numerosos puentes: puentes de fuego y numerosos puentes de granizo. También numerosos ríos de granizo, numerosos depósitos de nieve y numerosas ruedas de fuego.

4 ¿Y cuántos son los ángeles ministradores? 12.000 miríadas: seis (mil miríadas) arriba y seis (mil miríadas) abajo. Y 12.000 son los depósitos de nieve, seis arriba y seis abajo. Y 24 miríadas de ruedas de fuego, 12 (miríadas) arriba y 12 (miríadas) abajo. Y rodean los puentes y los ríos de fuego y los ríos de granizo. Y hay numerosos ángeles ministradores formando entradas para todas las criaturas que están en medio, frente a los caminos de Raqia Shamayim.

5 ¿Qué hace YHWH, el Dios de Israel, el Rey de la Gloria? El Dios Grande y Temible, poderoso en fuerza, cubre su rostro.

6 En Araboth hay 660.000 miríadas de ángeles de gloria de pie frente al Trono de Gloria y las divisiones de fuego ardiente. Y el Rey de la Gloria se cubre la cara, porque si no, el Araboth Raqia se desgarraría en medio de la majestuosidad, el esplendor, la belleza, el resplandor, la hermosura, el brillo, el resplandor y la excelencia de la apariencia del Santo, bendito sea.

7 Hay numerosos ángeles ministradores que ejecutan su voluntad, numerosos reyes, numerosos príncipes en el Araboth de Su deleite, ángeles que son reverenciados entre los gobernantes en el cielo, distinguidos, adornados con canciones y trayendo el amor a la memoria: (que) se asustan por el esplendor de la Shejiná, y sus ojos se deslumbran por la belleza brillante de su Rey, sus rostros se ennegrecen y su fuerza falla.

8 Salen ríos de alegría, ríos de gozo, ríos de regocijo, ríos de triunfo, ríos de amor, ríos de amistad y fluyen y salen ante el Trono de la Gloria y se engrandecen y atraviesan las puertas de los caminos de Araboth Raqia a la voz del grito y la música del CHAYOT, a la voz del regocijo de los timbales de sus OFANINES y a la melodía de los címbalos de sus Querubines. Y se engrandecen y salen con conmoción al son del himno: "¡SANTO, SANTO, SANTO, ES EL SEÑOR DE LOS EJÉRCITOS! TODA LA TIERRA ESTÁ LLENA DE SU GLORIA"».

Capítulo 22-C

R. Ismael dijo: Metatrón, el Ángel, el Príncipe de la Presencia, me dijo:

1 «¿Cuál es la distancia entre un puente y otro? 12 miríadas de parasangs. Su ascenso es de 12 miríadas de parasangs, y su descenso de 12 miríadas de parasangs.

2 La distancia entre los ríos de espanto y los ríos de miedo es de 22 miríadas de parasangs; entre los ríos de granizo y los ríos de oscuridad 36 miríadas de parasangs; entre las cámaras de los relámpagos y las nubes de la compasión 42 miríadas de parasangs; entre las nubes de la compasión y el Merkabá 84 miríadas de parasangs; entre el Merkabá y los Querubines 148 miríadas de parasangs; entre los Querubines y los Ofanines 24 miríadas de parasangs; entre los Ofanines y las cámaras de las cámaras 24 miríadas de parasangs; entre las cámaras de las cámaras y el Santo Chayot 40.000 miríadas de parasangs; entre un ala (del Chayot) y otra 12 miríadas de parasangs; y la anchura de cada una de las alas es de esa misma medida; y la distancia entre el Santo Chayot y el Trono de la Gloria es de 30.000 miríadas de parasangs.

3 Y desde el pie del Trono hasta el asiento hay 40.000 miríadas de parasangs. Y el nombre de Aquel que se sienta en él: ¡que el nombre sea santificado!

4 Y los arcos del Arco están colocados por encima del Araboth, y tienen 1000 mil y 10.000 veces diez mil (de parasangs) de altura. Su medida es según la medida de los Irin y Qaddishin (Vigilantes y Santos). Como está escrito (Génesis 9:13): "Mi arco lo he puesto en la nube". No está escrito aquí "pondré" sino "he puesto", (es decir) ya; nubes que rodean el Trono de Gloria. Al pasar sus nubes, los ángeles del granizo (se convierten en) carbón ardiente.

5 Y el fuego de la voz desciende desde el Santo Chayot. Y a causa del soplo de esa voz "corren" (Ez. 1:14) a otro lugar, temiendo que les ordene ir; y "regresan" para que no los hiera desde el otro lado. Por eso "corren y vuelven" (Ez. 1:14).

6 Y estos arcos del Arco son más hermosos y radiantes que el resplandor del sol durante el solsticio de verano. Y son más blancos que un fuego ardiente y son grandes y hermosos.

7 Sobre los arcos del Arco están las ruedas de los Ofanines. Su altura es de 1000 mil y 10.000 veces 10.000 unidades de medida según la medida de los Serafines y las Tropas (Gedudim)».

Capítulo 23

Los vientos que soplan «bajo las alas de los Querubines»

R. Ismael dijo: Metatrón, el Ángel, el Príncipe de la Presencia, me dijo:

1 «Hay numerosos vientos soplando bajo las alas de los Querubines.

Allí sopla "el Viento Rumiante", como está escrito (Gn. 1:2): "y el viento de Dios estaba rumiando sobre la faz de las aguas".

2 Allí sopla "el Viento Fuerte", como se dice (Ex. 14:21): "y el Señor hizo retroceder el mar con un fuerte viento del Este durante toda aquella noche".

3 Allí sopla "el Viento del Este", como está escrito (Ex. 10:13): "el viento del Este trajo las langostas".

4 Allí sopla "el Viento del Acobardamiento" como está escrito (Núm. 11:31): "Y salió un viento del Señor y trajo acobardamiento".

5 Allí sopla "el Viento de los Celos", como está escrito (Núm. 5:14): "Y el viento de los celos vino sobre él".

6 Allí sopla el "Viento del Terremoto" como está escrito (1 Reyes 19:11): "y después el viento del terremoto; pero el Señor no estaba en el terremoto".

7 Allí sopla el "Viento de YHWH" como está escrito (Ex. 37:1): "y me sacó con el viento de YHWH y me posó".

8 Allí sopla el "Viento Maligno" como está escrito (1 Sam. 16:23): "y el viento maligno se alejó de él".

9 Allí sopla el "Viento de la Sabiduría" y el "Viento del Entendimiento" y el "Viento del Conocimiento" y el "Viento del Temor de YHWH" como está escrito (Is. 11:2): "Y el viento de YHWH reposará sobre él; el viento de la sabiduría y de la inteligencia, el viento del consejo y de la fuerza, el viento del conocimiento y del temor de YHWH".

10 Allí sopla el "Viento de la Lluvia", como está escrito (Prov. 25:23): "el viento del norte hace llover".

11 Allí sopla el "Viento de los Relámpagos", como está escrito (Jer. 10:13, 51:16): "hace relámpagos para la lluvia y saca el viento de sus tesoros (celestiales)".

12 Allí sopla el "Viento que Rompe las Rocas", como está escrito (1 Reyes 19:11): "pasó el Señor y un viento grande y fuerte (desgarró los montes y desmenuzó las rocas ante el Señor)".

13 Allí sopla el "Viento de Apaciguamiento del Mar", como está escrito (Gn. 8:1): "y Dios hizo pasar un viento sobre la tierra, y las aguas se apaciguaron".

14 Allí sopla el "Viento de la Ira", como está escrito (Job 1:19): "Y he aquí que vino un gran viento del desierto y golpeó las cuatro esquinas de la casa y ésta cayó".

15 Allí sopla el "Viento de la Tormenta", como está escrito (Sal. 148:8): "Viento de tormenta, que cumple su palabra".

16 Y Satanás está en medio de estos vientos, pues "viento de tormenta" no es otra cosa que "Satanás", y todos estos vientos no soplan sino bajo las alas de los Querubines, como está escrito (Sal. 18:11): "y montó sobre un querubín y voló, sí, y voló velozmente sobre las alas del viento".

17 ¿Y a dónde van todos estos vientos? La Escritura nos enseña, que salen de debajo de las alas de los Querubines y descienden sobre el orbe del sol, como está escrito (Ecl. 1:6): "El viento va hacia el sur y gira hacia el norte; gira continuamente en su curso y el viento vuelve de nuevo a sus circuitos". Y del orbe del sol regresan y descienden sobre [los ríos y los mares, sobre] las montañas y sobre las colinas, como está escrito (Am. 4:13): "Porque he aquí el que forma las montañas y crea el viento".

18 Y de los montes y las colinas vuelven y descienden a los mares y los ríos; y de los mares y los ríos vuelven y descienden a (las) ciudades y provincias; y de las ciudades y provincias vuelven y descienden al Jardín, y del Jardín vuelven y descienden al Edén, como está escrito (Gn. 3:8): "caminando por el Jardín en el viento del día". Y en medio del Jardín se juntan y soplan de un lado a otro y se perfuman con las especias del Jardín incluso desde sus partes más remotas, hasta que se separan unas de otras, y, llenas del aroma de las especias puras, llevan el olor de las partes más remotas del Edén y las especias del Jardín a los justos y piadosos que en el tiempo venidero heredarán el Jardín del Edén y el Árbol de la Vida, como está escrito (Cant. 4:16): "Despierta, oh viento del norte, y ven al sur; sopla sobre mi jardín, para que fluyan sus especias. Que mi amado entre en su jardín y coma sus preciosos frutos"».

Capítulo 24

Los diferentes carros del Santo, bendito sea

R. Ismael dijo: Metatrón, el Ángel, el Príncipe de la Presencia, la gloria de todo el cielo, me dijo:

1 «Numerosos carros tiene el Santo, bendito sea: tiene los "Carros de (los) Querubines", como está escrito (Sal. 18:11, 2 Sam. 22:11): "Y montó sobre un querubín y voló".

2 Tiene los "Carros del Viento", como está escrito: "y voló velozmente sobre las alas del viento".

3 Él tiene los "Carros de (la) Nube Veloz", como está escrito (Is. 19:1): "He aquí que el Señor cabalga sobre una nube veloz".

4 Tiene "los Carros de las Nubes", como está escrito (Ex. 19:9): "He aquí que vengo a ti en una nube".

5 Tiene los "Carros del Altar", como está escrito (Am. 9:1): "Vi al Señor de pie sobre el Altar".

6 Tiene los "Carros de Ribbotaim", como está escrito (Sal. 17:18): "Los carros de Dios son Ribbotaim; miles de ángeles".

7 Tiene los "Carros de la Tienda", como está escrito (Deut. 31:15): "Y el Señor apareció en la Tienda en una columna de nube".

8 Tiene los "Carros del Tabernáculo", como está escrito (Lev. 1:1): "Y el Señor le habló desde el tabernáculo".

9 Tiene los "Carros del Propiciatorio", como está escrito (Núm. 7:89): "entonces oyó la Voz que le hablaba desde el propiciatorio".

10 Tiene los "Carros de Piedra de Zafiro", como está escrito (Ex. 24:10): "y había bajo sus pies como una obra pavimentada de piedra de zafiro".

11 Tiene los "Carros de las Águilas", como está escrito (Ex. 19:4): "Os llevo sobre las alas de las águilas". Aquí no se habla literalmente de águilas, sino de "los que vuelan velozmente como las águilas".

12 Tiene los "Carros del Grito", como está escrito (Sal. 47:6): "Dios ha subido con un grito".

13 Él tiene los "Carros de Araboth", como está escrito (Sal. 17:5): "Alabad al que cabalga sobre el Araboth".

14 Él tiene los "Carros de las Nubes Espesas", como está escrito (Sal. 104:3): "que hace de las espesas nubes su carro".

15 Tiene los "Carros del Chayot", como está escrito (Ez. 1:14): "y los Chayot corrieron y volvieron". Corren con permiso y regresan con permiso, pues la Shejiná está sobre sus cabezas.

16 Tiene los "Carros de Ruedas (Galgallim)", como está escrito (Ez. 10:2): "Y dijo: Entra entre las ruedas giratorias".

17 Tiene los "Carros de un Querubín Veloz", como está escrito: "montando sobre un querubín veloz". Y en el momento en que Él cabalga sobre un querubín veloz, al poner uno de Sus pies sobre él, antes de poner el otro pie sobre su espalda, mira a través de dieciocho mil mundos de un solo vistazo. Y discierne y ve en todos ellos y sabe lo que hay en todos ellos, y luego pone el otro pie sobre él, según está escrito (Ez. 48:35): "Alrededor de dieciocho mil". ¿De dónde sabemos que Él mira a través de cada uno de ellos cada día? Está escrito (Sal. 14:2): "Miró desde el cielo a los hijos de los hombres para ver si había alguno que entendiera, que buscara a Dios".

18 Tiene los "Carros de los Ofanines", como está escrito (Ez. 10:12): "y los Ofanines estaban llenos de ojos alrededor".

19 Él tiene los "Carros de su Santo Trono", como está escrito (Sal. 47:8): "Dios se sienta en su santo trono".

20 Tiene los "Carros del Trono de Yah", como está escrito (Ex. 17:16): "Porque una mano se levanta sobre el Trono de Jah".

21 Tiene los "Carros del Trono del Juicio", como está escrito (Is. 5:16): "pero el Señor de los ejércitos será exaltado en el juicio".

22 Tiene los "Carros del Trono de la Gloria", como está escrito (Jer. 17:12): "El Trono de la Gloria, puesto en alto desde el principio, es el lugar de nuestro santuario".

23 Tiene los "Carros del Trono Alto y Exaltado", como está escrito (Is. 6:1): "Vi al Señor sentado en el trono alto y exaltado"».

Capítulo 25

Ofaniel, el príncipe de los Ofanines. Descripción de los Ofanines

R. Ismael dijo: Metatrón, el Ángel, el Príncipe de la Presencia, me dijo:

1 «Por encima de ellos hay un gran príncipe, venerado, alto, señorial, temible, antiguo y fuerte. OFANIEL YHWH es su nombre.

2 Tiene dieciséis caras, cuatro caras en cada lado, (también) cien alas en cada lado. Y tiene 8466 ojos, que corresponden a los días del año.[21]

3 Y esos dos ojos de su rostro, en cada uno de ellos centellean relámpagos, y de cada uno de ellos arden llamas de fuego; y ninguna criatura es capaz de contemplarlos, porque cualquiera que los mire se quema al instante.

---

[21] Algunas versiones dicen: «que corresponden a las horas del año».

4 Su altura es (como) la distancia de 2500 años de viaje. Ningún ojo puede contemplar y ninguna boca puede contar el poderío de su fuerza, salvo el Rey de reyes, el Santo, bendito sea.

5 ¿Por qué se le llama OFANIEL? Porque es designado gobernante sobre los Ofanines y los Ofanines son entregados a su cargo. Él está todos los días y los atiende y embellece. Y él exalta y ordena su actividad; y pule el lugar sobre el que están de pie y hace brillar sus moradas, hace sus esquinas uniformes y limpia sus asientos. Y los espera temprano y tarde, de día y de noche, para aumentar su belleza, engrandecer su dignidad y hacerlos "diligentes en la alabanza de su Creador".

6 Y todos los Ofanines están llenos de ojos, y todos ellos están llenos de resplandor; setenta y dos piedras de zafiro están fijadas en sus vestiduras del lado derecho y setenta y dos piedras de zafiro están fijadas en sus vestiduras del lado izquierdo.

7 Y cuatro piedras de carbunclo están fijadas en la corona de cada uno, cuyo esplendor procede en las cuatro direcciones del Araboth, así como el esplendor del orbe del sol procede en todas las direcciones del universo. ¿Y por qué se llama Carbunclo (Bareqet)? Porque su esplendor es como la apariencia de un rayo (Baraq). Y tiendas de esplendor, tiendas de brillo, tiendas de resplandor como de zafiro y carbunclo los encierran por la apariencia brillante de sus ojos».

Capítulo 26

SERAPHIEL, el Príncipe de los Serafines. Descripción de los Serafines

R. Ismael dijo: Metatrón, el Ángel, el Príncipe de la Presencia, me dijo:

1 «Por encima de estos hay un príncipe, maravilloso, noble, grande, honorable, poderoso, terrible, un jefe y líder y un escriba veloz, glorificado, honrado y amado.

2 Está totalmente lleno de esplendor, lleno de alabanza y brillo; y está totalmente lleno de brillantez, de luz y de belleza; y todo él está lleno de bondad y grandeza.

3 Su rostro es completamente como el de los ángeles, pero su cuerpo es como el de un águila.

4 Su esplendor es como los relámpagos, su apariencia como las marcas de fuego, su belleza como las chispas, su honor como los carbones ardientes, su majestuosidad como los chasmos, su resplandor como la luz del planeta Venus. Su imagen es semejante a la Luz Mayor. Su altura es como los siete cielos. La luz de sus cejas es como la luz séptica.

5 La piedra de zafiro sobre su cabeza es tan grande como todo el universo y semejante al esplendor de los mismos cielos en cuanto a su brillo.

6 Su cuerpo está lleno de ojos como las estrellas del cielo, innumerables e inabarcables. Cada ojo es como el planeta Venus. Sin embargo, hay algunos de ellos como la Luz Menor y otros como la Luz Mayor. Desde sus tobillos hasta sus rodillas (son) como estrellas de relámpago, desde sus rodillas hasta sus muslos como el planeta Venus, desde sus muslos hasta sus lomos como la luna, desde sus lomos hasta su cuello como el sol, desde su cuello hasta su cráneo como la Luz Imperecedera. (Cf. Zeph. 3:5.)

7 La corona de su cabeza es semejante al esplendor del Trono de la Gloria. La medida de la corona es la distancia de 502 años de viaje. No hay ninguna clase de esplendor, ninguna clase de brillo, ninguna clase de resplandor, ninguna clase de luz en el universo que no esté fijada en esa corona.

8 El nombre de ese príncipe es SERAPHIEL YHWH. Y la corona en su cabeza, su nombre es "el Príncipe de la Paz". ¿Y por qué se le llama con el nombre de SERAPHIEL YHWH? Porque está designado gobernante sobre los Serafines. Y los Serafines flameantes son dados a su cargo. Y los preside de día y de noche y les enseña el canto, la alabanza, la proclamación de la belleza, el poder y la majestad; para que proclamen la belleza de su Rey en toda forma de Alabanza y Santificación (Kedushá).

9 ¿Cuántos son los Serafines? Cuatro, que corresponden a los cuatro vientos del mundo. ¿Y cuántas alas tiene cada uno de ellos? Seis, correspondientes a los seis días de la Creación. ¿Y cuántas caras tienen? Cada uno de ellos cuatro caras.

10 La medida de los Serafines y la altura de cada uno de ellos corresponden a la altura de los siete cielos. El tamaño de cada ala es como la medida de toda la Raqia. La medida de cada cara es como la de la cara del Este.

11 Y cada uno de ellos emite una luz semejante al esplendor del Trono de la Gloria, de modo que ni siquiera el Santo Chayot, los honrados Ofanines, ni los majestuosos Querubines son capaces de contemplarlo. Porque todo aquel que lo contempla, sus ojos se oscurecen a causa de su gran esplendor.

12 ¿Por qué se les llama Serafines? Porque queman (saraph) las tablas de escritura de Satanás: Cada día Satanás está sentado, junto con SAMMAEL, el Príncipe de Roma, y con DUBBIEL, el Príncipe de Persia, y escriben las iniquidades de Israel en tablas de escritura que entregan a los Serafines, para que los presenten ante el Santo, bendito sea, para que destruya a Israel del mundo. Pero los Serafines saben por los secretos del Santo, bendito sea Él, que no desea que este pueblo Israel perezca. ¿Qué hacen los Serafines? Todos los días los reciben (aceptan) de la mano de Satanás y los queman en el fuego ardiente frente al alto y exaltado Trono para

que no se presenten ante el Santo, bendito sea, en el momento en que esté sentado en el Trono del Juicio, juzgando al mundo entero en la verdad».

Capítulo 27

RADWERIEL, el guardián del Libro de los Registros

R. Ismael dijo: Metatrón, el Ángel de YHWH, el Príncipe de la Presencia, me dijo:

1 «Por encima de los Serafines hay un príncipe, exaltado sobre todos los príncipes, maravilloso más que todos los servidores. Su nombre es RADWERIEL YHWH que es designado gobernante sobre los depósitos de los libros.

2 Saca el Estuche de las Escrituras (con) el Libro de los Registros dentro, y lo lleva ante el Santo, bendito sea. Y rompe los sellos del estuche, lo abre, saca los libros y los entrega ante el Santo, bendito sea. Y el Santo, bendito sea, los recibe de su mano y los entrega a la vista de los escribas, para que los lean en el Gran 'Bet Din' en la altura de Araboth Raqia, ante la casa celestial.

3 ¿Y por qué se le llama RADWERIEL? Porque de cada palabra que sale de su boca se crea un ángel: y está al servicio de la compañía de los ángeles ministradores y canta una canción ante el Santo, bendito sea, mientras se acerca el momento de la recitación del Tres Veces Santo».

Capítulo 28

Los Irin y los Qaddishin

R. Ismael dijo: Metatrón, el Ángel, el Príncipe de la Presencia, me dijo:

1 «Por encima de todos ellos hay cuatro grandes príncipes, lrin y Qaddishin por nombre: altos, honrados, reverenciados, amados, maravillosos y gloriosos, más grandes que todos los hijos del cielo. No hay ninguno como ellos entre todos los príncipes celestiales y ninguno igual entre todos los Siervos. Porque cada uno de ellos es igual a todos los demás juntos.[22]

2 Y su morada está frente al Trono de la Gloria, y su puesto de pie frente al Santo, bendito sea, de modo que el brillo de su morada es un reflejo del brillo del Trono de la Gloria. Y el esplendor de su rostro es un reflejo del esplendor de la Shejiná.

3 Y son glorificados por la gloria de la Majestad Divina (Gebura) y alabados mediante la alabanza de la Shejiná.

4 Y no sólo eso, sino que el Santo, bendito sea, no hace nada en su mundo sin consultarlo antes con ellos. Sólo después de consultarles lo hace. Como está escrito (Dan. 4:17): "La sentencia es por el decreto del Irin y la demanda por la palabra del Qaddishin".

5 Los Irin son dos y los Qaddishin son dos. ¿Y cómo están ante el Santo, bendito sea? Hay que entender que un Ir está de pie en un lado y el otro Ir en el otro lado, y un Qaddish está de pie en un lado y el otro en el otro lado.

6 Y siempre exaltan a los humildes, y abaten a la tierra a los soberbios, y exaltan a la altura a los humildes.

7 Y cada día, cuando el Santo, bendito sea, está sentado en el Trono del Juicio y juzga a todo el mundo, y los Libros de los Vivos y los Libros de los

[22] Los Irin son ángeles gemelos, que, junto a los gemelos Qaddishin, constituyen la corte suprema de justicia de la corte celestial. En el lore de Merkabá figuran como superiores en rango a los Serafines. Estos ángeles se mencionan en Daniel 4:17.

Muertos se abren ante Él, entonces todos los hijos del cielo están de pie ante él con miedo, temor, asombro y temblor. En ese momento, (cuando) el Santo, bendito sea, está sentado en el Trono del Juicio para ejecutar el juicio, su vestimenta es blanca como la nieve, el cabello de su cabeza como la lana pura y todo su manto es como la luz brillante. Y está cubierto de justicia por todas partes como con una cota de malla.

8 Y esos Irin y Qaddishin están de pie ante él como funcionarios de la corte ante el juez. Y plantean y argumentan cada caso y cierran el caso que se presenta ante el Santo, bendito sea, en juicio, según está escrito (Dan. 4:17) "La sentencia es por el decreto del Irin y la demanda por la palabra del Qaddishin".

9 Algunos de ellos argumentan y otros dictan la sentencia en el Gran Bet Din de Araboth. Unos hacen las peticiones ante la Majestad Divina y otros cierran los casos ante el Altísimo. Otros terminan bajando y ejecutando las sentencias en la tierra de abajo. Según está escrito (Dan. 4:13, 14): "He aquí que un Ir y un Qaddish descendieron del cielo y gritaron en voz alta y dijeron así: Derribad el árbol, cortad sus ramas, sacudid sus hojas y esparcid sus frutos; que las bestias se alejen de debajo de él y las aves de sus ramas".

10 Por qué se llaman Irin y Qaddishin? Por la razón de que santifican el cuerpo y el espíritu con latigazos de fuego en el tercer día del juicio, como está escrito (Os. 6:2): "Después de dos días nos revivirá; al tercero nos resucitará y viviremos ante él"».

Capítulo 29

Descripción de una clase de ángeles

R. Ismael dijo: Metatrón, el Ángel, el Príncipe de la Presencia, me dijo:

1 «Cada uno de ellos tiene setenta nombres que corresponden a las setenta lenguas del mundo. Y todos ellos están basados en el nombre del Santo, bendito sea. Y cada uno de los nombres está escrito con un estilo flameante sobre la Corona Temible (Kether Nora) que está en la cabeza del alto y exaltado Rey.

2 Y de cada uno de ellos salen chispas y relámpagos. Y cada uno de ellos está rodeado de cuernos de esplendor alrededor. De cada uno de ellos salen luces, y cada uno está rodeado de carpas de brillo, de modo que ni siquiera los Serafines y los Chayot, que son más grandes que todos los hijos del cielo, son capaces de contemplarlos».

Capítulo 30

Los 72 príncipes de Reinos y el Príncipe del Mundo oficiando en el Gran Sanedrín del cielo

R. Ismael dijo: Metatrón, el Ángel, el Príncipe de la Presencia, me dijo:

1 «Siempre que el Gran Bet Din está sentado en el Araboth Raqia en las alturas, no hay apertura de boca para nadie en el mundo, excepto para aquellos grandes príncipes que son llamados YHWH por el nombre del Santo, bendito sea.

2 ¿Cuántos son esos príncipes? Setenta y dos príncipes de los reinos del mundo, además del Príncipe del Mundo que habla (aboga) a favor del mundo ante el Santo, bendito sea, todos los días, a la hora en que se abre el libro en el que se registran todos los hechos del mundo, según está escrito (Dan. 7:10): "El juicio fue fijado y los libros fueron abiertos"».

Capítulo 31

Los atributos de la Justicia, la Misericordia y la Verdad junto al Trono del Juicio

R. Ismael dijo: Metatrón, el Ángel, el Príncipe de la Presencia, me dijo:

1 «En el momento en que el Santo, bendito sea, está sentado en el Trono del Juicio, entonces la Justicia está de pie a su derecha y la Misericordia a su izquierda y la Verdad ante su rostro.

2 Y cuando el hombre entra ante Él para ser juzgado, entonces sale del esplendor de la Misericordia hacia él como si fuera un bastón y se pone delante de él. Entonces el hombre cae sobre su rostro, y todos los ángeles de la destrucción temen y tiemblan ante él, según está escrito (Is. 16:5) "Y con misericordia se establecerá el trono, y se sentará en él con verdad"».

Capítulo 32

La ejecución del Juicio sobre los malvados. La espada de Dios

R. Ismael dijo: Metatrón, el Ángel, el Príncipe de la Presencia, me dijo:

1 «Cuando el Santo, bendito sea, abre el Libro cuya mitad es fuego y mitad llama, entonces salen delante de Él para ejecutar el juicio sobre los malvados con su espada sacada de su vaina y cuyo esplendor brilla como un relámpago y penetra en el mundo de un extremo a otro, como está escrito (Is. 15:16): "Porque con el fuego pleiteará el Señor y con su espada con toda carne".

2 Y todos los habitantes del mundo temen y tiemblan ante Él, cuando ven su espada afilada como un relámpago desde un extremo del mundo hasta el otro, y chispas y destellos del tamaño de las estrellas de Raqia saliendo de ella; según está escrito (Deut. 32:41): "Si afilo el rayo de mi espada"».

Capítulo 33

Los ángeles de la misericordia, de la paz y de la destrucción ante el Trono del Juicio

R. Ismael dijo: Metatrón, el Ángel, el Príncipe de la Presencia, me dijo:

1 «En el momento en que el Santo, bendito sea, está sentado en el Trono del Juicio, entonces los ángeles de la Misericordia están de pie a Su derecha, los ángeles de la Paz están de pie a Su izquierda y los ángeles de la Destrucción están de pie frente a Él.

2 Y un escriba está de pie debajo de Él, y otro escriba encima de Él.

3 Y los gloriosos Serafines rodean el Trono por sus cuatro lados con muros de relámpagos, y los Ofanines los rodean con marcas de fuego alrededor del Trono de la Gloria.

Y nubes de fuego y nubes de llamas los rodean a la derecha y a la izquierda; y los Santos Chayot llevan el Trono de la Gloria desde abajo: cada uno con tres dedos. La medida de los dedos de cada uno es de 800.000 y 700 veces cien, y 66.000 parasangs.

4 Y bajo los pies del Chayot corren y fluyen siete ríos ardientes. Y la anchura de cada río es de 365 mil parasangs y su profundidad es de 248 mil miríadas de parasangs. Su longitud es inescrutable e inconmensurable.

5 Y cada río gira en un arco en las cuatro direcciones de Araboth Raqia,[23] y desde allí cae hasta Maon[24] y se detiene, y de Maon a Zebul,[25] de Zebul a Shechaqim,[26] de Shechaqim a Raqia, de Raqia a Shamayim y de Shamayim sobre las cabezas de los impíos que están en la Gehena, como está escrito (Jer. 23:19): "He aquí que un torbellino del Señor, su furia, ha salido, sí, una tempestad arrebatadora; estallará sobre la cabeza de los impíos".[27]

Capítulo 34

Los diferentes círculos concéntricos alrededor de la Chayot, que consisten en fuego, agua, piedras de granizo

R. Ismael dijo: Metatrón, el Ángel, el Príncipe de la Presencia, me dijo:

1 «Las pezuñas de los Chayot están rodeadas por siete nubes de carbones ardientes. Las nubes de carbones ardientes están rodeadas por fuera por siete paredes de llamas. Las siete paredes de llamas están rodeadas por fuera por siete paredes de piedras de granizo (piedras de 'El-gabish, Ezequiel

---

[23] Según el Talmud (Chagigah 12b), *Raqia* es el segundo cielo y es donde el sol, la luna, las estrellas y los signos del zodíaco están fijados.

[24] *Maon* es el quinto cielo y es donde hay grupos de ángeles ministradores que recitan canciones de noche y están en silencio durante el día por respeto a Israel, para no competir con sus canciones.

[25] *Zebul* es el cuarto cielo y es la localización del Jerusalén celestial y el Templo celestial. Aquí se construye el altar celestial, donde el arcángel Miguel sacrifica una ofrenda.

[26] *Shechaqim* es el tercer cielo y es donde están los molinos que producen el maná para los justos.

[27] El primer cielo se llama *Vilon* según el Talmud, la 'cortina' que renueva diariamente el acto de la Creación. Resulta algo extraño que en este versículo de 3 Enoc no se menciona a *Vilon* donde correspondería, justo después del segundo cielo *Raqia*, y en vez de eso se menciona la palabra *Shamayim*, que significa 'cielos' en hebreo.

13:11,13, 28:22). Las piedras de granizo están rodeadas por fuera por piedras de granizo (piedra de Barad). Las piedras de granizo están rodeadas por fuera por piedras de "las alas de la tempestad". Las piedras de "las alas de la tempestad" están rodeadas por fuera por llamas de fuego. Las llamas de fuego están rodeadas por las cámaras del torbellino. Las cámaras del torbellino están rodeadas por fuera por el fuego y el agua.

2 Alrededor del fuego y del agua están los que pronuncian el "Santo". Alrededor de los que pronuncian el "Santo" están los que pronuncian el "Bendito"'. Alrededor de los que pronuncian el "Bendito" están las nubes brillantes. Las nubes brillantes están rodeadas por fuera por carbones de enebro ardiente; y por fuera rodeando los carbones de enebro ardiente hay mil campamentos de fuego y diez mil huestes de llamas. Y entre cada uno de los campamentos y cada uno de los ejércitos hay una nube, para que no sean quemados por el fuego».

Capítulo 35

Los campamentos de ángeles en Araboth Raqia: los ángeles realizando la Kedushá

R. Ismael dijo: Metatrón, el Ángel, el Príncipe de la Presencia, me dijo:

1 «506 mil miríadas de campamentos tiene el Santo, bendito sea, en la altura de Araboth Raqia. Y cada campamento está compuesto por 496 mil ángeles.

2 Y cada uno de los ángeles, la altura de su estatura es como el gran mar; y la apariencia de su rostro como la apariencia del relámpago, y sus ojos como lámparas de fuego, y sus brazos y sus pies como de color de bronce pulido y la voz rugiente de sus palabras como la voz de una multitud.

3 Y todos ellos están de pie ante el Trono de la Gloria en cuatro filas. Y los príncipes del ejército están de pie a la cabeza de cada fila.

4 Y algunos de ellos pronuncian el "Santo" y otros el "Bendito", algunos de ellos corren como mensajeros, otros están de pie en la asistencia, según está escrito (Dan. 7:10) "Miles de miles le sirvieron, y diez mil veces diez mil estuvieron de pie delante de él; el juicio fue fijado y los libros fueron abiertos".

5 Y en la hora, cuando se acerca el momento de decir el "Santo", entonces primero sale un torbellino de delante del Santo, bendito sea, e irrumpe sobre el campamento de Shejiná y surge una gran conmoción entre ellos, como está escrito (Jer. 30:23): "He aquí que el torbellino del Señor sale con furia, una conmoción continua".

6 En ese momento, miles de miles de ellos se transforman en chispas, miles de miles en llamas, miles de miles en destellos, miles de miles en llamas, miles de miles en machos, miles de miles en hembras, miles de miles en vientos, miles de miles en fuegos ardientes, miles de miles en llamas, miles de miles en chispas, miles de miles en focos de luz; hasta que tomen sobre sí el yugo del reino de los cielos, el alto y elevado, del Creador de todos ellos con miedo, temor, asombro y temblor, con conmoción, angustia, terror y estremecimiento. Entonces se transforman de nuevo en su forma anterior para tener el temor de su Rey siempre delante de ellos, ya que han puesto su corazón en pronunciar el Cantar continuamente, como está escrito (Is. 6:3): "Y uno gritaba a otro y decía Santo, Santo, Santo"».

Capítulo 36

Los ángeles se bañan en el río de fuego antes de recitar la Canción

R. Ismael dijo: Metatrón, el Ángel, el Príncipe de la Presencia, me dijo:

1 «En el momento en que los ángeles ministradores desean cantar la Canción, entonces Nehar di-Nur (la corriente ardiente) se eleva con muchos "miles y miríadas de miríadas" (de ángeles) de poder y fuerza de fuego y corre y pasa bajo el Trono de Gloria, entre los campamentos de los ángeles ministradores y las tropas de Araboth.

2 Y todos los ángeles ministradores bajan primero a Nehar di-Nur, y se sumergen en el fuego y mojan su lengua y su boca siete veces; y después suben y se ponen la vestimenta de Machaqe Samal y se cubren con mantos de chashmal y se ponen en cuatro filas frente al Trono de Gloria, en todos los cielos».

Capítulo 37

Los cuatro campos de Shejiná y sus alrededores

R. Ismael dijo: Metatrón, el Ángel, el Príncipe de la Presencia, me dijo:

1 «En las siete Salas hay cuatro carros de Shejiná, y ante cada uno de ellos están los cuatro campamentos de Shejiná. Entre cada campamento fluye continuamente un río de fuego.

2 Entre cada río hay nubes brillantes que los rodean, y entre cada nube se levantan pilares de azufre. Entre un pilar y otro hay ruedas en llamas que los rodean. Y entre una rueda y otra hay llamas de fuego alrededor. Entre una llama y otra hay depósitos de relámpagos; detrás de los depósitos de relámpagos están las alas del viento de la tormenta. Detrás de las alas del viento de tormenta están las cámaras de la tempestad; detrás de las cámaras de la tempestad hay vientos, voces, truenos, chispas sobre chispas y terremotos sobre terremotos».

Capítulo 38

El temor que hay en todos los cielos al oír el «Santo» es amansado por el Príncipe del Mundo.

R. Ismael dijo: Metatrón, el Ángel, el Príncipe de la Presencia, me dijo:

1 «En el momento en que los ángeles ministradores entonan (el Tres Veces) Santo, entonces todos los pilares de los cielos y sus bases tiemblan, y las puertas de las Salas de Araboth Raqia se estremecen y los cimientos de Shechaqim y el Universo (Tebel) se mueven, y las órdenes de Maon y las cámaras de Makon tiemblan, y todas las órdenes de Raqia y las constelaciones y los planetas están consternados, y los orbes del sol y la luna se apresuran y huyen de sus cursos y corren 12.000 parasangs y buscan arrojarse del cielo,

2 por el estruendo de sus cánticos, y el ruido de sus alabanzas y las chispas y relámpagos que salen de sus rostros; como está escrito (Sal. 26:18): "La voz de tu trueno estaba en el cielo (los relámpagos iluminaban el mundo, la tierra temblaba y se estremecía)".

3 Hasta que el príncipe del mundo los llame, diciendo: "¡Estad callados y en vuestro sitio! No temáis por los ángeles ministradores que entonan la Canción ante el Santo, bendito sea". Como está escrito (Job 38:7): "Cuando las estrellas de la mañana cantaban juntas y todos los hijos del cielo gritaban de alegría"».

Capítulo 39

Los nombres explícitos salen volando del Trono

R. Ismael dijo: Metatrón, el Ángel, el Príncipe de la Presencia, me dijo:

1 «Cuando los ángeles ministradores entonan el "Santo", entonces todos los nombres explícitos que están grabados con un estilo flameante en el Trono de la Gloria vuelan como águilas, con dieciséis alas. Y rodean y rodean al Santo, bendito sea, por los cuatro lados del lugar de Su Shejiná.

2 Y los ángeles del ejército, y los Siervos flameantes, y los poderosos Ofanines, y los Querubines de la Shejiná, y los Santos Chayot, y los Serafines, y los Erelim, y los Taphsarim y las tropas de fuego consumidor, y los ejércitos de fuego, y los ejércitos de llamas, y los santos príncipes, adornados con coronas, vestidos con majestad real, envueltos en gloria, ceñidos con altivez, caen sobre sus rostros tres veces, diciendo: "Bendito sea el nombre de su glorioso reino por los siglos de los siglos"».

Capítulo 40

Los ángeles ministradores recompensados con coronas cuando pronuncian el «Santo» en su orden correcto, y castigados con fuego consumidor cuando no lo hacen

R. Ismael dijo: Metatrón, el Ángel, el Príncipe de la Presencia, me dijo:

1 «Cuando los ángeles ministradores dicen "Santo" ante el Santo, bendito sea, de la manera adecuada, entonces los servidores de Su Trono, los asistentes de Su Gloria, salen con gran alegría de debajo del Trono de la Gloria.

2 Y todos ellos llevan en sus manos, cada uno de ellos, mil y diez mil veces diez mil coronas de estrellas, similares en apariencia al planeta Venus, y las ponen sobre los ángeles ministrantes y los grandes príncipes que pronuncian el "Santo". A cada uno de ellos le pusieron tres coronas: una corona porque dicen "Santo", otra corona, porque dicen "Santo, Santo", y una tercera corona porque dicen "Santo, Santo, Santo, es el Señor de los Ejércitos".

3 Y en el momento en que no pronuncian el “Santo” en el orden correcto, un fuego consumidor sale del dedo meñique del Santo, bendito sea, y cae en medio de sus filas y se divide en 496 mil partes correspondientes a los cuatro campos de los ángeles ministrantes, y los consume en un momento, como está escrito (Sal. 97:3): “Un fuego va delante de él y quema a sus adversarios alrededor”.

4 Después, el Santo, bendito sea, abre Su boca y dice una palabra y crea otras nuevas en su lugar. Y cada uno se presenta ante Su Trono de Gloria, pronunciando el “Santo”, como está escrito (Lam. 3:23): “Son nuevas cada mañana; grande es tu fidelidad”».

Capítulo 41

Letras grabadas en el Trono de Gloria crearon todo lo que existe en el Cielo y en la Tierra

R. Ismael dijo: Metatrón, el Ángel, el Príncipe de la Presencia, me dijo:

1 «Ven y contempla las letras con las que se crearon el cielo y la tierra, las letras con las que se crearon las montañas y las colinas, las letras con las que se crearon los mares y los ríos, las letras con las que se crearon los árboles y las hierbas, las letras con las que se crearon los planetas y las constelaciones, las letras con las que se crearon el orbe de la luna y el orbe del sol, Orión, las Pléyades y todas las diferentes luminarias de Raqia.

2 Las letras por las que fueron creados el Trono de la Gloria y las Ruedas del Merkabá, las letras por las que fueron creadas las necesidades de los mundos,

3 las letras por las que fueron creadas la sabiduría, el entendimiento, la ciencia, la prudencia, la mansedumbre y la justicia que sostienen el mundo entero».

4 Y caminé a su lado y me tomó de la mano y me elevó sobre sus alas y me mostró esas letras, todas ellas, que están grabadas con un estilo flameante en el Trono de la Gloria: y salen chispas de ellas y cubren todas las cámaras de Araboth.

Capítulo 42

Casos de polos opuestos mantenidos en equilibrio por varios Nombres Divinos y otras maravillas similares

R. Ismael dijo: Metatrón, el Ángel, el Príncipe de la Presencia, me dijo:

1 «Ven y te mostraré, donde las aguas están suspendidas en lo más alto, donde el fuego arde en medio del granizo, donde los relámpagos se encienden en medio de las montañas nevadas, donde los truenos rugen en las alturas celestiales, donde una llama arde en medio del fuego ardiente y donde las voces se hacen oír en medio de los truenos y los terremotos».

2 Entonces fui a su lado y él me tomó de su mano y me levantó en sus alas y me mostró todas esas cosas. Contemplé las aguas suspendidas en lo alto en Araboth Raqia por la fuerza del nombre YAH 'EHYE 'ASHER 'EHYE (Jah, yo soy el que soy), y sus frutos bajando del cielo y regando la faz del mundo, como está escrito (Sal. 104:13): «Él riega los montes desde sus cámaras: la tierra se sacia con el fruto de tu obra».

3 Y vi fuego y nieve y granizo que se mezclaban entre sí y sin embargo no se dañaban, por (la fuerza de) el nombre 'ESH 'OKELA (fuego consumidor), como está escrito (Deut. 4:24): «Porque el Señor, tu Dios, es un fuego consumidor».

4 Y vi relámpagos que salían de las montañas de nieve y que no se dañaban (apagaban), por la fuerza del nombre YAH SUR 'OLAMIM (Jah, la roca eterna), como está escrito (Is. 26:4): «Porque en Jah, YHWH, la roca eterna».

5 Y vi truenos y voces que rugían en medio de llamas ardientes y que no se dañaban (silenciaban), por la fuerza del nombre 'EL-SHADDAI RABBA (el Gran Dios Todopoderoso) como está escrito (Gn. 17:1): «Yo soy el Dios Todopoderoso».

6 Y contemplé una llama y un resplandor (llamas resplandecientes) que llameaban y brillaban en medio del fuego ardiente, y sin embargo no fueron dañados (devorados), por la fuerza del nombre YAD 'AL KES YAH (la mano sobre el Trono del Señor) como está escrito (Ex. 17:16): «Y dijo: "porque la mano está sobre el Trono del Señor"».

7 Y vi ríos de fuego en medio de ríos de agua y no fueron dañados (apagados) por la fuerza del nombre 'OSE SHALOM (Hacedor de la Paz) como está escrito (Job 25:2): «Él hace la paz en sus lugares altos». Porque él hace la paz entre el fuego y el agua, entre el granizo y el fuego, entre el viento y la nube, entre el terremoto y las chispas.

Capítulo 43

Metatrón muestra a R. Ismael la morada de los espíritus no nacidos y de los espíritus de los justos muertos

R. Ismael dijo: Metatrón me dijo:

1 «Ven y te mostraré dónde están los espíritus de los justos que han sido creados y han regresado, y los espíritus de los justos que aún no han sido creados».

2 Y me levantó a su lado, me tomó de la mano y me elevó cerca del Trono de Gloria junto al lugar de la Shejiná; y me reveló el Trono de Gloria, y me mostró los espíritus que habían sido creados y habían regresado: y volaban por encima del Trono de Gloria ante el Santo, bendito sea.

3 Después fui a interpretar el siguiente versículo de la Escritura y encontré en lo que está escrito (Isa. 57:16): «porque el espíritu se vistió delante de mí». Se refiere a los espíritus que han sido creados en la cámara de creación de los justos y que han vuelto ante el Santo, bendito sea; (y las palabras:) «y las almas que he hecho» se refieren a los espíritus de los justos que aún no han sido creados en la cámara (GUPH).

Capítulo 44

Metatrón muestra a R. Ismael la morada de los malvados y los intermedios en el Seol

R. Ismael dijo: Metatrón, el Ángel, el Príncipe de la Presencia, me dijo:

1 «Ven y te mostraré los espíritus de los malvados y los espíritus de los intermedios donde están situados, y los espíritus de los intermedios, a donde descienden, y los espíritus de los malvados, a donde descienden».

2 Y me dijo: «Los espíritus de los malvados bajan al Sheol de la mano de dos ángeles de la destrucción: ZAAPHIEL y SIMKIEL son sus nombres.

3 SIMKIEL es designado gobernante sobre los intermedios para apoyarlos y purificarlos debido a la gran misericordia del Príncipe del Lugar (Maqom). ZAAPHIEL es designado gobernante sobre los espíritus de los malvados para arrojarlos de la presencia del Santo, bendito sea, y del esplendor de la Shejiná al Sheol, para ser castigados en el fuego de la Gehena con varas de carbón ardiendo».

4 Y fui a su lado, y me tomó de la mano y me mostró todas ellas con sus dedos.

5 Y contemplé el aspecto de sus rostros y, he aquí, era como el aspecto de los hijos de los hombres, y sus cuerpos como los de las águilas. Y no sólo eso, sino que (además) el color del semblante de los intermedios era como gris pálido a causa de sus obras, pues hay manchas en ellos hasta que se limpien de su iniquidad en el fuego.

6 Y el color de los malvados era como el fondo de una olla a causa de la maldad de sus acciones.

7 Y vi los espíritus de los Patriarcas Abraham, Isaac y Jacob y el resto de los justos que han sacado de sus tumbas y que han ascendido al cielo (Raqia). Y estaban rezando ante el Santo, bendito sea, diciendo en su oración: «¡Señor del Universo! ¿Hasta cuándo te sentarás en (tu) Trono como un doliente en los días de su luto con tu mano derecha detrás de ti y no librarás a tus hijos y revelarás tu Reino en el mundo? ¿Y hasta cuándo no te apiadarás de tus hijos que son hechos esclavos entre las naciones del mundo? ¿Ni de tu mano derecha, que está detrás de ti, con la que extendiste los cielos y la tierra y los cielos de los cielos? ¿Cuándo tendrás compasión?».

8 Entonces el Santo, bendito sea, respondió a todos ellos, diciendo: «Puesto que estos malvados pecan de tal manera y transgreden una y otra

vez contra mí, ¿cómo podría yo librar mi gran Mano Derecha cuando ello supondría que su caída sería causada por sus propias manos?».

9 En ese momento Metatrón me llamó y me habló: «¡Servidor mío! Toma los libros y lee sus malas acciones». En seguida tomé los libros y leí sus hechos y se encontraron 36 transgresiones (escritas) con respecto a cada malvado, y además que han transgredido todas las letras de la Torá, como está escrito (Dan. 9:11): «Sí, todo Israel ha transgredido tu Ley». ¿No está escrito «porque han transgredido desde Aleph hasta Taw (A-Z), 40 estatutos han transgredido por cada letra?».

10 Entonces Abraham, Isaac y Jacob lloraron. Entonces les dijo el Santo, bendito sea: «¡Abraham, mi amado, Isaac, mi elegido, Jacob, mi primogénito! ¿Cómo podré ahora libraros de entre las naciones del mundo?». E inmediatamente MIKAEL, el Príncipe de Israel, gritó y lloró a viva voz y dijo (Sal. 10:1): «¿Por qué te mantienes alejado, Señor?».

Capítulo 45

Metatrón muestra a R. Ismael los acontecimientos pasados y futuros grabados en la Cortina del Trono

R. Ismael dijo: Metatrón me dijo:

1 «Ven y te mostraré la Cortina de MAQOM (la Majestad Divina) que está extendida ante el Santo, bendito sea, (y) donde están grabadas todas las generaciones del mundo y todas sus acciones, tanto lo que han hecho como lo que harán hasta el fin de todas las generaciones».

2 Y fui, y me la mostró señalándola con sus dedos como un padre que enseña a sus hijos las letras de la Torá. Y vi a cada generación, a los gobernantes de cada generación, y a los jefes de cada generación, a los pastores de

cada generación, a los opresores (conductores) de cada generación, a los guardianes de cada generación, a los azotadores de cada generación, a los supervisores de cada generación, a los jueces de cada generación, a los oficiales de la corte de cada generación, a los maestros de cada generación, los partidarios de cada generación, los jefes de cada generación, los presidentes de academias de cada generación, los magistrados de cada generación, los príncipes de cada generación, los consejeros de cada generación, los nobles de cada generación y los hombres de poder de cada generación, los ancianos de cada generación y los guías de cada generación.

3 Y vi a Adán, su generación, sus hechos y sus pensamientos, a Noé y su generación, sus hechos y sus pensamientos, y la generación del Diluvio, sus hechos y sus pensamientos, a Sem y su generación, sus hechos y sus pensamientos, a Nimrod y la generación de la confusión de lenguas, y su generación, sus hechos y sus pensamientos, a Abraham y su generación, sus hechos y sus pensamientos, Isaac y su generación, sus hechos y sus pensamientos, Ismael y su generación, sus hechos y sus pensamientos, Jacob y su generación, sus hechos y sus pensamientos, José y su generación, sus hechos y sus pensamientos, las tribus y su generación, sus hechos y sus pensamientos, Amram y su generación, sus hechos y sus pensamientos, Moisés y su generación, sus hechos y sus pensamientos.

4 Aarón y Mirjam, sus obras y sus hechos, los príncipes y los ancianos, sus obras y sus hechos, Josué y su generación, sus obras y sus hechos, los jueces y su generación, sus obras y sus hechos, Elí y su generación, sus obras y sus hechos, Phinehas, sus obras y sus hechos, Elcana y su generación, sus obras y sus hechos, Samuel y su generación, sus obras y sus hechos, los reyes de Judá con sus generaciones, sus obras y sus hechos, los reyes de Israel y sus generaciones, sus obras y sus hechos, los príncipes de Israel, sus obras y sus

hechos; los príncipes de las naciones del mundo, sus obras y sus hechos, los jefes de los consejos de Israel, sus obras y sus hechos; los jefes de las naciones del mundo, sus generaciones, sus obras y sus hechos; los gobernantes de Israel y su generación, sus obras y sus hechos; los nobles de Israel y su generación, sus obras y sus hechos; los nobles de las naciones del mundo y su generación, sus obras y sus hechos; los hombres de reputación en Israel, su generación, sus obras y sus hechos; los jueces de Israel, su generación, sus obras y sus hechos; los jueces de las naciones del mundo y su generación, sus obras y sus hechos; los maestros de niños en Israel, sus generaciones, sus obras y sus hechos; los maestros de niños en las naciones del mundo, sus generaciones, sus obras y sus hechos; los consejeros (intérpretes) de Israel, su generación, sus obras y sus hechos; los consejeros (intérpretes) de las naciones del mundo, su generación, sus obras y sus hechos; todos los profetas de Israel, su generación, sus obras y sus hechos; todos los profetas de las naciones del mundo, su generación, sus obras y sus hechos;

5 y todas las luchas y guerras que las naciones del mundo emprendieron contra el pueblo de Israel en el tiempo de su reino.

Y vi al Mesías, hijo de José, y a su generación y sus obras y sus hechos que harán contra las naciones del mundo. Y vi al Mesías, hijo de David, y a su generación, y todas las luchas y guerras, y sus obras y sus hechos que harán con Israel tanto para bien como para mal. Y vi todas las luchas y guerras que librarán Gog y Magog en los días del Mesías, y todo lo que el Santo, bendito sea, hará con ellos en el tiempo venidero.

6 Y todo el resto de todos los líderes de las generaciones y todas las obras de las generaciones tanto en Israel como en las naciones del mundo, tanto lo que se ha hecho como lo que se hará en adelante a todas las generaciones hasta el fin de los tiempos, (todo) fue esculpido en la Cortina de

MAQOM. Y vi todas estas cosas con mis ojos; y después de haberlo visto, abrí mi boca en alabanza a MAQOM (la Majestad Divina) (diciendo así, Ecl. 8:4, 5): «Porque la palabra del Rey tiene poder (y quién puede decirle: "¿Qué haces?") El que guarda los mandamientos no conocerá nada malo». Y dije: (Sal. 104:24) «¡Oh, Señor!, numerosas son tus obras».

Capítulo 46

El lugar de las estrellas mostrado a R. Ismael

R. Ismael dijo: Metatrón me dijo:

1 «Ven y te mostraré el espacio de las estrellas que están en Raqia noche con temor del Todopoderoso (MAQOM) y te mostraré dónde van y dónde están situadas».

2 Caminé a su lado, y él me tomó de la mano y me señaló todo con sus dedos. Y estaban sobre chispas de llamas alrededor del Merkabá del Todopoderoso (MAQOM). ¿Qué hizo Metatrón? En ese momento dio una palmada y los expulsó de su lugar. En seguida volaron con alas de fuego, se levantaron y huyeron de los cuatro lados del Trono del Merkabá, y (mientras volaban) me dijo los nombres de cada uno. Como está escrito (Salmo 147:4): «Él dice el número de las estrellas; les da todos sus nombres», enseñando que el Santo, bendito sea, ha dado un nombre a cada una de ellas.

3 Y todas ellas entran en orden contado bajo la guía de RAHATIEL a Raqia ha-shamayim para servir al mundo. Y salen en orden contado para alabar al Santo, bendito sea, con cantos e himnos, según está escrito (Sal. 19:1): «Los cielos declaran la gloria de Dios».

4 Pero en el tiempo venidero el Santo, bendito sea, las creará de nuevo, como está escrito (Lam. 3:23): «Son nuevas cada mañana». Y abren su

boca y entonan una canción. ¿Cuál es el cántico que entonan? (Sal. 8:3): «Cuando considero tus cielos».

Capítulo 47

Metatrón muestra a R. Ismael los espíritus de los ángeles castigados

R. Ismael dijo: Metatrón me dijo:

1 «Ven y te mostraré las almas de los ángeles y los espíritus de los siervos ministrantes cuyos cuerpos han sido quemados en el fuego de MAQOM (el Todopoderoso) que sale de su dedo meñique. Y han sido convertidos en carbones ardientes en medio del río ardiente (Nehar di-Nur). Pero sus espíritus y sus almas están detrás de la Shejiná.

2 Cada vez que los ángeles ministradores pronuncian una canción en un momento equivocado o como no está previsto que se cante, son quemados y consumidos por el fuego de su Creador y por una llama de su Hacedor desde las cámaras de los torbellinos, porque soplan sobre ellos y los conducen al Nehar di-Nur; y allí se convierten en numerosas montañas de carbón ardiendo. Pero su espíritu y su alma vuelven a su Creador, y todos están de pie detrás de su Maestro».

3 Y fui a su lado y me tomó de la mano; y me mostró todas las almas de los ángeles y los espíritus de los siervos ministrantes que estaban detrás de la Shejiná sobre las alas del torbellino y las paredes de fuego que los rodeaban.

4 En ese momento Metatrón me abrió las puertas de las murallas dentro de las cuales estaban situadas detrás de la Shejiná. Y levanté mis ojos y los vi, y he aquí, la semejanza de cada uno era como (la de) los ángeles y sus alas como (las alas) de los pájaros, hechas de llamas, obra del fuego ardiente. En

ese momento abrí mi boca en alabanza a MAQOM y dije: «Qué grandes son tus obras, Señor» (Sal. 92:5).

Capítulo 48A

Metatrón muestra a R. Ismael la Mano Derecha del Altísimo

R. Ismael dijo: Metatrón me dijo:

1 «Ven, y te mostraré la Mano Derecha de MAQOM, puesta detrás (de Él) a causa de la destrucción del Santo Templo; de la cual brillan toda clase de esplendor y luz y por la cual fueron creados los 955 cielos; y a quien ni siquiera los Serafines y los Ofanines se les permite contemplar, hasta que llegue el día de la salvación».

2 Y fui a su lado y me tomó de la mano y me mostró (la Mano Derecha de MAQOM), con toda clase de alabanzas, regocijo y cánticos: y ninguna boca puede contar su alabanza, y ningún ojo puede contemplarla, por su grandeza, dignidad, majestad, gloria y belleza.

3 Y no sólo eso, sino que todas las almas de los justos que se consideran dignas de contemplar la alegría de Jerusalén, están junto a ella, alabando y orando ante ella tres veces al día, diciendo (Is. 51:9): «Despierta, despierta, revístete de fuerza, brazo del Señor», según está escrito (Is. 63:12): «Hizo ir su brazo glorioso a la derecha de Moisés».

4 En ese momento la Mano Derecha de MAQOM lloraba. Y salieron de sus cinco dedos cinco ríos de lágrimas y cayeron en el gran mar y sacudieron el mundo entero, según está escrito (Is. 24:19, 20): «La tierra es totalmente quebrada (1), la tierra es limpiamente disuelta (2), la tierra es conmovida sobremanera (3), la tierra se tambaleará como un borracho (4) y

será movida de un lado a otro como una choza (5), cinco veces correspondientes a los dedos de su Gran Mano Derecha».

5 Pero cuando el Santo, bendito sea, ve que no hay hombre justo en la generación, y ningún hombre piadoso (Chasid) en la tierra, y ninguna justicia en las manos de los hombres; y (que no hay) ningún hombre como Moisés, y ningún intercesor como Samuel que pueda orar ante MAQOM por la salvación y por la liberación, y por Su Reino, que sea revelado en todo el mundo; y por Su gran Mano Derecha que la puso ante Él mismo de nuevo para obrar gran salvación para Israel mediante ella,

6 entonces el Santo, bendito sea, se acordará de su propia justicia, favor, misericordia y gracia; y librará por sí mismo a su gran Brazo, y su justicia lo sostendrá. Según está escrito (Is. 59:16): «Y vio que no había ningún hombre» como Moisés que oró innumerables veces por Israel en el desierto y evitó los decretos (Divinos) de ellos «y se extrañó de que no hubiera ningún intercesor» como Samuel que suplicó al Santo, bendito sea, y lo llamó y le respondió y cumplió su deseo, aunque no fuera adecuado (de acuerdo con el plan Divino), según está escrito (1 Sam. 12:17): «¿No es hoy la cosecha de trigo? Llamaré al Señor».

7 Y no sólo eso, sino que se unió a la comunión con Moisés en todo lugar, como está escrito (Salmo 99:6): «Moisés y Aarón entre Sus sacerdotes». Y de nuevo está escrito (Jer. 15:1): «Aunque Moisés y Samuel estuvieron delante de mí» (Is. 63:5): «Mi propio brazo me trajo la salvación».

8 Dijo el Santo, bendito sea en esa hora: «¿Cuánto tiempo esperaré a que los hijos de los hombres obren la salvación según su justicia por mi brazo? Por mi propio bien y por mi mérito y justicia entregaré mi brazo y por él redimiré a mis hijos de entre las naciones del mundo». Como está escrito

(Is. 48:11): «Por mi propio bien lo haré. Porque ¿cómo va a ser profanado mi nombre?».

9 En ese momento el Santo, bendito sea, revelará Su Gran Brazo y lo mostrará a las naciones del mundo: porque su longitud es como la longitud del mundo y su anchura es como la anchura del mundo. Y la apariencia de su esplendor es como el esplendor del sol en su fuerza, en el solsticio de verano.

10 Así, Israel será salvado de entre las naciones del mundo. Y el Mesías se les aparecerá y los hará subir a Jerusalén con gran alegría. Y no sólo eso, sino que comerán y beberán porque glorificarán el Reino del Mesías, de la casa de David, en las cuatro partes del mundo. Y las naciones del mundo no prevalecerán contra ellos, como está escrito (Is. 52:10): «El Señor ha desnudado su santo brazo a los ojos de todas las naciones; y todos los confines de la tierra verán la salvación de nuestro Dios». Y de nuevo (Deut. 32:12): «Sólo el Señor lo guio, y no hubo dios extraño con él». (Zac. 14:9): «Y el Señor será rey sobre toda la tierra».

Capítulo 48B

Los Nombres Divinos que salen del Trono de Gloria, coronados y escoltados por numerosas huestes angélicas a través de los Cielos y de vuelta al Trono

1 Estos son los setenta y dos nombres escritos en el corazón del Santo, bendito sea: SS, SeDeQ (justicia), SaHI'eL SUR (Is. 26: 4), SBI, SaDdIQ (justo), S'Ph, SHN, SeBa'oTh (Señor de los Ejércitos), ShaDdaY (Dios Todopoderoso), 'eLoHIM (Dios), YHWH, SH, DGUL, W'DOM, SSS'', 'YW, 'Y', 'HW, HB, YaH, HW, WWW, SSS, PPP, NN, HH, HaY (vivo), HaY, ROKeB 'aRaBOTh (cabalgando sobre el Araboth, Sal. 68: 5), YH,

HH, WH, MMM, NNN, HWW, YH, YHH, HPhS, H'S, 'I, W, S", Z', "', QQQ (Santo, Santo, Santo), QShR, BW, ZK, GINUR, GINURYa', Y' YOD, 'aLePh, H'N, P'P, R'W, YYW, YYW, BBS, DDD, TTT, KKK, KLL, SYS, 'TT', BShKMLW (= bendito sea el Nombre de Su glorioso reino por los siglos de los siglos), completado por MeLeK Ha'OLaM (el Rey del Universo), BRH LB' (el principio de la Sabiduría para los hijos de los hombres), BNLK W' 'Y (bendito sea Aquel que da fuerza a los cansados y aumenta la fuerza a los que no tienen fuerza, Is. 40:29) que salen (adornados) con numerosas coronas de fuego con numerosas coronas de llamas, con numerosas coronas de chashmal, con numerosas coronas de relámpagos de delante del Trono de la Gloria. Y con ellos (hay) mil centenares de poder (es decir, ángeles poderosos) que los escoltan como un rey con temblor y espanto, con temor y escalofrío, con honor y majestad y temor, con terror, con grandeza y dignidad, con gloria y fuerza, con entendimiento y conocimiento y con una columna de fuego y una columna de llamas y relámpagos y su luz es como relámpagos de luz y con la semejanza del chashmal.

2 Y les dan gloria y responden y gritan ante ellos: Santo, Santo, Santo. Y los hacen rodar por todos los cielos como príncipes poderosos y honrados. Y cuando los traen a todos de vuelta al lugar del Trono de Gloria, entonces todos los Chayot junto al Merkabá abren su boca en alabanza de Su glorioso nombre, diciendo: «Bendito sea el nombre de Su glorioso reino por los siglos de los siglos».

Capítulo 48C

Un fragmento de Enoc-Metatrón

1 Aleph[28] lo hice fuerte, lo tomé, lo designé: (a saber) Metatrón, mi siervo que es uno (único) entre todos los hijos del cielo. Lo hice fuerte en la generación del primer Adán. Pero cuando vi a los hombres de la generación del Diluvio, que estaban corrompidos, entonces fui y quité mi Shejiná de entre ellos. Y la levanté en alto con sonido de trompeta y con un grito, como está escrito (Sal. 47:6): «Dios ha subido con un grito, el Señor con el sonido de una trompeta».

2 «Y lo tomé» a Enoc, hijo de Jared, de entre ellos. Y lo elevé con el sonido de una trompeta y con un teru'a (grito) a los altos cielos, para ser mi testigo junto con el Chayot por el Merkabá en el mundo venidero.

3 Lo puse sobre todos los depósitos y almacenes que tengo en todos los cielos. Y le entregué en su mano las llaves de cada uno de ellos.

4 Le hice príncipe sobre todos los príncipes y ministro del Trono de Gloria y de las Salas de Araboth: para que me abriera sus puertas, y las del Trono de Gloria, para que lo exaltara y lo arreglara; y le designé gobernante sobre los Santos Chayot para coronar sus cabezas; los majestuosos Ofanines, para coronarlos con fuerza y gloria; los honrados Querubines, para revestirlos sobre las chispas radiantes, para hacerlos brillar con esplendor y resplandor; sobre los Serafines flameantes, para cubrirlos de alteza; los Chashmallim de la luz, para hacerlos resplandecer con luz y preparar el asiento para mí cada mañana mientras me siento en el Trono de la Gloria. Y para ensalzar y magnificar mi gloria en lo alto de mi poder; y le he encomendado los secretos de arriba y los secretos de abajo (secretos celestiales y secretos terrenales).

---

[28] *Aleph* o «álef» es la primera letra del alfabeto hebreo.

5 Lo hice más alto que todos. La altura de su estatura, en medio de todos los que son altos de estatura, la hice setenta mil parasangs. Hice grande su Trono por la majestuosidad de mi Trono. Y aumenté su gloria por el honor de mi gloria.

6 Transformé su carne en antorchas de fuego, y todos los huesos de su cuerpo en carbones ardientes; e hice que la apariencia de sus ojos fuera como el rayo, y la luz de sus cejas como la luz imperecedera. Hice que su rostro brillara como el esplendor del sol, y sus ojos como el esplendor del Trono de la Gloria.

7 Hice del honor y la majestad su vestimenta, de la belleza y la alteza su manto de cobertura y de una corona real de 500 por 500 parasangs su diadema. Y puse sobre él mi honor, mi majestad y el esplendor de mi gloria que está sobre mi Trono de Gloria. Lo llamé el YHWH MENOR, el Príncipe de la Presencia, el Conocedor de Secretos: porque todo secreto le revelé como un padre y todos los misterios le declaré con rectitud.

8 Puse su trono a la puerta de mi Sala para que se sentara a juzgar la casa celestial en las alturas. Y puse a todos los príncipes delante de él, para que recibieran de él la autoridad y cumplieran su voluntad.

9 Setenta nombres tomé de mis nombres y lo llamé por ellos para aumentar su gloria. Setenta príncipes entregué en su mano, para ordenarles mis preceptos y mis palabras en todas las lenguas: para abatir con su palabra a los soberbios hasta el suelo, y para exaltar con la expresión de sus labios a los humildes hasta lo alto; para herir a los reyes con su discurso, para desviar a los reyes de sus caminos, para erigir (a los) gobernantes sobre su dominio, como está escrito (Dan. 2:21) «y cambia los tiempos y las estaciones», y para dar sabiduría a todos los sabios del mundo y entendimiento y conocimiento a todos los que entienden el conocimiento, como está escrito (Dan.

2:21) «y conocimiento a los que entienden», para revelarles los secretos de mis palabras y enseñar el decreto de mi justo juicio,

10 como está escrito (Is. 55:11): «así será la palabra que sale de mi boca; no volverá a mí vacía, sino que cumplirá lo que yo quiera». *E'eseh* ('yo cumpliré') no está escrito aquí, sino *asah* ('él cumplirá'), lo que significa que cualquier palabra y cualquier pronunciamiento que salga de delante del Santo, bendito sea, Metatrón va y lo lleva a cabo. Y él establece los decretos del Santo, bendito sea. (Aquí termina la versión Lm del fragmento c).

11 «Y él hará prosperar lo que yo envié». Asliah (hará prosperar) no está escrito aquí, sino wehisliah (y él hará prosperar), enseñando, que cualquier decreto que sale de delante del Santo, bendito sea, sobre un hombre, tan pronto como practica el arrepentimiento, no lo ejecutan sobre él sino sobre otro hombre malvado, como está escrito (Prov. 11:8): «El justo es librado de la angustia, y el impío viene en su lugar».

12 Y no sólo eso, sino que Metatrón se sienta tres horas cada día en los altos cielos, y reúne a todas las almas de los muertos que murieron en el vientre de su madre, y de los lactantes que murieron en los pechos de su madre, y de los eruditos que murieron sobre los cinco libros de la Ley. Y los trae bajo el Trono de Gloria y los coloca en compañías, divisiones y clases alrededor de la Presencia: y les enseña la Ley, y los libros de la Sabiduría, y la Haggada y la Tradición y termina (completa) su instrucción (educación) para ellos. Como está escrito (Is. 28:9): «¿A quiénes enseñará el conocimiento? y ¿a quiénes hará entender la tradición? a los que han sido destetados de la leche y sacados de los pechos».

Capítulo 48D

Los nombres de Metatrón. Los depósitos de la Sabiduría abiertos a Moisés en el monte Sinaí.

1 Setenta nombres tiene Metatrón, que el Santo, bendito sea, tomó de su propio nombre y se los puso. Y estos son: 1 Yeho-EL Yah, 2 Yeho-EL, 3 Yofi-EL y 4 Yophphi-EL, y 5 Hafifi-EL y 6 Margezi-EL, 7 Gippyu-EL, 8 Pahazi-EL, 9 A'aH, 10 Peri-EL, 11 Tatri-EL, 12 Tabki-EL, 13 Haw, 14 YHWH, 15 Dah, 16 WHYH, 17 Hebed, 18 DiburiEL, 19 Hafhapi-EL, 20 Spi-EL, 21 Paspasi-EL, 22 Senetron, 23 Metatrón, 24 Sogdin, 25 Hadri-Gon, 26 Asum, 27 Sakhpam, 28 Sakhtam, 29 Mig-on, 30 Mitt-on, 31 Mot-tron, 32 Rosfim, 33 Khinoth, 34 KhataTiah, 35 Degaz-Yah, 36 Pisf-YaH, 37 Habiskin-Yah, 38 Mixar, 39 Barad, 40 Mikirk, 41 Mispird, 42 Khishig, 43 Khishib, 44 Minret, 45 Bisyrym, 46 Mitmon, 47 Titmon, 48 Piskhon, 49 SafsafYah, 50 Zirkhi, 51 ZirkhYah, 52 'B', 53 Be-Yah, 54 HiBhbe-Yah, 55 Pelet, 56 Pit-Yah, 57 Rabrab-Yah, 58 Chas, 59 Chas-Yah, 60 Tafaf-Yah, 61 Tamtam-Yah, 62 Sehas-Yah, 63 Hirhur-Yah, 64 Halhal-Yah, 65 Bazrid-Yah, 66 Satsak-Yah, 67 Sasd-Yah, 68 Razraz-Yah, 69 Bazraz-Yah, 70 Ha-rim-Yah, 71 Sibh-Yah, 72 Sbibk-Yah, 73 Simkam, 74 Yah-Se-Yah, 75 Sibib-Yah, 76 Sabkasbe-Yah, 77 Qelilqal-Yah, 78 Kih, 79 HHYH, 80 WH, 81 WHYH, 82 Zakik-Yah, 83 Turtis-Yah, 84 sur-Yah, 85 Zeh, 86 Penir-Yah, 87 ZihZih, 88 Galraza-Yah, 89 Mamlik-Yah, 90 Hitt-Yah, 91 Hemekh, 92 Kham-Yah, 93 Mekaper-Yah, 94 Perish-Yah, 95 Sefam, 96 Gibir, 97 Gi-bor-Yah, 98 Gor, 99 Gor-Yah, 100 Ziw, 101 Hokbar, el 102 YHWH MENOR, según el nombre de su Maestro, (Ex. 23:21): «porque mi nombre está en él», 103 Rabibi-EL, 104 TUMIEL, 105 Segansakkiel, el Príncipe de la Sabiduría.

2 ¿Y por qué se le llama Sagnesakiel? Porque le están asignados todos los depósitos de la sabiduría.

3 Y todos ellos fueron abiertos a Moisés en el Sinaí, para que los aprendiera durante los cuarenta días, mientras allí permanecía: la Torá en los setenta aspectos de las setenta lenguas, los Profetas en los setenta aspectos de las setenta lenguas, los Escritos en los setenta aspectos de las setenta lenguas, las Halakas en los setenta aspectos de las setenta lenguas, las Tradiciones en los setenta aspectos de las setenta lenguas, las Haggadas en los setenta aspectos de las setenta lenguas y las Toseftas en los setenta aspectos de las setenta lenguas.

4 Pero en cuanto terminaron los cuarenta días, los olvidó todos en un momento. Entonces el Santo, bendito sea, llamó a Yephiphyah, el Príncipe de la Ley, y a través de él le fueron entregados a Moisés como un regalo. Como está escrito (Deut. 10:4): "y el Señor me las dio". Y después de eso permaneció con él. ¿Y por qué sabemos que permaneció (en su memoria)? Porque está escrito (Mal. 4:4): «Acordaos de la Ley de Moisés, mi siervo, que le mandé en Horeb para todo Israel, mis estatutos y mis decretos». «La Ley de Moisés»: esto es la Torá, los Profetas y los Escritos, «estatutos»: esto es las Halakas y las Tradiciones, «juicios»; esto es las Haggadas y las Toseftas. Y todos ellos fueron entregados a Moisés en lo alto del Sinaí.

5 Estos setenta nombres son un reflejo de los Nombres Explícitos en el Merkabá que están grabados sobre el Trono de Gloria. Porque el Santo, bendito sea, tomó de Sus Nombre) Explícitos y puso sobre el nombre de Metatrón: Setenta Nombres Suyos con los que los ángeles ministradores llaman al Rey de los reyes de reyes, bendito sea, en los altos cielos, y veintidós letras que están en el anillo sobre su dedo con las que están sellados los destinos de los príncipes de los reinos en lo alto en grandeza y poder y con

las que están selladas las suertes del Ángel de la Muerte, y los destinos de cada nación y lengua.

6 Dijo Metatrón, el Ángel, el Príncipe de la Presencia; el Ángel, el Príncipe de la Sabiduría; el Ángel, el Príncipe del Entendimiento; el Ángel, el Príncipe de los Reyes; el Ángel, el Príncipe de los Gobernantes; el Ángel, el Príncipe de la Gloria; el Ángel, el Príncipe de los altos y de los príncipes, los exaltados, grandes y honrados, en el cielo y en la tierra:

7 «YHWH, el Dios de Israel, es mi testigo en esto, que cuando revelé este secreto a Moisés, entonces todos los ejércitos en todos los cielos de lo alto se enfurecieron contra mí y me dijeron:

8 "¿Por qué revelas este secreto a un hijo de hombre, nacido de mujer, manchado e impuro, un hombre de gota putrefacta, el secreto por el que fueron creados el cielo y la tierra, el mar y la tierra seca, las montañas y las colinas, los ríos y los manantiales, la Gehena de fuego y el granizo, el Jardín del Edén y el Árbol de la Vida; y por el cual fueron formados Adán y Eva, y el ganado, y las bestias salvajes, y las aves del aire, y los peces del mar, y Behemoth y Leviatán, y los reptiles, los gusanos, los dragones del mar, y los reptiles de los desiertos; y la Torá y la Sabiduría y el Conocimiento y el Pensamiento y la Gnosis de las cosas de arriba y el temor del cielo. ¿Por qué revelas esto a la carne y a la sangre?".

Yo les respondí: "Porque el Santo, bendito sea, me ha dado autoridad, y además he obtenido permiso del alto y exaltado Trono, del que salen todos los Nombres Explícitos con relámpagos de fuego y chashmallim flameantes".

9 Pero no se apaciguaron, hasta que el Santo, bendito sea, los reprendió y los alejó con reprimendas de su presencia, diciéndoles: "Yo me deleito, y he

puesto mi amor, y he confiado y encomendado a Metatrón, mi Siervo, solo, porque él es Uno (único) entre todos los hijos del cielo".

10 Y Metatrón los sacó de su casa de depósitos y los encomendó a Moisés, y Moisés a Josué, y Josué a los ancianos, y los ancianos a los profetas y los profetas a los hombres de la Gran Sinagoga, y los hombres de la Gran Sinagoga a Esdras y Esdras el escriba a Hillel el anciano, y Hillel el anciano a R. Abbahu y R. Abbahu a R. Ze'era, y R. Ze'era a los hombres de fe, y los hombres de fe les encomendaron dar aviso y curar por medio de ellos todas las enfermedades que hacen estragos en el mundo, como está escrito (Ex. 15:26): "Si escuchas con diligencia la voz del Señor, tu Dios, y haces lo que es justo a sus ojos, y prestas atención a sus mandamientos, y guardas todos sus estatutos, no pondré sobre ti ninguna de las enfermedades que puse sobre los egipcios, porque yo soy el Señor que te sana"».[29]

(Terminado y acabado. Alabado sea el Creador del Mundo).

[29] Hillel o Hilel, conocido como Hilel el Sabio (año 110 a. e. c.-10 e. c.), fue un eminente rabino y maestro judío, el primer erudito que sistematizó la interpretación de la Torá escrita. Rabbi Abbahu fue un talmudista judío de la tercera generación amoraica (hacia el año 279-320) que alcanzó renombre como rector de la Academia de Cesarea. Rabbi Ze're o Zeira fue un talmudista judío de la tercera generación amoraica que ocupó una posición prominente a la hora de transmitir enseñanzas antiguas.

METATRÓN

Una figura central del Tercer Libro de Enoc es Metatrón. Metatrón es un ángel mencionado en el judaísmo rabínico y en la angelología. En el Tercer Libro de Enoc se sugiere que Metatrón podría ser el propio Enoc ascendido al cielo y transformado o transfigurado en un ángel de rango superior. No obstante, hay corrientes del judaísmo que argumentan que Enoc no era literalmente Metatrón, sino que más bien el patriarca alcanzó el nivel espiritual del ángel.

Las referencias más antiguas a Metatrón aparecen en la literatura judía y babilónica. Metatrón aparece tres veces en el Talmud babilónico. El misterio del término *Metatrón* ha desconcertado a muchos eruditos, y el filólogo e historiador israelí Scholem dijo que es dudoso que se pueda ofrecer una explicación etimológica. Una de las explicaciones que podrían tener más peso fue sugerida por Johann Heinrich Maius en su *Synopsis Theologiae Judaicae: Veteris et Novae, 1968,* que luego fue respaldada por Hugo Odenberg, Saul Lieberman y otros eruditos como Idel, Boyarin y Schäfer. Según esta explicación, Metatrón viene del griego 'el que está junto al trono'. Otra explicación ofrecida por varios autores medievales y por bastantes eruditos modernos (notablemente George Moore y Jozef Milik) es que Metatrón viene del latín *metator.* Este término se usaba principalmente como un término militar que denota a la persona que mide el campamento y que va delante del ejército preparando la ruta.

En la literatura rabínica la palabra *metator* aparece varias veces designando algún tipo de guía divino. Por ejemplo, en el *Sifre Deuteronomia*, el dedo de Dios funciona como *metato*, y en el Génesis Rabbah la voz de Dios es como un *metator* en el agua.

Según el escritor Robert Graves, el término *metatrón* sería una corrupción hebrea del griego *metradromos* ('el que persigue la venganza') o de *meta ton thronón* ('más cercano del trono').

Según Ramban Nahmánides (1194-1270), un rabino y filósofo del judaísmo de la Corona de Aragón en la Edad Media, *Matat* o *Metatrón* significa 'enviado' (*Matatar* en griego).

Por su parte, Gersónides (1288-1344), un famoso rabino, filósofo, talmudista, matemático, astrónomo y astrólogo francés, dijo que la palabra *Matat* o *Metatrón* viene de la palabra *matrona*, que quiere decir 'madre' en romano, en el sentido de 'guardián'.

Varios autores argumentan que Metatrón no designaba originariamente el nombre de un ángel, sino que más bien era un título, un rol técnico. En el Talmud babilonio, Metatrón aparece como el nombre de un ángel concreto y es probable, según algunos autores, que la terminación «-on» fuera añadida a *metator* para convertirlo de un título general al nombre de un ángel específico. Según esta corriente de pensamiento, Metatrón como nombre de un ángel sería una innovación babilonia que no se conocía previamente en Palestina.

Metatrón aparece varias veces en los cuencos de encantamiento babilonios (*incantation bowls* en inglés), que son del siglo quinto al siglo octavo. Estos cuencos, también llamados tazas mágicas, son un tipo de amuleto utilizado en Babilonia durante la Antigüedad tardía. En varios de estos cuencos Metatrón recibe títulos grandiosos como «el Príncipe del Semblante», «el Gran Príncipe del Universo entero» o «el Gran Príncipe del cielo». Metatrón también es mencionado en cuencos no judíos, como un cuenco en idioma mandeo que lo describe como un servidor ante el telón, o un cuenco enigmático en sirio que dice: «En el nombre del ángel Metatrón, que tiene cuernos de oro y cuyo nombre está escondido en setenta y siete letras mágicas». Estos cuencos en sirio y mandeo muestran un profundo conocimiento de la historia de Metatrón y demuestran su popularidad en Babilonia incluso fuera de los círculos judíos, aunque en ningún cuenco se identifica a Metatrón con Enoc o con un humano convertido en ángel.

Según un estudio de 2019 realizado en la Universidad hebrea de Jerusalén sobre Metatrón y Enoc, no fue hasta el siglo décimo cuando autores caraítas (un grupo religioso judío) y musulmanes reportaron la identificación de Metatrón con Enoc; y antes de eso no parece haber fuentes babilonias que mencionaran la conexión entre Enoc y Metatrón.

Según un estudio publicado en la «Revista para el estudio del Judaísmo» en 2019, Enoc-Metatrón no sería ni una antigua tradición esotérica palestina ni una creación babilónica, sino más bien una síntesis innovadora palestina tardía de las trayectorias babilónica de Metatrón y bizantina de Enoc, que dio lugar a una nueva figura híbrida.

Abraham Abulafia, un famoso cabalista español nacido en Zaragoza (1240-1291), argumenta que Enoc usaba la fuerza de Metatrón para entender todos los secretos. En el Zohar se dice que su cuerpo se convirtió en una antorcha de fuego, desprendiéndose de sus vestidos animales y naturales, y vistiéndose de una esencia espiritual. Tanto se impregnó Enoc de esta esencia espiritual que es «como si fuera el mismo Metatrón»; por el nivel tan alto que alcanzó a través de él. Según Abraham Abulafia, por esto se dice en los libros que Enoc es Metatrón, pero no en el sentido literal, sino como un concepto espiritual y metafórico. Según los sabios, Enoc era la séptima generación de Adán y Enoc enterró a Adán. Dice el Zohar que eso simboliza que Enoc recibió un nivel del alma llamado *ILAÁ ZEHIRÁ*, es decir, el nivel que tenía Adán antes de pecar. Esto hizo que Enoc no muriera, igual que Adán antes de pecar: porque alcanzaron el nivel que está por encima de la muerte. El Zohar también dice que se le transmitieron a Enoc los tesoros superiores y las 45 claves para revelar los secretos del cielo. Por tanto, Enoc habría alcanzado su nivel de alma superior, que era equivalente a Metatrón. Pero Metatrón existía antes de la creación del mundo físico, mientras que Enoc era de la séptima generación de Adán, lo cual indicaría, según esta corriente de pensamiento, que no son literalmente el mismo ser.

Por otro lado, la literatura maniquea contiene numerosas menciones enoquianas, especialmente sobre el Libro de los Gigantes, y consideran a Enoc como un profeta o «apóstol» junto con Adán, Sethel, Enosh, Noé y Sem.

La tradición Merkabá (ver la nota a pie de página en el primer pasaje de 3 Enoc) enfatiza el rol de Metatrón como el «Conocedor de Secretos». Según 3 Enoc, él es «sabio en los secretos y Maestro de los misterios». Él es el que recibió estos secretos de los ángeles y del Señor. También sirve como «el Revelador de Secretos», el responsable de la transmisión de los secretos más grandes a los Príncipes que están por debajo de él, así como a la humanidad.

En 3 Enoc se dice que Metatrón fue quien reveló secretos a Moisés en el Sinaí, incluido la Torá escrita y la Torá oral: «los sacó de su casa de los tesoros y los encomendó a Moisés, y Moisés a Josué, y Josué a los ancianos, y los ancianos a los profetas, y los profetas a los hombres de la Gran Sinagoga...». Cuando Metatrón hizo esto, todas las huestes en cada uno de los cielos se enfadaron con él y le recriminaron que revelara los secretos a un ser humano. Metatrón les respondió diciendo que el Santo le dio permiso y autoridad para hacerlo. Luego Dios mismo reprende a las huestes por recriminar a Metatrón.

Según el profesor Andrei A. Orlov, del Departamento de Teología en la Universidad de Marguette, Milwaukee, USA, en su artículo «Titles of Enoch-Metatrón in 2 Enoch», es evidente que en 2 Enoc uno puede ver algún tipo de preparación de Enoc para su rol de Metatrón, el «Conocedor de Secretos». Esta preparación conlleva varias etapas: Primero, el arcángel Vereveil introduce a Enoc a estos secretos. Segundo, el Señor mismo continúa instruyéndole en los secretos, que no había explicado ni siquiera a los ángeles. Finalmente, el Señor promete a Enoc el rol de «Conocedor de Secretos». Lo importante aquí es que la promesa de este rol está estrechamente relacionada con otros títulos de Metatrón como «El Príncipe de la Presencia», «El Escriba Celestial» y «El Testigo del Juicio». Esto deja la impresión de que 2 Enoc es parte de una tradición más grande y que su autor tenía conocimiento previo del desarrollo de estos títulos dados a Metatrón-Enoc y los hechos que hay detrás.

Hay un momento diferenciador en 2 Enoc que lo sitúa aparte de otros documentos enoquianos como 1 Enoc, Jubileos u otros fragmentos de Qumrán, y es cuando se le quita a Enoc su «ropa terrenal» y se le coloca la «ropa de Gloria». En 2 Enoc 22:8-9 Dios le dice al arcángel Miguel: «Acércate y quítale a Enoch sus vestiduras terrenales. Úngelo con mi aceite bendito y vístelo con las vestiduras de mi gloria». Y luego se dice que: «El aspecto del aceite era mayor que una gran luz y su lubricante era como el rocío bendito, y su fragancia era como la mirra que brilla como los rayos del sol». Este parece ser el momento en el que se produce la transmutación angelical y representa un giro importante en el que la tradición enoquiana se mueve hacia una nueva era en su desarrollo: la tradición de Metatrón. Y aunque parece haber cierto vacío entre la literatura enoquiana temprana (1 Enoc, Jubileos, 2 Enoc) y la literatura sobre Metatrón (3 Enoc, Shi'ur Qomah), particularmente por el uso de los dos nombres diferentes, también se ven nexos que conectan ambas literaturas, como la continuidad indisoluble de los títulos dados a este personaje principal de Enoc-Metatrón, que son comunes en ambas tradiciones.

Un detalle interesante que señala Orlov y que ningún otro erudito ha mencionado es que en 2 Enoc 23.2, cuando Enoc estaba ya en los cielos más altos, el arcángel Pravuil le da permiso para sentarse: «Ahora siéntate y escribe todas las almas de las personas que están por nacer y también los lugares que están predestinados para ellos para siempre, ya que cada alma está predestinada incluso antes de la creación de la Tierra». Esta sugerencia de Pravuil para que Enoc se sentara viene después de que Enoc fuera puesto delante del rostro de Dios y después de ser invitado por Dios a «estar ante su rostro para la eternidad». Según la tradición rabínica, «no hay que sentarse en el cielo», pero el privilegio de «sentarse» fue concedido a Enoc en virtud de su rol como escriba.

LOS ÁNGELES CAÍDOS

En el Génesis bíblico encontramos un versículo que habla sobre los ángeles caídos: «Cuando los hombres comenzaron a multiplicarse sobre la tierra y les nacieron hijas, vieron los hijos de Dios que las hijas de los hombres eran hermosas y tomaron para sí por mujeres de entre todas ellas las que bien quisieron» (Génesis 6:1). Lo misterioso de este versículo es que la Biblia no contiene ninguna explicación posterior sobre este extraño suceso.

El Libro de los Vigilantes, que es parte del Libro de Enoc, contiene la primera evidencia de exégesis y expansión de este misterioso versículo bíblico. Antes de explicar el ascenso de Enoc a los cielos y sus experiencias celestiales, el Libro de los Vigilantes narra el descenso de los ángeles caídos (también llamados «hijos de Dios» o «Vigilantes») desde el cielo, sus relaciones impuras con las mujeres humanas y la violencia de su sangrienta descendencia. En estos capítulos del Libro de Enoc se explican las consecuencias de todos estos actos y la revelación de conocimiento secreto a los humanos por parte de los Vigilantes, lo cual traería destrucción sobre la tierra.

Los descubrimientos en las cuevas de Qumrán a partir de los años cuarenta, proporcionaron por lo menos cinco manuscritos separados del Libro de los Vigilantes en su idioma arameo original, que van desde mediados del segundo siglo a. e. c. hasta el primer siglo e. c. Esto sitúa el probable uso del Libro de los Vigilantes entre una comunidad judía durante el periodo del Segundo Templo.

También se preservan partes del Libro de los Vigilantes en una traducción griega conservada por dos testigos cristianos, y Erik Larson argumenta que este y otros textos enoquianos fueron traducidos al griego por judíos en el primer siglo a. e. c. Según algunos eruditos, esto demostraría un interés en Enoc y los ángeles caídos por parte de diferentes grupos cristianos en la Antigüedad tardía y la Alta Edad Media.

El Codex Panopolitanus, un manuscrito egipcio del siglo quinto o sexto e. c., contiene dos manuscritos incompletos del Libro de los Vigilantes, junto con otros escritos apócrifos.

Los Papiros bíblicos Chester Beatty son un grupo de manuscritos de textos bíblicos en griego de origen cristiano y contienen libros del Antiguo Testamento, del Nuevo Testamento y partes del Libro de Enoc, lo cual demuestra la práctica que había de coleccionar libros enoquianos junto a material de origen cristiano. Tal y como apunta el académico y erudito bíblico Michael Knibb: «el hecho de que extractos del corpus enoquiano fueran copiados con otras obras cristianas demuestra que se creía que iban en consonancia con las creencias cristianas y eran parte de la tradición cristiana».

El cronógrafo bizantino Syncellus preserva extensas citas del Libro de los Vigilantes como muestra de los comienzos de la historia humana. Estas citas provenientes del Libro de los Vigilantes muestran el uso que se le daba al libro en otro escenario adicional, en el que había dudas sobre su autenticidad, pero estas eran opacadas por su valor a la hora de complementar la información sobre las épocas tempranas en la Biblia hebrea y la historiografía helenística.

También hay amplias referencias al Libro de los Vigilantes en la literatura cristiana y judía, así como comentarios explícitos sobre los Libros de Enoc y discusiones sobre su autoridad y autenticidad. Se pueden encontrar ejemplos de ello en textos escritos en hebreo, griego, latín, cóptico y sirio, demostrando que los textos de Enoc circulaban por una sorprendente y extensa diversidad geográfica.

LAMEC, NOÉ Y LOS VIGILANTES (GÉNESIS APÓCRIFO)

El Génesis Apócrifo, también llamado Apocalipsis de Lamec, es uno de los manuscritos del Mar Muerto descubierto en Qumrán. Es un manuscrito incompleto del que solo sobrevivieron algunos fragmentos de texto arameo y es el documento que peor se conservó de los siete originales. Registra una conversación entre la figura bíblica Lamec, hijo de Matusalén, y su hijo Noé.

En el Génesis Apócrifo se menciona un detalle fascinante: Lamec, uno de los patriarcas antediluvianos descendientes de Adán por medio de Set, tuvo miedo de que su hijo, Noé, hubiera sido producto de los Vigilantes.

1QGénesis Apócrifo (1QapGn) Col.1:

«He aquí que entonces pensé en mi corazón que la concepción era obra de los Vigilantes, y la preñez de los Santos, y pertenecía a los Gigantes, y mi corazón se trastornó en mi interior por causa de este niño. Entonces yo, Lamec, me asusté y acudí a Bitenós, mi mujer, y dije: Júrame por el Altísimo, por el Gran Señor, por el Rey del Universo, (texto incompleto) los hijos del cielo, que de veras me harás saber todo (texto incompleto)».

Después, su mujer Bitenós le jura repetidas veces y en llanto que su hijo proviene de él y no de los Vigilantes. Por lo tanto, en aquella época se concebía la idea de que los Vigilantes podrían producir hijos con humanos, lo cual otorgaría cierta credibilidad al texto enoquiano y su historia de los ángeles caídos teniendo relaciones con las mujeres.

LOS ÁNGELES CAÍDOS EN EL MIDRASH BERESHIT

En el Midrash Bereshit (Génesis) se habla de los ángeles caídos. *Midrash* es un término hebreo y se refiere a un método de exégesis de un texto bíblico, dirigido al estudio o investigación que facilite la comprensión de la Torá (texto que contiene la ley y el patrimonio identitario del pueblo judío; es llamada Pentateuco en el cristianismo). El término midrash también puede referirse a una compilación de las enseñanzas midrásicas en forma de comentarios legales, exegéticos u homiléticos del Tanaj (conjunto de los veinticuatro libros sagrados canónicos en el judaísmo) y del Talmud (obra que recoge principalmente las discusiones rabínicas sobre leyes judías, tradiciones, costumbres, narraciones y dichos, parábolas, historias y leyendas). El Midrash toma elementos actuales para ejemplificar de un modo comprensible los textos antiguos y su etimología proviene del verbo hebreo daras, que significa 'buscar, investigar, estudiar'.

En el Midrash Bereshit (Génesis) se dice:

«Esos son los ángeles que descendieron al contemplar a las hermosas hijas de los hombres, no ascendieron hasta ahora; pues, al descender, encontraron a una doncella. Le dijeron: "¡Escúchanos!". Ella les respondió: "¿Y qué me vais a dar?". Ellos le dijeron: "Alas como las nuestras, y te enseñaremos el Nombre Inefable". Y le enseñaron el Nombre Inefable, y le dieron alas. A continuación, voló al cielo. El Santo, bendito sea, le dijo: "Ya que has huido del pecado, te pondré como nombre entre las constelaciones. Esta es la constelación zodiacal de Virgo. Y los ángeles que le dieron alas no pudieron subir al cielo hasta que encontraron una escalera para ascender"».

En este texto se indica que los ángeles dieron alas a una mujer humana y esta ascendió al cielo. Parece hablar de los ángeles caídos, al referirse a ellos como «los ángeles que descendieron al contemplar a las hermosas hijas de los hombres».

EL MIDRASH DE SHEMIHAZA Y AZAEL

Otra historia midrásica trata sobre los ángeles Shemihaza y Azael, y relata la escena en la que los ángeles sienten celos del hombre ante Dios:

«1 El rabino Joseph fue preguntado por sus alumnos cuál era la historia de Shemihaza y Azael, y respondió: "Cuando la generación de Enosh se levantó y practicó la idolatría y cuando la generación del Diluvio se levantó y corrompió sus acciones, el Santo, Bendito sea, se afligió por haber creado al hombre, como se dice: 'Y Dios se arrepintió de haber creado al hombre, y se afligió por su corazón'.

2 Algún tiempo después, se levantaron dos ángeles, cuyos nombres eran Shemhazai y Azazel, y dijeron ante Él: 'Oh, Señor del universo, ¿no te dijimos cuando creaste Tu mundo: '¿No crees? Como se dice: ¿Qué es el hombre para que Te acuerdes de él?'. El Santo, Bendito sea, les dijo: 'Entonces, ¿qué será del mundo?'. Ellos dijeron ante Él: 'Nosotros queremos (a ti) en su lugar'.

3 Él dijo: 'Está revelado y (bien conocido por mí que si tal vez hubierais vivido en ese mundo (terrenal), la inclinación al mal os habría gobernado tanto como gobierna a los hijos del hombre, pero vosotros seríais más obstinados que ellos'. Dijeron ante Él: 'Danos Tu sanción y permítenos descender (y habitar) entre las criaturas, y entonces verás cómo santificamos Tu nombre'. Él les dijo: 'Descended y habitad entre ellas'.

4 Inmediatamente, el Santo permitió que la inclinación al mal los gobernara, tan pronto como descendieron. Cuando vieron que las hijas del hombre eran hermosas comenzaron a corromperse con ellas, como se dice: 'Entonces los hijos de Dios vieron a las hijas del hombre', no pudieron contener su inclinación.

5 Tiempo después, Shemihaza vio a una muchacha cuyo nombre era Istehar; fijando sus ojos en ella dijo: 'Escucha mi (petición)'. Pero ella le dijo 'No te escucharé hasta que me enseñes el Nombre por el que se puede ascender al cielo, en cuanto Tú lo menciones'. Él le enseñó el Nombre indecible.

6 ¿Qué hizo ella? Lo mencionó y con ello ascendió al cielo. El Santo dijo: 'Ya que se ha apartado del pecado, ve y ponla entre las estrellas'. Es ella la que brilla en medio de las siete estrellas de las Pléyades, para que sea siempre recordada. Inmediatamente, el Santo la fijó entre las Pléyades.

7 Cuando Shemihaza y Azael vieron esto, tomaron para ellos esposas, y engendraron hijos. Shemhazai engendró dos hijos, cuyos nombres fueron Ohya y Hahya. Y Azael fue designado jefe sobre toda clase de tintes y sobre toda clase de ornamentos femeninos con los que atraen a los hombres a pensamientos limpios de pecado.

8 Inmediatamente, Metatrón envió un mensajero a Shemihaza y le dijo: 'El Santo está a punto de destruir su mundo y traer sobre él un diluvio'. Shemihaza se levantó y alzó la voz y lloró en voz alta, pues estaba muy preocupado por sus hijos y por (su propia) iniquidad. Y dijo: '¿Cómo vivirán mis hijos, y qué será de ellos, pues cada uno de ellos come diariamente mil camellos, mil caballos, mil bueyes y toda clase de animales?'.

9 Una noche los hijos de Shemihaza, Ohya y Hahya, vieron (visiones) en (sus) sueños, y ambos vieron un sueño. Uno de ellos vio una gran piedra extendida sobre la tierra como una mesa, toda ella escrita con líneas (de escritura). Y un ángel descendía del cielo con un cuchillo en la mano y borraba todas las líneas, excepto una con cuatro palabras.

10 El otro vio un jardín, plantado con muchas clases de árboles y piedras preciosas. Y un ángel descendía del cielo con un hacha en la mano, y

cortaba todos los árboles, de modo que sólo quedaba un árbol con tres ramas.

11 Cuando se despertaron de su sueño, se levantaron confusos y, yendo a su padre, le contaron los sueños. Él les dijo: 'El Santo está a punto de traer un diluvio sobre el mundo, y de destruirlo para que no quede más que un hombre y sus tres hijos", Ante esto, gritaron angustiados y lloraron, diciendo: '¿Qué será de nosotros y cómo se perpetuarán nuestros nombres?'. Él les dijo: 'No os preocupéis, porque vuestros nombres, Ohya y Hahya, nunca dejarán de salir de la boca de las criaturas, porque cada vez que los hombres levanten piedras (pesadas) o barcos, o cualquier cosa similar, gritarán y dirán vuestros nombres'. Con esto, sus ánimos se enfriaron.

12 ¿Qué hizo Shemihaza? Se arrepintió y se suspendió entre el cielo y la tierra con la cabeza hacia abajo y los pies hacia arriba, porque no se le permitía abrir la boca ante el Santo, Bendito sea, y sigue colgado entre el cielo y la tierra.

13 Azael (sin embargo) no se arrepintió. Y ha sido designado jefe de toda clase de tintes que incitan al hombre a cometer pecados y todavía sigue corrompiéndolos.

14 Por eso, cuando los israelitas solían traer sacrificios en el día de la expiación, echaban una suerte para el Señor para que expiara las iniquidades de los israelitas, y una suerte para Azael para que llevara la carga de la iniquidad de Israel. Este es el Azael que se menciona en las Escrituras"».

LOS ÁNGELES CAÍDOS EN EL PIRKEI DE-RABBI ELIEZER

El Pirkei de-Rabbi Eliezer es una obra agádica-midrásica sobre la Torá que contiene exégesis y relatos de historias bíblicas.

Esta obra ha tenido un amplio alcance desde su composición y publicación alrededor del año 830 y se atribuye su autoría a Rabbi Eliezer ben Hyrcanus y sus discípulos. La obra se divide en 54 capítulos, siendo el capítulo 2 uno de los más interesantes ya que corresponde al Génesis y añade información que no aparece en la Biblia u otros textos religiosos. Es aquí donde se menciona a los Ángeles Caídos y lo que sucedió en aquella época:

Pirke de Rabí Eliezer, Capítulo 2:

«Nuestros sabios informan que los Hijos de Dios mencionados en Génesis 6:1-2 se refieren a hijos de Shamjazael y Azael, ángeles movidos por celos hacia el hombre que presentaron la siguiente acusación: "No es bueno crear al hombre, ya que en el futuro estará lleno de pecados". Entonces Hashem los hizo descender del cielo y los colocó en la tierra para que fueran hombres y así pudieran conocer la fuerza de la tentación».

De este fragmento se deduce que los ángeles caídos tenían celos del ser humano por la importancia que Dios le dio desde su creación; y por esos celos Dios los hizo bajar a la tierra.

Pirke de Rabí Eliezer, Capítulo 13:

«La envidia, los placeres y el honor, sacan a la persona del mundo. Dijeron los ángeles celestiales delante de Hashem: "¡Amo de todos los mundos! ¿Cuál es la importancia del hombre que tanto aprecias? El hombre se parece al vapor que sale de la boca y no se mantiene. No hay nadie que se pueda asemejar al polvo de la tierra, hecho para no temer a ninguna cosa en el mundo".

Dijo (Dios) a ellos: "Vosotros me alabáis en las alturas y él (Hombre) me alabará entre los de abajo (entre los seres de la tierra).

Y no sólo eso, ¿Podéis acaso vosotros nombrar a todas las criaturas?".

Se pararon y no pudieron, inmediatamente se paró Adán y puso nombre a todas las criaturas, como se dice: "Y puso Adán nombres a todos los animales".

Cuando lo vieron los ángeles celestiales dijeron: "Si nosotros no venimos sobre el hombre con un consejo para que peque contra su Creador, no podremos con él".

Y estaba Samael, el gran príncipe que había en los cielos, y los ángeles llamados *Jaiot* y *Serafín* eran poseedores de seis alas, mientras Samael tenía doce alas.

Tomó sus tropas, descendió y vio todas las criaturas que creó Hashem y no halló astuto para el mal como la serpiente antigua».

Según esta obra, los ángeles caídos, movidos por los celos, quisieron acabar con Adán, y se relaciona la historia de la serpiente en el Jardín del Edén con este acto rebelde de los ángeles.

EL ZOHAR Y LOS ÁNGELES CAÍDOS

El Zohar, libro central de la corriente cabalística, habla sobre la creación del hombre y la oposición de Azael y Uza (ángeles) a su creación:

«Uza y Azael en realidad se oponían a ella (a la propuesta de crear al hombre). Pues cuando la Shejiná (ver la tercera nota a pie de página en el texto de 3 Enoc) dijo a Dios: "Hagamos al hombre", ellos dijeron: "Qué es el hombre para que lo conozcas? ¿Por qué deseas crear al hombre, que, como sabes, pecará ante ti, por su mujer, que es la oscuridad para su luz, siendo la luz masculina y la oscuridad femenina?".

La Shejiná les respondió: "Vosotros mismos cometeréis el mismo crimen de que lo acusáis"; y así está escrito: "Y los hijos de Dios vieron a las hijas del hombre que eran bien bonitas, y las siguieron por camino desviado y la Schejiná los degradó de su posición santa".

Habéis hablado del hombre peor que todo el resto de la hueste celestial. Si fuerais más virtuosos que el hombre, tendríais derecho a acusarlo. Pero como él pecará con una mujer, vosotros pecaréis con muchas mujeres, como está escrito: "Y los hijos de Dios vieron a las hijas del hombre", no una hija, sino hijas, y luego, si el hombre pecó, estuvo dispuesto a arrepentirse y a retornar a su Amo y a reparar el mal».

LOS ÁNGELES CAÍDOS EN EL TESTAMENTO DE LOS PATRIARCAS

En los Testamentos de los Doce Patriarcas hijos de Jacob, o simplemente Testamento de los Patriarcas (un libro apócrifo bíblico sobre discursos y recomendaciones atribuidas a los doce hijos de Jacob), concretamente en el Testamento de Rubén (el primer hijo de Jacob y Lea), Rubén habla de sus experiencias y consejos y menciona la caída de los Vigilantes a causa de las mujeres humanas:

«5 Huid, pues, de la fornicación, hijos míos, y mandad a vuestras esposas e hijas que no adornen su cabeza ni sus rostros para engañar a la mente; porque toda mujer que usa estas artimañas ha sido reservada para el castigo eterno.

6 Porque así sedujeron a los Vigilantes que estaban antes del Diluvio; pues al verlos continuamente, los codiciaron, y concibieron el acto en su mente, ya que (ellos) se transformaron y adoptaron forma de hombres, y se les aparecieron cuando estaban con sus maridos.

7 Y las mujeres, codiciando sus formas, dieron a luz a gigantes, porque los Vigilantes se les aparecieron como si llegaran hasta el cielo».

De este interesante texto podemos deducir que las mujeres humanas usaron adornos y maquillajes para seducir a los Vigilantes y que éstos se «transformaron en cuerpos de hombres» seduciendo, a su vez, a las mujeres, las cuales fantasearon con ellos. El último versículo es, quizá, el más enigmático, pues parece indicar que las mujeres parieron gigantes «porque los vigilantes se les aparecieron como si llegaran hasta el cielo». Es decir, que los Vigilantes mismos se les aparecieron con una altura grandiosa y eso podría haber hecho que las mujeres parieran gigantes. No obstante, esta conclusión es tan sólo una reflexión sobre el texto y resulta difícil dilucidar el significado real de esas palabras.

LOS ÁNGELES APARECEN COMO HUMANOS EN LA TIERRA

El aspecto físico de algunos ángeles que aparecen en la Biblia y en otros libros religiosos constituye un tema interesante de debate. En la Biblia los ángeles aparecen en numerosas ocasiones con aspecto humano, camuflándose de alguna manera entre el resto de personas.

Una historia bíblica conocida donde aparecen ángeles con aspecto humano es la de Sodoma y Gomorra. Según Génesis 19, dos ángeles de Dios entraron en Sodoma para rescatar a Lot, sobrino de Abraham. Los ángeles eran de hermosa apariencia y llamaron la atención de los habitantes de Sodoma, los cuales quisieron abusar de ellos. De esta historia bíblica podemos extraer que, al menos esos dos ángeles, eran de una apariencia especialmente hermosa y agradable a la vista, ya que incluso los sodomitas querían abusar de ellos. También se dice que esos ángeles comieron los alimentos que les prepararon Abraham y Lot, por lo que su naturaleza física queda clara.

Una de las descripciones más completas de un ángel se encuentra en Daniel 10:5-6: «Alcé los ojos y miré. Vi a un hombre vestido de lino que tenía su cintura ceñida con un cinturón de oro puro. Su cuerpo era como crisólito, su rostro parecía un relámpago, sus ojos como antorchas encendidas, sus brazos y sus piernas como el brillo del bronce bruñido, y el sonido de sus palabras como el clamor de multitud».

En este caso la descripción del ángel incluye atributos sobrehumanos muy similares a los que aparecen en 1 Enoc y 2 Enoc cuando se habla de ciertos ángeles, aunque Daniel se refiere a él como «un hombre», lo que indica su aspecto humano, pero con ciertas características angélicas.

En otras ocasiones de describe a los ángeles en su naturaleza celestial, con varias alas (Isaías 6:1-2) o incluso invisibles al ojo humano, como sucede en Números 22:23 cuando Balaam no puede ver un ángel con una espada delante suyo, pero sí lo puede ver el burro que lo acompaña. Luego Dios hace que el burro hable y le abre los ojos a Balaam para que vea al ángel.

INTRODUCCIÓN AL LIBRO DE LOS GIGANTES

El Libro de los Gigantes podría considerarse como parte de la literatura para bíblica, igual que el Libro de Enoc o el Libro de los Jubileos. Este tipo de literatura tiene su punto de partida en determinados textos bíblicos, pero los mezcla o amplía con otra información y tradiciones muy diversas. El Libro de los Gigantes está en arameo y fue escrito, como mínimo, en el siglo 2 a. e. c., y probablemente mucho antes. Este manuscrito expande la historia que aparece en el Libro de Enoc acerca de los Vigilantes o los Ángeles Caídos y su descendencia híbrida.

El texto estaba tan fragmentado y en tan mal estado que fue imposible reconstruirlo de una forma clara. Sin embargo, los especialistas han hecho todo lo posible por reconstruir el Libro de los Gigantes y la versión que tenemos hoy en día sin duda aporta una información reveladora acerca de los últimos días antes del Diluvio. A mediados del año 1970, Jozef Milik identificó varios manuscritos de carácter enoquiano en la cueva 4 de Qumrán, correspondientes al Libro de los Gigantes.

Existen varias versiones del Libro de los Gigantes, igual que sucede con el Libro de Enoc. Esto es porque a partir del texto original se hicieron varias interpretaciones o traducciones, dependiendo de la parte del mundo y la época en cuestión. En el caso del Libro de Enoc tenemos por ejemplo la versión etíope, que es quizá la más extendida hoy en día y luego tenemos el texto en arameo que se encontró en las cuevas de Qumrán, el cual se asemeja bastante a la versión etíope.

Los textos de Enoc descubiertos en Qumrán se componen esencialmente de 5 obras escritas en arameo: el Libro Astronómico, el Libro de los Vigilantes, el Libro de los Sueños, la Epístola de Enoc y el Libro de los Gigantes. Varios expertos creen que estos 5 libros formaban una especie de «Pentateuco de Enoc». No obstante, durante la era cristiana, este Pentateuco enoquiano habría sido alterado y eliminaron el Libro de los Gigantes, poniendo en su lugar el Libro de las Parábolas, de carácter mesiánico.

A partir del texto arameo encontrado en las cuevas de Qumrán surgieron varias versiones del Libro de los Gigantes, por ejemplo, en griego, persa o árabe. Una de estas versiones fue la maniquea, elaborada por el sabio persa Mani, fundador del maniqueísmo. El Libro de los Gigantes fue admitido en el canon maniqueo de libros sagrados y fue traducido en numerosos idiomas de Asia, África y Europa. La versión maniquea incluye antiguos mitos iraníes y varias ideas propias del maniqueísmo, aunque nos ayuda a completar el texto original en arameo del Libro de los Gigantes.

Desde el siglo 18 muchos eruditos han creído que el Libro de los Gigantes guarda una estrecha relación con el Libro de Enoc. Esto es porque el Libro de los Gigantes amplía con numerosos detalles la historia de los ángeles caídos y los gigantes. Por ejemplo, el Libro de Enoc habla sólo en términos generales acerca de los gigantes, mientras que el Libro de los Gigantes da nombres personales a estos gigantes y explica detalles de su vida antediluviana.

El autor Milik identificó 6 copias del Libro de los Gigantes entre los manuscritos de Qumrán. Este Libro era bastante popular entre las comunidades judías y esenias. De hecho, la popularidad del Libro de los Gigantes era similar a la que tenía el Libro de los Jubileos y otros libros hebreos que fueron posteriormente canonizados. El texto se encuentra también en las diversas lenguas literarias del Imperio Romano y el Imperio Bizantino, lo que demuestra que en esas zonas el Libro de los Gigantes también era ampliamente conocido y leído.

Una referencia clara al Libro de los Gigantes la podemos encontrar en la literatura judía y talmúdica, así como en los Midrash. En el Talmud babilónico Dios le dice a Moisés que no debe temer al gigante Og. Este gigante era el hermano de Sihon y ambos eran hijos del gigante Ahiyah, uno de los hijos de Shemihaza. Al parecer Moisés le tenía miedo únicamente al gigante Og porque, según un fragmento, este gigante consiguió escapar del destino de la generación del Diluvio, y por tanto sobrevivió de alguna manera a esta gran inundación.

Beroso el Caldeo fue un sacerdote de Babilonia, autor de *Babiloniaka*, una obra sobre la historia de Babilonia, y tenía acceso a los archivos de Esagila, templo del dios Marduk. Según este autor, un gigante sabio llamado Oannes, era mitad hombre y mitad pez. De hecho, en la literatura sumeria y babilónica, los sabios antediluvianos llamados Apkallu o Abgal eran mitad hombre – mitad pez. Se dice que aconsejaban a los reyes y que después del Diluvio pasaron a tener forma humana.

En este caso me he basado en la traducción de Florentino García Martínez en su obra *Textos de Qumrán* y en otras traducciones inglesas para complementar el texto.

El lector encontrará huecos señalados como «[...]» para indicar que falta ese fragmento del manuscrito. A pesar de esto, en muchas ocasiones se puede entender el contexto de las frases y se puede observar perfectamente que esta obra sigue la narrativa de los textos enoquianos respecto a los Vigilantes y los Gigantes. El lector encontrará también varias anotaciones con información adicional debajo de algunos versículos.

EL LIBRO DE LOS GIGANTES

lQGigantes (1Q23)

Frag. 1+6+22

Doscientos burros, doscientos asnos salvajes, doscientos carneros, doscientos cabritos, doscientos [...] de cada animal, de cada [...] de vino diluido seis mil, de [...][1]

Frag. 9+14+15

[...] y conocieron los misterios [...] grande en la tierra [...] los gigantes [...] de [...]

---

[1] Muchas traducciones modernas añaden que estos animales fueron juntados para el mestizaje, posiblemente con los ángeles caídos, produciendo así una especie de monstruos híbridos. No obstante, en la traducción de los manuscritos originales de Qumrán del profesor Florentino García Martínez, no aparece la palabra mestizaje. Más bien, el texto dice lo siguiente: «de vino diluido seis mil...». No podemos saber el contexto de esa frase porque faltan numerosos fragmentos perdidos, pero no se menciona explícitamente la mezcla de animales. Por tanto, queda en el aire la cuestión de si hubo o no una mezcla prohibida relacionada con los animales. Sin embargo, un fragmento de la versión persa dice: «Las criaturas también empezaron a matarse entre ellas...». Aquí se hace una distinción entre los gigantes y las criaturas, aunque no sabemos exactamente qué son esas criaturas.

4Qgigantes (4Q203)

Frag. 1

Cuando me alce [...] Baraqel [...] mi rostro aún [...] yo me alzo [...][2]

Frag. 2

Sobre ellos [...] Respondió Mahawai [...]

Frag. 3

[...] sus amigos [...] Hobabes y ADK [...] ¿Qué me dará para matar [...]

Frag. 4

[...] en ellos. [...] Entonces dijo Ohyah a Hahyah,[3] su hermano [...] por encima de la tierra [...] la tierra. Cuando [...] se postraron y lloraron ante Enoc [...]

Frag. 5

[...] la violencia hecha a los hombres [...] fueron matados [...]

Frag. 6

[...] fue para nosotros [...]

Frag. 7 col. 1

[...] y tu poder [...] Entonces dijo Ohyah a Hahyah, su hermano [...] Entonces castigó y no a nosotros, sino a Azael, y lo hizo [...] los hijos de los

---

[2] Baraqel es el noveno ángel caído. Su nombre significa 'el rayo de Dios'. En la versión maniquea del Libro de los Gigantes se llama *Virogdad*, que significa 'regalo del rayo'. Su hijo se llamaba Mahawai, el cual es mencionado también en el Libro de los Gigantes.

[3] Según el texto, Shemihaza, uno de los ángeles caídos, tuvo 2 hijos gigantes: uno se llamaba Ohyah y el otro Hahya. Los demás gigantes nacieron de los otros ángeles caídos.

Vigilantes, los Gigantes; y no serán perdonados ninguno de sus seres queridos [...] nos ha apresado y te ha capturado.

Frag. 7 col. 2

[...] a ti, Mahawai [...] las dos tablillas [...] y la segunda no ha sido leída hasta ahora [...]

Frag. 8

El libro [...] Copia de la segunda tablilla de la epístola [...] escrita de la mano de Enoc, el escriba distinguido [...] y santo, a Semihaza y a todos sus compañeros [...] Sabed que no [...] vuestras obras y las de vuestras mujeres [...] ellas y sus hijos y las mujeres de sus hijos [...] por vuestra prostitución en la tierra. Os sucederá [...] y os acusa a vosotros, así como a las obras de vuestros hijos [...] la corrupción con la que habéis corrompido [...] hasta la venida de Rafael. He aquí que habrá destrucción [...] los que hay en los desiertos y los que hay en los mares. La interpretación de vuestro asunto [...] sobre vosotros para mal. Ahora, pues, desligad vuestras cadenas [...] y rezad.[4]

Frag. 9

[...] y todo [...] ante el esplendor de tu gloria [...] tu gloria, pues tú conoces todos los misterios [...] y nada es más fuerte que tú [...] ante ti. Ahora, pues, el Santo de los cielos [...] tu reinado glorioso por los siglos eternos [...]

Frag. 10

[4] Un fragmento de la versión maniquea del Libro de los Gigantes da a entender que los ángeles caídos oprimieron a los humanos, haciéndolos prácticamente sus esclavos o sirvientes. Concretamente, el fragmento dice que, en cada ciudad, fueron sometidos a tareas y servicios.

[...] Ahora, pues, mi Señor [...] has multiplicado y [...] tus deseos y [...]

Frag. 11

[...] el rocío y la escarcha [...]

Frag. 13

Se postraron delante de Enoc [...] Entonces les dijo: [...] que no haya paz para vosotros [...] para ser [...]

4QGigantes (4Q530)

Col. 2

[...] Entonces dos de ellos tuvieron pesadillas, y el sueño huyó de sus ojos. Se alzaron [...] y fueron a Shemihaza, su padre, y le contaron sus sueños [...] He visto en mi sueño de esta noche [...] jardineros; estaban regando [...] numerosas raíces salían de su tronco [...] miré hasta que se cerraron las fuentes [...] todas las aguas y el fuego ardió en todo [...] Aquí se acaba el sueño. [...] los gigantes buscaban quien les explicara el sueño a Henoc, el escriba distinguido y nos explique el sueño. Entonces Ohyah, su hermano, reconoció y dijo ante los gigantes: También yo he visto en mi sueño esta noche algo extraordinario: El Poder de los cielos descendía a la tierra [...] aquí acaba el sueño. Entonces se asustaron los Gigantes, y los Nefilim y llamaron a Mahawai y él vino a ellos. Le suplicaron y le enviaron a Enoc, el escriba distinguido y le dijeron: Ve [...] y muerte para ti, que c[...] escucha su voz y dile que te explique e interprete el sueño [...]

Col. 3

En una tablilla el testimonio de los gigantes y en la otra [...] como el huracán, y voló con sus manos como un águila dotada de alas [...] la tierra y cruzó la Desolación, el gran desierto [...] y vio a Enoc, le llamó y le dijo:

«Un oráculo [...] aquí. Por segunda vez yo te pido un oráculo [...] a tus palabras, junto con todos los Nefilim de la tierra. Si quita [...] desde los días de su [...] y que sean castigados [...] que sepamos de ti su explicación». [...] Entonces Enoc dijo: «Los doscientos árboles que han salido del cielo [...]».[5]

4QGigantesc (4Q531)

Frag. 1

[...] se contaminaron [...] los Gigantes y los Nefilim y [...] engendraron. Y si todos [...] en su sangre. Y según el poder [...] los gigantes que no les bastaba a ellos y a sus hijos [...] y pedían mucho para comer [...] los Gigantes la destruyeron [...]

Frag. 2

[...] poderoso. Y con el vigor de mi potente brazo y con la fuerza de mi poder [...] toda carne, e hice guerra con ellos. Pero no [...] encontré apoyo para fortalecerme, pues mis acusadores [...] habitan en los cielos y viven en las alturas santas, y no [...] pues ellos son más poderosos que yo. [...] llegó el frémito de las bestias salvajes, y gritaron un bramido salvaje [...] Así le

---

[5] El gigante Mahawai tenía características de pájaro o de ave, ya que podía volar con sus manos; pero Ohya y Hahyah también podían haber tenido esta característica, ya que la versión persa del Libro de los Gigantes contiene una expresión que hace referencia a «su nido».

habló Ohyah: «Mi sueño me ha anonadado [...] ha huido el sueño de mis ojos al ver la visión».[6]

6QGigantes (6Q8)

Frag.1

[...] Ohyah, y dijo a Mahawai [...] y no tiembla. ¿Quién te ha mostrado todo? [...] Baraqel, mi padre, estaba conmigo. [...] apenas había acabado Mahawai de contar lo que [...] le dijo: «Yo he oído maravillas. Si una estéril puede dar a luz [...]».

Frag. 2

Sus tres raíces [...] y estaba mirando hasta que vino [...] este jardín entero y no [...]

---

[6] Un dato interesante descubierto en un fragmento en idioma parto, relata una lucha que hubo antes del Diluvio entre el gigante Ohya, el arcángel Rafael y Leviatán (la bestia marina que aparece en la Biblia). Al parecer en esta lucha se hirieron mutuamente y luego desaparecieron.

LOS GIGANTES

LOS GIGANTES EN LA TIERRA

Hoy en día a través de películas y cuentos para niños nos hablan de los gigantes o titanes como si fueran seres ficticios. Sin embargo, la mitología griega, la egipcia, la germana, la nativa americana o la vasca contienen abundantes leyendas, referencias y representaciones gráficas de estos seres gigantes. Los mayas y los incas creían que en la tierra existió una raza de gigantes antes del Diluvio universal, igual que tantas civilizaciones antiguas. Según algunos autores, las leyendas de los antiguos griegos encierran la verdad de lo que realmente sucedió en el pasado: que existieron extrañas criaturas o híbridos que los griegos llamaban titanes.

Ha habido innumerables descubrimientos arqueológicos modernos de esqueletos gigantes en diferentes partes del mundo. Algunos han podido ser un fraude, pero otros todavía no tienen explicación o han sido olvidados y, en ocasiones, suprimidos. Estos son algunos de los descubrimientos de restos de gigantes que han aparecido en periódicos antiguos alrededor del mundo:

En 1888 cerca de Clearwater, Minnesota, se descubrieron los esqueletos de siete gigantes de casi 3 metros de altura con doble fila de dientes enterrados hace unos 200 años. Al respecto, el autor Brad Steiger dijo: «Hay numerosas tumbas de gigantes, algunos de casi 3 metros de altura, y también de mujeres, algunas de ellas de más de 3 metros con cráneos enormes. Curiosamente algunos tenían cuernos, otros dos filas de dientes y una serie de lo que hoy serían anomalías. Eran seres enormes».

Otro hallazgo reportado en antiguos periódicos hablaba de restos de gigantes extintos bajo láminas de pizarra. El arqueólogo y autor David H. Childress dijo al respecto: «En torno a 1850 se excavaron varias tumbas en el Medio Oeste americano, y en numerosas ocasiones se encontraron personas de casi 3 metros. En muchos casos tenían dos filas de dientes y también 6 dedos en las manos y en los pies».

En California unos mineros encontraron un muro con jeroglíficos muy complicados. Creían que iba a haber oro detrás del muro, pero al derribarlo descubrieron una mujer gigante con un niño cubiertos de pelo y de polvo. Los mismos restos femeninos momificados se han hallado en Texas y en Dead Valley, así como en otras zonas de California. Lo único que queda hoy en día de estos misteriosos gigantes son antiguos recortes de periódico.

El periodista y escritor de best sellers estadounidense Jim Marrs dijo: «Lo interesante del hallazgo de estos cuerpos de gigantes momificados, fósiles gigantes y huesos es que no se limitaban a una zona concreta. Aparecían en Grecia, en Italia, en Oriente Medio, en Estados Unidos. Y aunque alguno fuera un fraude o una interpretación errónea, sigue habiendo una inmensa cantidad de pruebas de que se trataba de seres gigantes que habitaban la tierra».

En 1829 una noticia que apareció en el *New York Times* informó de un grupo de obreros que al estar excavando para construir un hotel en Chesterville, Ohio, desenterraron un esqueleto gigante humano.

En 1833 unos soldados excavando en un rancho en California descubrieron un esqueleto gigante de 3,6 metros de altura con doble fila de dientes y rodeado de enormes armas.

En 1879 el Indianapolis News informó de un esqueleto de 3 metros de largo que había sido desenterrado en un montículo en Indiana.

En 1891 el *The Angeles Times* informaba de unos trabajadores que estaban excavando en Arizona y descubrieron un enorme sarcófago a 2,5 metros de profundidad que contenía el cuerpo momificado de un gigante de 3,6 metros de altura con seis dedos en manos y pies.

El Chicago Record publicó el 24 de octubre de 1895 que un montículo cerca de Toledo, Ohio, contenía veinte esqueletos todos sentados mirando hacia el Este con mandíbulas y dientes el doble de grandes en comparación con los humanos de hoy en día. Y al lado de cada esqueleto había grandes cuencos con extraños jeroglíficos.

En diciembre de 1895 un gigante irlandés fosilizado de 3,65 metros de altura con 6 dedos en los pies fue aparentemente desenterrado por Mr. Dyer durante una operación minera en County Antrim, Irlanda. El *British Strand Magazine* publicó una foto de este gigante tomada en el depósito de mercancías de *North Western Railway Company's Brad Street* mientras estaba siendo transportado en ferrocarril. La fotografía se reimprimió en el libro *Traces of the Elder Faiths of Ireland* de W. G. Wood-Martin. La momia gigante era más alta que el gigante de Cardiff (otro famoso supuesto gigante encontrado en esa época), tenía seis dedos en manos y pies y fue expuesto en Dublín, Liverpool y Manchester. No obstante, poco después de publicarse la fotografía, el gigante fue confiscado debido a una sospechosa reclamación legal de propiedad por parte de las autoridades y nunca más se supo de él.

Según un artículo de prensa en el *New York Times* el 4 de mayo de 1912, en unos montículos cerca de Lake Delavan, Wisconsin, se encontraron 18 esqueletos gigantes de unos 2,4 metros de altura de una raza desconocida. Cuando se abrió otro montículo, los excavadores se sorprendieron por las peculiares características faciales de los restos gigantes. Las cabezas eran mucho más grandes que cualquier raza que habitaba en América.

El *New York Times*, el 21 de junio de 1925, publicó en un artículo de prensa que unos mineros encontraron esqueletos humanos que medían de 3 a 3,6 metros de altura en las montañas de Chihuahua, México. Los mineros dijeron que encontraron un grupo de estos esqueletos intactos en una cueva. Los pies de estos gigantes medían desde 45 a 50 centímetros de longitud. En el artículo se dice lo siguiente: «Se cree que el descubrimiento podría ayudar a esclarecer un incierto origen de los indios de Chihuahua». Los esqueletos estaban en una posición sentada, con los brazos y los hombros hacia adelante, y se cree que fueron encajonados en esa cueva. El título del artículo del *New York Times*, que todavía se puede encontrar hoy en la web, dice: «HUESOS GIGANTES EN MÉXICO: Esqueletos de hombres de 10 a 12 pies de altura encontrados en una cueva».

Las estructuras megalíticas como Stonehenge, dólmenes, menhires, tumbas gigantes o pirámides parecen indicar que en el pasado hubo una civilización física e intelectualmente más avanzada que la nuestra. Los primeros británicos llamaban a los círculos de Stonehenge el «baile de los gigantes», que se cree que fueron sus autores. Lo cierto es que quién construyó Stonehenge y cómo sigue siendo un misterio.

Otro monumento megalítico similar a Stonehenge es el Círculo de Gigantes en los Altos del Golán, Siria (en hebreo llamado *Gilgal Refaim*, en referencia a la raza de gigantes bíblicos refaítas). Constituido por varios círculos concéntricos de piedras con un túmulo en el centro de 4,5 metros de altura, está en el centro de una amplia meseta donde también hay numerosos dólmenes. El monumento está compuesto por más de 42.000 rocas basálticas dispuestas en círculos concéntricos y el lugar se remonta a la primera Edad del Bronce (3000 a. e. c.-2750 a. e. c.). Igual que Stonehenge, la manera en que fue construido sigue siendo un enigma.

En Malta se pueden ver también templos gigantescos, construidos miles de años antes de la era común. Concretamente el sitio de los gigantes: Gigantilla. Según el autor suizo Erich von Däniken: «Allí los bloques son tan grandes y pesan tanto, que no los pudieron mover personas normales».

En el Líbano, a 65 km de Beirut, están las impresionantes ruinas de Baalbek, donde en la antigüedad había un santuario fenicio dedicado al dios Baal. Este lugar se menciona en el Libro de Reyes del Antiguo Testamento. Las piedras usadas son las más grandes que jamás se hayan usado en una construcción y se tallaron, transportaron y elevaron unos 10 metros; y se colocaron tan juntas que no cabe ni una cuchilla entre ellas. Entre las ruinas hay una gran plataforma que algunos especialistas señalan como una de las pocas construcciones que sobrevivieron al Diluvio.

Michel M. Alouf, un extrabajador de Baalbek que se dedicaba a la conservación del sitio, escribe en su libro *History of Baalbek* una historia que algunos toman como cierta: «Después del Diluvio, cuando Nimrod reinaba sobre el Líbano, envió a gigantes para que reconstruyeran la fortaleza de Baalbek, llamada así en honor a Baal, uno de los dioses que adoraban los moabitas».

No se sabe cómo lo hicieron en aquella época, e incluso a día de hoy costaría replicar su construcción, igual que sucede con otras sorprendentes antiguas edificaciones como las de los romanos en Roma, Italia.

En Centroamérica y Sudamérica se encuentran ruinas de proporciones desmesuradas que difícilmente pudieron ser construidas por humanos normales y corrientes con la tecnología que la historia oficial atribuye a esas épocas. O bien fueron obra de seres gigantes que pudieran transportar esas enormes piedras o se usó un tipo de tecnología que no aparece registrada por la historia y la arqueología oficial.

Muchos creen que las autoridades y las instituciones gubernamentales han ocultado la existencia de muchos de estos restos de gigantes. Concretamente se señala al Instituto Smithsoniano, un centro de investigación administrado por el Gobierno estadounidense que posee varios museos y fue creado en 1846. El autor David Childress escribió al respecto: «Los que investigan encubrimientos arqueológicos encontrarán que hay alarmantes indicios de que el Instituto Smithsoniano ha estado activamente suprimiendo los descubrimientos arqueológicos más interesantes e importantes que se han hecho en las Américas».

El autor Steve Quayle dijo también en unas declaraciones: «Cuando se notifica al Instituto Smithsoniano de uno de estos descubrimientos y les envían los huesos, ya no se vuelve a saber nada más de ellos».

LOS GIGANTES EN LA BIBLIA

En la Biblia se mencionan los gigantes en varios pasajes, empezando por Génesis 6:4: «Había por aquellos días, y también después, gigantes en la tierra cuando los hijos de Dios se unieron a las hijas de los hombres y ellas les dieron hijos. Éstos son los héroes famosos de la antigüedad».

El término «gigantes» proviene de la palabra *nefilim*, que es la transliteración al español de una palabra hebrea que probablemente significa 'Los que hacen caer' o 'los caídos'. A lo largo de la historia, ha habido varias interpretaciones de esta expresión hebrea que se han plasmado en distintas traducciones de la Biblia, siendo la más frecuente «gigantes». Por ejemplo, en la versión griega del Antiguo Testamento hebreo, llamada Septuaginta, se tradujo como γίγαντες ('gigantes') entre los años 200 a 50 a. e. c., mientras que, en la versión católica en latín, conocida como Vulgata, se tradujo como «gigantes» en el siglo cuarto. A pesar de ello, se ha planteado la teoría de que el término proviene de la forma causativa del verbo hebreo *nafál*, que significa 'caer', lo que daría lugar a la expresión «los que hacen caer» o «los derribadores».

Curiosamente, en el Libro de los Jubileos (capítulo 5:1) y en el Libro de Enoc (capítulo 7:2) se repite el mismo versículo de Génesis. Este pasaje ha generado mucho debate y es, sin duda, uno de los más enigmáticos de toda la Biblia.

Parece haber dos sectores que interpretan el pasaje de Génesis 6:4 de forma diferente: aquellos que creen que los «Hijos de Dios» eran simplemente humanos, descendientes de Set (posiblemente líderes o gente poderosa); y los que creen que los «Hijos de Dios» eran Ángeles Caídos que tuvieron relaciones con mujeres humanas en la tierra, engendrando así seres gigantes.

Otros versículos bíblicos que también mencionan la existencia de gigantes son:

- **Números 13:33**: «También vimos allí gigantes, los hijos de Anac, raza de los gigantes, y a su lado, nosotros nos sentíamos como langostas; y esto les parecíamos nosotros a ellos».

- **Deuteronomio 3: 11**: «Porque únicamente Og rey de Basán había quedado del resto de los gigantes. Su cama, que todavía puede verse en Rabá de los amonitas, era de hierro, y medía nueve codos de largo y cuatro de ancho, según el codo de un hombre».

- **Deuteronomio 9:1-2**: «Escucha, Israel. No vas a pasar el Jordán para ir a la conquista de naciones más grandes y poderosas que tú, de ciudades grandes, con murallas que llegan hasta el cielo, de un pueblo grande y de elevada estatura, los descendientes de los anaquitas, que ya conoces, y de quien has oído decir: "¿Quién podrá oponerse a los hijos de Anac?"».

- **2 Samuel 21:19**: «En una nueva lucha con los filisteos, en Gob, Eljanán, hijo de Yaír, de Belén, mató a Goliat de Gat, que tenía una lanza cuya asta era como el rodillo de un telar. En otro combate ocurrido en Gat había un hombre de enorme talla, con seis dedos en cada mano y en cada pie, es decir, veinticuatro en total, que también era descendiente de Rafá».

- **1 Crónicas 20:5-6**: «Hubo otra guerra con los filisteos. Y Eljanán, hijo de Yaír, mató a Lajmí, hermano de Goliat, el de Gat, el cual tenía una lanza cuya asta era como un enjullo de tejedor. Hubo aún otra guerra en Gat, donde había un hombre de elevada estatura, con seis dedos en cada mano y en cada pie, o sea, veinticuatro dedos, que también descendía de los refaín».

- **Baruc 3:26:** «Allí nacieron los famosos gigantes de antaño, de elevada estatura y expertos en la guerra. No son éstos los que Dios eligió, ni les enseñó el camino de la ciencia. Perecieron por carecer de prudencia, perecieron por su necedad».

Aparte de la Biblia, otros libros antiguos recogen menciones a los gigantes: El Libro de Enoc, el Segundo Libro de Enoc, el Libro de los Jubileos, el Libro de Jaser, el Libro de los Gigantes, el Documento de Damasco o los escritos de Flavio Josefo, el gran historiador judío. En su obra *Antiquities of the Jews*, Josefo respalda la teoría de los gigantes y los Ángeles Caídos:

«Porque muchos ángeles de Dios se emparejaron con mujeres, y engendraron hijos que resultaron injustos y despreciadores de todo lo bueno, a causa de la confianza que tenían en sus propias fuerzas; pues la tradición dice que estos hombres hicieron lo que se asemeja a los actos de aquellos que los griegos llaman gigantes». Josefo también creía que los nefilim eran notablemente poderosos e inteligentes, y que proporcionaban una base histórica para el sistema de creencias mitológicas griegas. Aunque la exactitud de Flavio Josefo ha sido a menudo debatida por escribir para complacer a ciertas audiencias, proporciona una valiosa visión de la cultura y las creencias de su época.

SOBRE EL AUTOR

Oliver Ibáñez es graduado en Derecho por la Universidad de Barcelona y es bilingüe español-inglés. En su canal de Youtube «Oliver Ibáñez», con más de 500.000 suscriptores, y en su página de Facebook con más de 1 millón de seguidores, Oliver publica vídeos sobre los textos antiguos, los misterios del mundo y la historia oculta de la humanidad. Oliver también ha aparecido en numerosas ocasiones en los principales medios de comunicación de España y Latinoamérica para hablar sobre su visión alternativa del mundo y de la historia.

Dedicado a mi familia, a mis amigos y a mis seguidores, por su apoyo incondicional durante la realización de este libro. Y dedicado especialmente a todos los buscadores de la verdad, por ser la luz de este mundo.